本书得到兰州大学2018年中央高校基本科研业务费重点研究基地团队建设项目"'一带一路'沿线中亚国家安全治理研究"（项目编号：18LZUJBWTD003）资助。

世界暴力极端主义实践与理论研究

李捷 著

中国社会科学出版社

图书在版编目(CIP)数据

世界暴力极端主义实践与理论研究 / 李捷著. —北京：中国社会科学出版社，2018.10
ISBN 978-7-5203-3379-5

Ⅰ.①世⋯ Ⅱ.①李⋯ Ⅲ.①恐怖主义—研究—世界 Ⅳ.①D815.5

中国版本图书馆 CIP 数据核字(2018)第 243735 号

出 版 人	赵剑英
责任编辑	刘　艳
责任校对	陈　晨
责任印制	戴　宽

出　　版	中国社会科学出版社
社　　址	北京鼓楼西大街甲 158 号
邮　　编	100720
网　　址	http://www.csspw.cn
发 行 部	010-84083685
门 市 部	010-84029450
经　　销	新华书店及其他书店
印　　刷	北京明恒达印务有限公司
装　　订	廊坊市广阳区广增装订厂
版　　次	2018 年 10 月第 1 版
印　　次	2018 年 10 月第 1 次印刷
开　　本	710×1000　1/16
印　　张	15.5
插　　页	2
字　　数	206 千字
定　　价	68.00 元

凡购买中国社会科学出版社图书，如有质量问题请与本社营销中心联系调换
电话：010-84083683
版权所有　侵权必究

目　　录

序言 ……………………………………………………………… (1)

第一章　暴力极端主义之认同政治机理研究 …………………… (1)
　第一节　认同与极端主义 ……………………………………… (2)
　　一　认同与认同政治 ………………………………………… (2)
　　二　极端主义的意识形态和宣传 …………………………… (3)
　第二节　认同因素与极端化研究模式 ………………………… (7)
　　一　阶段式极端化模型 ……………………………………… (7)
　　二　极端化进程中的心理及认同因素 ……………………… (10)
　　三　主要极端化因素的综合 ………………………………… (13)
　　四　现有模式评述 …………………………………………… (14)
　第三节　认同边界的塑造与强化 ……………………………… (17)
　　一　自我与他者的塑造 ……………………………………… (18)
　　二　内群体偏向 ……………………………………………… (20)
　第四节　创伤、危机与认同建构 ……………………………… (22)
　　一　创伤与认同建构 ………………………………………… (23)
　　二　危机认知 ………………………………………………… (25)
　第五节　认同政治中的解决方案及其循环 …………………… (27)
　　一　解决方案构建 …………………………………………… (28)
　　二　自我强化的循环动力 …………………………………… (31)
　　三　案例分析 ………………………………………………… (33)

结语 …………………………………………………………… (36)

第二章 "伊斯兰国"的意识形态:叙事结构及其影响 ……… (38)
　　第一节 "伊斯兰国"的威胁 ………………………………… (38)
　　第二节 "伊斯兰国"的意识形态 …………………………… (42)
　　　　一 "伊斯兰国"意识形态的来源 ……………………… (42)
　　　　二 "伊斯兰国"意识形态的特征 ……………………… (45)
　　第三节 "伊斯兰国"意识形态的叙事结构 ………………… (47)
　　　　一 伊斯兰极端主义与叙事 …………………………… (48)
　　　　二 "伊斯兰国"意识形态叙事的结构分析 …………… (50)
　　第四节 对现代民族国家体系的否定与冲击 ……………… (57)
　　　　一 对民族国家主体地位的挑战 ……………………… (58)
　　　　二 否定国家主权的世俗性 …………………………… (61)
　　　　三 挑战国家领土的完整性 …………………………… (63)
　　　　四 将针对平民的极端暴力合法化 …………………… (66)
　　结语 …………………………………………………………… (69)

第三章 "博科圣地"与萨赫勒地带暴力极端主义 ……………… (72)
　　第一节 萨赫勒地带与尼日利亚的暴力极端主义 ………… (72)
　　　　一 萨赫勒地带的安全威胁 …………………………… (72)
　　　　二 尼日利亚宗教极端主义的产生与发展 …………… (74)
　　第二节 "博科圣地"的兴起和演变 ………………………… (78)
　　　　一 兴起与流变 ………………………………………… (78)
　　　　二 意识形态与组织结构 ……………………………… (81)
　　　　三 发展特性 …………………………………………… (85)
　　第三节 "博科圣地"兴起的背景与动因 …………………… (92)
　　　　一 以族群、宗教政治化为基础的南北势力的角力与
　　　　　　利用 ………………………………………………… (92)
　　　　二 宗教极端主义的长期浸染和历史驱动 …………… (94)

三　行业、地区发展失衡与南北不平等导致的暴力
　　　　宣泄 ………………………………………………………… (95)
第四节　"博科圣地"恐怖主义的影响 ……………………………… (97)
　　一　对尼日利亚：制造人道灾难与国家危机 ………………… (97)
　　二　对萨赫勒地带：威胁溢出与形成恐怖动荡弧 …………… (98)
　　三　对发展冲击：恶化发展环境加剧发展危机 ……………… (100)
第五节　宗教极端主义与中部冲突及南北的潜在分裂 …………… (101)
　　一　北方化与伊斯兰化政策 …………………………………… (102)
　　二　伊斯兰化的宗教政治发展及其消极后果 ………………… (103)
　　三　宗教极端主义与南北分裂危机 …………………………… (104)
第六节　"博科圣地"威胁的应对 …………………………………… (105)
　　一　加强地区反恐合作与国际支持 …………………………… (105)
　　二　制定和实施全面的治理战略 ……………………………… (107)

第四章　"伊斯兰国"与东南亚恐怖主义的发展趋势 ………… (110)
第一节　东南亚恐怖主义活动与研究现状 ………………………… (111)
　　一　东南亚恐怖主义活动现状 ………………………………… (112)
　　二　各国反应与研究现状 ……………………………………… (116)
第二节　"伊斯兰国"在东南亚的渗透与影响 ……………………… (118)
　　一　恐怖主义的国际化、区域化、本土化及其关系 ………… (119)
　　二　"伊斯兰国"在东南亚进行渗透与影响的先天
　　　　条件 ……………………………………………………… (122)
　　三　"伊斯兰国"对东南亚渗透与影响的体现 ………………… (125)
第三节　东南亚恐怖主义的发展趋势 ……………………………… (133)
　　一　国际恐怖势力与东南亚本土恐怖势力之间的
　　　　联动性增强，双方互为支持 …………………………… (133)
　　二　东南亚成为"伊斯兰国"的重点扩散区域 ………………… (135)
　　三　区域化扩散的趋势 ………………………………………… (137)

结语 …………………………………………………………………… (139)

第五章 "丝绸之路经济带"安全场域中外国恐怖主义作战人员威胁探析 …… （141）

第一节 外国恐怖主义作战人员威胁的相关研究 …… （142）
一 研究意义 …… （142）
二 研究综述 …… （143）
三 研究的现实性与可行性 …… （147）

第二节 当前外国恐怖主义战斗人员现象的形成及演进 …… （148）
一 FTF 的界定与现状 …… （148）
二 当前 FTF 现象的形成 …… （150）
三 FTF 转移与回流的可能性及威胁 …… （155）

第三节 "丝绸之路经济带"沿线 FTF 的分布与威胁 …… （163）
一 沿线地区 FTF 分析 …… （163）
二 FTF 对"丝绸之路经济带"威胁评估 …… （176）

第四节 "丝绸之路经济带"建设中 FTF 威胁的应对 …… （190）
一 直接针对 FTF …… （190）
二 间接应对极端主义的挑战 …… （193）

第六章 反恐怖主义语境下东南亚国家去（反）激进化述评
——以新加坡、印度尼西亚、菲律宾为例 …… （197）

第一节 激进化概念辨析 …… （198）

第二节 东南亚伊斯兰激进化概述 …… （201）
一 东南亚伊斯兰激进化的表现 …… （201）
二 东南亚伊斯兰激进化的特征 …… （202）
三 东南亚伊斯兰激进化的根源 …… （203）
四 东南亚伊斯兰激进化的程度 …… （204）

第三节 东南亚国家去（反）激进化述评 …… （205）
一 新加坡的"康复"（Rehabilitation）项目 …… （206）
二 "印尼路径" …… （210）

三 "不太成功"的菲律宾 …………………………………（213）
第四节 案例比较与去（反）激进化困境 …………………（217）
  一 评估标准 ……………………………………………（217）
  二 案例比较 ……………………………………………（218）
  三 去（反）激进化困境 ………………………………（220）
结语：去（反）激进化呼吁国际合作 ………………………（222）

参考文献 ……………………………………………………（223）

序　言

"极端主义"（英语：extremism，俄语：экстремизм）是指采用极端手段达到某些目的的理论或者主张。极端主义并非某一特定宗教的专属，将极端主义等同于某个宗教既是错误的，也缘于偏见和污名化。同时，也要看到许多暴力极端主义打着"伊斯兰"的旗号进行宣传和行动，但实质上已非伊斯兰教。虽然"伊斯兰极端主义"这一用语容易导致偏见和误导，但考虑到学界的用语习惯，本书所研究的暴力极端主义即为伊斯兰极端主义。关于伊斯兰极端主义（Islamic Extremism）的概念目前仍然没有一个公认的界定，杨恕教授认为它的内涵至少应该包括以下两层：（1）目标上。歪曲伊斯兰原始教义，提出缺乏权威认定的新主张，并用新主张达到政治目的：以对腐败、就业等社会问题不满为由形成反对党或反对派与政府讨价还价；以驱逐"异教徒"及其"代理人"为由攻击西方国家及本国政府；以"纯洁伊斯兰"为由打压本国伊斯兰其他教派；以"复兴伊斯兰"为由企图推翻世俗政权，建立哈里发国家，是一种"宗教—政治"运动。（2）手段上。在政治、宗教、文化和社会生活的各个方面表现出强烈的排他性和不妥协性，"暴力性和不妥协性是当今伊斯兰极端主义意识形态的核心原则"，他们"强化战争之境（Dar-ul-Harb）与和平之境（Dar-us-Salam）的区别，鼓励采取激烈的手段，特别是以暴力的方式与颠覆穆斯林秩序的异教徒作战"，具有"暴力—恐怖"特征。所以，严格意义上来讲,伊斯兰极端主义已经不是伊斯兰教,而是一种政治运动,是打着伊斯兰旗帜的政治运动。① 与上述界定类似,兰德公司的研究报告也指出,判断一个组织是否是吉哈德团体,有两个标准:一是是否强调回归纯洁的伊斯兰;二是是否相信暴力的吉哈德是一种个人义务(fard'ayn)。②

根据对国外情况的研究,我们认为伊斯兰极端主义大致有这样一些特点:(1)其产生主要源自几个被称为原教旨主义的教派;(2)在伊斯兰基本教义方面,强调《古兰经》和《圣训》的绝对权威,但在理解和解释上,具有明显的排他性,对不符合自己主张的解释加以绝对排斥,甚至予以清除;(3)主张建立伊斯兰教法统治的国家(哈里发),反对其他类型的任何社会改革;(4)教派意识(教派认同)很强,而国家、民族、地域等认同意识相对比较弱;(5)不少成员具有狂热的宗教情绪,强烈反对不同宗教之间的共处;(6)主要分布于西亚、北非、南亚、中亚等地区;(7)在同一教派中,对伊斯兰教义的理解和解释存在分歧的现象较普遍,常有次级教派的划分;(8)主要在青年人中传播;(9)中东地区的伊斯兰极端化具有明显的反西方倾向;(10)一些教派或其中的组织具有明显的暴力倾向。③

近年来,伊斯兰极端主义所驱动的暴力和恐怖主义,对世界和平与安全构成了重大威胁。特别是随着中东强人政治垮台和"阿拉伯之春"后西亚北非局势的剧变,"伊斯兰国""胜利阵线""博科圣地"等极端组织迅速崛起,掀起了以极端主义为核心意识形态的新一轮恐怖主义浪潮并肆虐至今。对于此次浪潮,可供研究的切入

---

① 杨恕、蒋海蛟:《伊斯兰复兴和伊斯兰极端主义》,《新疆师范大学学报》2014年第2期。

② Seth G. Jones, "A Persistent Threat: The Evolution of al Qaida and Other Salafi Jihadists," RAND, Jun. 2014.

③ 杨恕、蒋海蛟:《伊斯兰复兴和伊斯兰极端主义》,《新疆师范大学学报》2014年第2期。

点很多。本书主要围绕以下主题来展开。

一 暴力极端主义的内在驱动力

根据杰弗里·卡普兰（Jeffery Kaplan）提出的第五波恐怖主义浪潮理论，① 安东 N. 塞尔索（Anthony N. Celso）指出，"伊斯兰国"和"博科圣地"作为第五波圣战主义恐怖组织，其特征主要体现在反对现有社会—政治秩序；对虚构过去的理想化；追求千禧式正义；以青年为主体的极度暴力；对领导层及未来秩序的神化等。② 但是，此类极端和恐怖组织如何通过系统的意识形态及实践活动，使自身乌托邦式的政治目标充满吸引力和驱动力，上述理论未能展开深入研究。

近年来，关于恐怖主义及其运作网络是基于理性的理论受到了越来越多的质疑，③ 伊斯兰极端主义及其所实施的千禧式的暴力就明显与这种理性解释不符。④ 例如，保罗·伯曼（Paul Berman）就曾批评理性模式未能解释在伊斯兰极端组织中占主导地位的宗教极端主义因素。⑤ 历史上，准宗教（quasi-religious）狂热也曾驱动较

---

① 此次浪潮中恐怖组织的特征包括：（1）源自于既存的恐怖浪潮；（2）一个"理想性"的极端意识形态；（3）盘踞于组织腹地；（4）以重建过去"黄金时代"为目标；（5）摧毁旧世界及创造一个新的纯洁社会的意图；（6）不妥协、以暴力反对内部异己者；（7）完人的信念并试图创造全新之人；（8）以种族灭绝式暴力创造所谓的"新社会"；（9）暴力成为群体生活的一种方式；（10）强调对妇女与儿童的征服；（11）征募童子军和霸占女童；（12）将强暴作为恐怖策略；（13）跨代间的持续暴力循环；（14）特别强调种族纯洁及民族—部落中心主义；（15）务实依赖外部盟友以增强组织的存活能力；（16）带有神权性质的独裁式领导；（17）强烈宗教承诺支持下的末日世界观。详见 Jeffery Kaplan, "Terrorism's Fifth Wave: A Theory, A Conundrum and a Dilemma," *Perspectives on Terrorism*, Vol. 2, No. 2, 2008.

② Anthony N. Celso, "The Islamic State and Boko Haram: *Fifth Wave* Jihadist Terror Groups," *Orbis*, Vol. 59, No. 2, 2015.

③ Robert Nalbandov, "Irrational Rationality of Terrorism," *Journal of Strategic Security*, Vol. 6, No. 3, 2013.

④ Bruce Hoffman, *Inside Terrorism*, New York: Columbia University Press, 2006.

⑤ Paul Berman, *Terror and Liberalism*, New York: W. W. Norton Press, 2003.

大规模的组织，如法国革命和纳粹。布鲁斯·霍夫曼（Bruce Hoffman）的论著详细地论述了民粹主义的意识形态和自我毁灭的暴力行为之间的关联。① 就当前的暴力极端主义组织而言，虽然"伊斯兰国"这一组织有能力实施短期内的理性行动，但是它们的长期目标却是无法实现的乌托邦。当然，我们不能低估"伊斯兰国"的意识形态和思想的吸引力。有媒体指出：

> "伊斯兰国"以立即实现预言作为自己的信条，这至少能让我们了解这个对手的精神源泉。它即使身处包围圈，也依然信心昂扬，并且可以庆祝自己接近全军覆没。它认为只要保持对"先知"榜样的真诚，就会获得上天的援助。意识形态上也许能够劝阻部分人相信这个团体说教的虚假性而放弃追随，军事上也许能够控制它的蔓延。但对于像"伊斯兰国"这种不受说服教育影响的组织，其他手段也是重要的。这是场持久战，虽然不会持续到永远。②

从意识形态动员来看，"伊斯兰国"的信息集中宣扬一个意志坚定人士及其家人组成的新社会，以及通过接受训练和参加战斗使百无聊赖者和心怀不满者得以"新生"和实现成就的过程。可以说，"伊斯兰国"的三重宣传运动——理想化社会、介入阿拉伯叙利亚共和国这一极为公开的冲突、注重当下即行动——吸引了许多被招募者。在宣传策略上，"伊斯兰国"把政治、社会及个人三个层面的因素高度综合起来，它利用了社会经济的不满情绪以及遭遇排斥、边缘化、歧视或迫害的感觉，再加上潜在或实际缺乏善政、不平等、不公正和缺乏机会等因素推波助澜。它假装为潜在应征者提供获取"社会地位"、亲情、认同感和归属感、履行宗教责任和

---

① Bruce Hoffman, *Inside Terrorism*, New York: Columbia University Press, 2006.
② Graeme Wood, "What ISIS Really Wants," *The Atlantic*, Vol. 315, Issue 2, 2015.

实现一个目的的机会（提供一个机会，不仅反叛腐败的现行政治秩序，而且要消除伊拉克和阿拉伯叙利亚共和国之间的人为边界）。虽然极力借用宗教的寓意，但其理念是基于一种歪曲伊斯兰教的解释，并夸张地构建出教派间、穆斯林与外部世界之间的历史宿怨。

相对于传统恐怖组织，互联网和社交媒体等信息技术的普及成为极端主义组织鼓动极端化的便利工具。最明显的影响在于，互联网在全球传播图像的能力允许极端分子唤起社会和文化成员的情绪，包括对现实或感觉到的不满的记忆，作为深层次的意识形态认同。[①] 但是此类研究仍有待深入。例如，人们普遍认识到，社交媒体为恐怖主义团体鼓动受众极端化提供了巨大的新机会。然而，很少有学者研究向这些受众传递激进信息的实际机制。美国外交学会研究员埃默森·布鲁金（Emerson Brooking）和新美国基金会战略学家彼得·沃伦·辛格（Peter Warren Singer）在《战争像病毒一样传播》一文中指出，社交媒体正在被恐怖组织武器化。社交媒体平台强化了"我们 vs 他们"的叙事方式，使容易受影响的人暴露在病毒一样的意识形态面前，甚至会引发沉睡已久的仇恨。[②] 虽然煽动仇恨仅是极端主义宣传的一个侧面，但以认同政治的视角研究其内在的机理，可能是有益的尝试。

二 暴力极端主义的意识形态

相对于作为外化产物的恐怖活动或军事对抗行为，我们更应该关注极端主义的意识形态。较传统恐怖组织，以"伊斯兰国"为代表的新型暴力极端主义在意识形态上更为系统，更为极端，也更反现代。

---

① Bolt, N., *The Violent Image: Insurgent Propaganda and the New Revolutionaries*, New York: Columbia University Press, 2012.

② Emerson Brooking and Peter Warren Singer, "War Goes Viral: How social media is being weaponized across the world," *The Atlantic*, November 2016.

研究"伊斯兰国"的著名学者海克尔（Haeckel）指出，建立一个疆域性国家不是"伊斯兰国"的最高目标，他们的抱负远比此大得多，建立一个乌托邦式的伊斯兰"哈里发"国家也许才是他们的最终理想。通过评估"伊斯兰国"的宣传杂志《达比克》（Dabiq）中的相关论述，"伊斯兰国"的政治目标可大致概括为：（1）通过培育治理失败和/或宗派内战的条件，永久地打破伊拉克、叙利亚及地区内的政治边界。（2）通过控制伊拉克及叙利亚境内的领土，对其境内的人口实施治理并抵御外部威胁，建立伊斯兰"哈里发"。（3）在"哈里发"境内实现全球"圣战士"的联合。（4）实现"哈里发"的领土扩张，使其连接到更广阔的穆斯林群体中，最终创建一体化的伊斯兰世界。①

可以说，伊斯兰极端主义的最终目标是极端化的伊斯兰政治实体，它排斥整个世俗民族国家体系及民族文化认同。一方面，在主权问题上，传统伊斯兰文化的真主主权观念，被当代伊斯兰极端主义发展成为反对国家主权的"伊斯兰国家"理论，诉诸实行伊斯兰教法、重建政教合一伊斯兰国家的政治实践，并以"哈里发"或其属下的酋长国作为唯一"国家"身份。另一方面，在认同层面上抹杀民族文化特性，以践行"沙里亚法"为政治标准，以回归伊斯兰"虔诚时代"为社会及文化准则，试图通过强制性的宗教极端主义规范群体认同而否定认同的多样性。由此发展，信众的孤立化、封闭化和极端化将会有加剧的倾向。

由于对"异教徒"和世俗价值观的强烈排斥，伊斯兰极端主义对外部世界"敌我"关系的二元划分，使得伊斯兰极端主义较传统恐怖主义更为顽固和不妥协。在这种情况下，传统的和世俗的民族政治和解及妥协制度难以对伊斯兰极端势力形成制约。所以，极端主义分子既没有和谈的动机，也没有所谓的失败，他们的做法在某

---

① Jessica D. Lewis, "The Islamic State: a Counter-Strategy for a Counter-State," ISW, Middle East Security Report 21, July 2014.

种程度上是纯粹的恐怖主义和宗教清洗,甚至带有反人类的性质。

三 极端主义的扩散与全球化

从2001年的"9·11"事件至今,伊斯兰极端主义经历了一个由在全球向西方世界开战的全球化阶段转向以地区政治夺权为目标的地区化时期,他们利用具体国家的政治、经济和社会争端进行恐怖活动,而建立伊斯兰极端政权成为它们核心的政治目标。

从目前伊斯兰极端势力的核心——圣战派萨拉菲主义来看,它大致可以分四层:核心"基地"、分支"基地"组织、其他圣战派萨拉菲团体,以及被动员的个人与网络。除了核心及分支"基地"组织直接或间接付诸于"建国"实践外(如前"基地"分支建立"伊斯兰国""博科圣地"在"基地"北非分支支持下"建国"等),其他圣战派萨拉菲团体和分裂主义运动的关系更加紧密。伊斯兰极端主义已成为分裂主义的思想基础乃至主导力量。

从我们对泰国南部、菲律宾南部、马里北部、尼日利亚"博科圣地"及"伊斯兰国"等案例的分析结果来看,当前伊斯兰极端主义的发展和蔓延已超越了其母体即"政治伊斯兰"的思想、理论阶段,通过与分裂主义结合或利用所在国的局势混乱"开疆拓土""武装割据",进入到"立国"的实践化阶段。在这种情况下,伊斯兰极端主义的威胁已经不仅仅是恐怖袭击而造成人员伤亡和经济损失的问题(例如近年来在突尼斯针对外国游客的袭击及法国发生的"独狼"式恐怖活动),而是它对现代政治文化、民族国家观念及国际体系的冲击。

四 外国恐怖主义作战人员的流动与威胁

近年来,全球安全形势日趋复杂和动荡,国际反恐压力不断增大。随着中东局势的剧烈变化,以"伊斯兰国"为首的国际恐怖势力掀起了新一轮的恐怖主义浪潮,并导致了规模空前的参与人员的全球流动。联合国安理会反恐怖局指出,在目前主要的国际反恐议程中,居于首位的是应对外国恐怖主义作战人员(Foreign Terrorist Fighters,FTF)现象。[①] 联合国安理会在 2014 年 9 月 24 日通过第 2178(2014)号决议,明确指出外国恐怖主义作战人员对国际安全与稳定构成了日益严重的威胁。肆虐于中东等地的极端恐怖组织中,仅"伊斯兰国"在巅峰时期就有来自上百个国家的 2 万—3 万名外国恐怖主义作战人员,其规模和流动率为历史之最。这在某种程度上意味着极端主义的蛊惑力达到了前所未有的水平。

随着"伊斯兰国"在叙利亚和伊拉克的溃败,国际恐怖主义将迎来新一轮的扩散浪潮。一方面是"伊斯兰国"将加快全球战略的调整及扁平化组织结构的转型,在此过程中强化"域外"分支的建设。另一方面,参与"伊斯兰国"的众多恐怖组织及人员将不断转移和回流。在此次浪潮中,外国恐怖主义作战人员的扩散及回返,将对国际安全构成新的严峻挑战。

需要看到的是,此波外国恐怖主义作战人员逆流的聚集和扩张在时间和空间上,与"丝绸之路经济带"的推进高度重叠,它不可避免地对沿线地区和国家的安全与稳定构成诸多消极的影响,值得密切关注和研究。2016 年 8 月 17 日,习近平总书记出席推进"一带一路"建设工作座谈会并提出了 8 项要求,指示要切实推进安全保障,完善安全风险评估、监测预警、应急处置,建立健全工作机制,细化工作方案,确保有关部署和举措落实到每个部门、每个项目执行单位和企业。因此,对丝绸之路经济带沿线地区国际恐怖主义及外国恐怖主义作战人员现状及流向进行研究,进而评估其安全

[①] Security Council, "Report of the Counter – Terrorism Committee Executive Directorate on its activities and achievements during the period from 2014 to 2015," December 18, 2015. (http://www.un.org/en/ga/search/view_doc.asp?symbol=S/2015/984).

威胁，是丝绸之路经济带安全保障及风险应对工作的重要内容。

五 去极端化工作的启示

从意识形态的角度来看，伊斯兰极端主义为恐怖主义的暴力提供了一个合法性的框架，它不仅描绘出"建立哈里发国家""践行沙里亚法"等蓝图，而且为信徒提供了克服杀戮恐惧和其他类型的危险行为所需要的道德理由。在实践上，极端主义反叛运动具有根植于社会的天然的组织结构的优势，如活动细胞众多、组织松散、隐蔽性、外部支持、领导力、意识形态及合法性等。所以，在这种思想和组织优势下，极端势力更难以对付。从世界各地打击伊斯兰极端势力的情况来看，无论是东南亚、中亚、高加索，还是中东和西北非，至今尚未有彻底消灭极端势力的成功案例。这从另一个方面表明，在伊斯兰极端主义已经发展到诉诸暴力手段的地区，它是难以通过武力手段根除的，必须对其思想和社会根源进行治理。

由于历史与现状的巨大反差，以及伊斯兰世界普遍性的不平等遭遇，极端主义的思想和意识形态在很多情况下具有很大的煽动性。然而，暴力极端主义并不能为当前的困境提供正确的出路。相反，它很可能加大袭击力度，加剧地区政治冲突，留下破坏和痛苦的痕迹。从长远来看，以"伊斯兰国"为代表的暴力极端主义除了会加剧地区的碎片化之外，它无法克服殖民边界或实现穆斯林的统一。这在某种程度上已经导致了一种恶性循环。所以，真正需要的是，地方、地区和全球行为者采取协调一致的行动，同时治理极端主义得以滋生的政治、社会经济和意识形态根源。从这个意义上看，如何有效地开展去极端化工作，成为应对暴力极端主义威胁与挑战的重要路径。

第一章　暴力极端主义之认同政治机理研究

暴力极端主义意识形态的宣传和叙事是以认同政治为目标的。西方学术界传统的"自下而上"、以个体激进化为视角的极端化研究模型，忽视了极端主义意识形态的巨大影响和极端组织的能动性，更未能透视极端化对群体关系和国际安全造成的重大威胁。因此，需要构建一种"自上而下"的极端化研究模型，梳理极端主义组织以意识形态的宣传和叙事为手段，进行认同构建和实施认同政治的脉络和机理。它包括三个紧密联系同时又闭合循环的过程：一是群体认同边界的明晰和强化。这种自我认同是单一和封闭的，同时，内群体偏好的极端导向，从认同上塑造了自我与他者的敌对关系。二是以创伤和危机增强内群体认同及对外群体的仇视。通过对历史创伤和现实危机的建构，这种认同政治强化了他者的威胁、群体命运的不确定性和传统崩塌的焦虑。三是以暴力为报复手段的解决方案的构建。极端主义的认同政治通过对创伤、威胁和传统崩塌等塑造的仇恨、焦虑和恐慌，最终引向对外群体的暴力。这也完成了认同政治的首次循环。在当前打击暴力极端主义的斗争中，应警惕其认同政治的巨大威胁和现实挑战，探索有针对性的对策和行动。

第一节 认同与极端主义

一 认同与认同政治

"认同"在社会运动理论中有着重要的地位。研究表明，集体行动的构架不仅与怨愤的普遍化有关，还在运动的对立结构中界定了"我们"和"他们"。挑战者依靠继承的集体认同和塑造的新集体认同，来定义他们未来的支持者，同时也根据实际的或想象的特质和罪恶，来界定他们的敌人。① 在社会科学的建构主义/文化转向下，新社会运动理论进一步指出，认同不是本质主义的，而是作为一种社会建构的现象，"一套建构的边界机制，定义自我和他者，以及两者之间的边界"。② 同时，社会运动理论认为，集体认同是社会动员的基础，因为它赋予人们"将个人与运动联系起来的共同经验和价值观，并赋予参与者集体行动感"③。在这个意义上，认同成为集体价值观的指导性框架，它可以被理解为根植于历史叙述的"一揽子"价值观，是根据社会历史特定的现实而战略性地建构的。

认同政治（Identity Politics）是20世纪60年代以来学界逐步广泛使用的词汇和概念。有学者认为，认同政治就是为了政治化的认同而采取行动予以达成，即认同政治是手段，而政治化的认同则是目的。④ 还有研究则指出，认同政治，即以集体认同的名义展开斗

---

① ［美］西德尼·塔罗：《运动中的力量：社会运动与斗争政治》，吴庆宏译，译林出版社2005年版，第29页。
② Sidney G. Tarrow, *Power in Movement: Social Movements and Contentious Politics*, Cambridge: Cambridge University Press, 2011, p. 143.
③ S. Staggenborg, "Theories of Social Movements and Collective Action," in S. Staggenborg, ed., *Social Movements*, Oxford: Oxford University Press, 2012, p. 24.
④ 孟樊：《后现代的认同政治》，台北：扬智文化事业股份有限公司2001年版，第2页。

争。① 本书认为，认同塑造和以认同为工具进行斗争，是认同政治中不可分割的两个方面。绝大部分的社会运动都在对集体认同进行政治化的塑造和建构，同时以此为工具进行动员以展开斗争。在政治斗争过程中，这种政治化的认同继续强化，甚至会出现偏激的情况。

在传统的社会运动理论研究中，学界逐步形成了以框架、机会结构和资源动员为核心的三元体系，新社会运动理论虽然强调认同的基础性作用，但是其中认同的形塑与动员等方面仍缺乏机制性的梳理。随着恐怖主义和极端主义对国际安全的威胁日益增大，尽管社会运动的各种理论范式能为国际社会治理恐怖主义提供重要启发，② 但对于理解和剖析极端主义滋生和发生背后的深层机理，现有理论有所不足。例如，政治机会结构虽然可以从宏观角度研究宗教复兴主义及暴力极端主义的兴起，但是它对当前伊斯兰极端主义在全球的扩散和威胁仍缺乏足够的解释力；资源动员模型重点分析了极端和恐怖组织的能力和网络，这种中观视角虽然弥补了宏观视角的不足，但是无法直接剖析恐怖组织扁平化和网络化的整体趋势，亦难以解释恐怖组织的"非对称"对抗策略和当前反恐战争"越反越恐"的困境。从意识形态框架和社会建构的角度研究恐怖主义和极端主义的动员模式，无疑是解释其产生与发展的重要方向。更为重要的是，它也成为反对和遏制极端主义，特别是开展"去极端化"工作的基础之一。

二 极端主义的意识形态和宣传

就理论而言，极端主义组织以自身意识形态的宣传鼓动受众极

---

① 西德尼·塔罗：《运动中的力量：社会运动与斗争政治》，第144页。
② 曾向红：《恐怖主义的整合性治理：基于社会运动理论的视角》，《世界经济与政治》2017年第1期。

端化（包括思想和行动层面，本书侧重前者），①即是认同建构和开展认同政治的过程。无疑，对群体意识形态核心价值观和规范的依附或有效的灌输，均是极端化过程的重要基础。②因为极端化过程中的一个关键因素是框架对齐，它指的是根据极端主义运动的叙事重建受众心态的过程。③框架对齐的具体过程可以由个人以自我激进化的形式（如通过互联网）展开，然而，重建个人的认知框架通常被认为是一个社会或组织的过程，其中极端主义组织发挥着重要的作用。

从本质上来看，暴力极端主义首先是一种意识形态。依照框架模式，它大致涵盖了诊断、诉求和激发三个基本要素。极端主义组织叙事的具体功能是向核心支持者以外更广泛的受众提供政治及行为的明确指示。如"基地"组织、"伊斯兰国"等暴力极端主义组织的宣传和叙事体系主要涵盖三个层面：（1）非穆斯林"他者"，通常是西方人、犹太复国主义者和"十字军"与地方独裁者合作，对世界各地穆斯林遭受的苦难和欺辱负有责任。（2）一个理想的社会，即一个在纯粹"伊斯兰"概念规定下的理想社会，包括切实践行沙利亚法的伊斯兰国家和重建的"哈里发"，取代世俗的傀儡政权。（3）从这种抱怨转变为实现理想社会的手段，只能是两者

---

① 在中文的语境中，激进化（Radicalization）和极端化（Extremalization）是常常被混用的两个词汇。就理论而言，激进化并不意味着暴力行为，但暴力行为的使用却是激进化向极端化、恐怖化发展的重要特征。但在实践层面，激进化和极端化的真实界限却难以明确区分。考虑到当前恐怖主义的主要思想动力来自暴力极端主义，除非在引用西方学者的观点外，本书倾向于统一使用"极端化"一词。

② Thomas Hegghammer, "Terrorist Recruitment and Radicalization in Saudi Arabia," *Middle East Policy*, Vol. 13, No. 4, 2006; Assaf Moghadam, *The Globalization of Martyrdom: Al Qaeda, Salafi Jihad, and the Diffusion of Suicide Attacks*, Baltimore: Johns Hopkins University Press, 2008; Jessica Stern, "Mind Over Martyr: How to Deradicalize Islamist Extremists," *Foreign Affairs*, Vol. 89, No. 1, 2010.

③ Peter R. Neumann, Brooke Rogers, Rogelio Alonso and Luis Martinez, "Recruitment and Mobilisation for the Islamist Militant Movement in Europe," 2008, ICSR. (http://icsr.info/wp-content/uploads/2012/10/1234516791ICSREUResearchReport_Proof1.pdf).

倡导的暴力活动。①

但是，在以框架理论解释极端主义意识形态和宣传的基础上，仍有一些需要深入探讨的地方。一是如何把握极端主义框架的内核。极端主义框架不仅仅是一种图示和理想，在深层次上它是一种认同的塑造和绝对化，它精确地把握了相关群体的认同危机及诉求。二是如何解释极端主义框架的作用模式。对极端主义意识形态承诺的过度关注可能会误导我们对其宣传机理的内在理解。极端主义的意识形态及其叙事本质上是绝对主义和简单化的，它不以复杂的方式解释现实，而是通过指责和声讨，为紧迫和复杂的问题提供一个简单的答案。其逻辑是线性和强制的。三是如何在群体关系和极端化的视域内分析极端主义框架的影响及其机理。这对于评估其威胁并进而采取针对性的遏制政策，应具有重要的意义。

因此，极端主义组织宣传与叙事的目标在于建构认同与促进极端化，应把内外群体认同极端化的操纵与极端化暴力煽动联系起来。基于此，本章着重从认同政治的视角分析两个问题：

第一，认同政治在极端主义意识形态宣传及叙事中的作用。通过对"基地"组织和"伊斯兰国"等极端主义组织海量宣传材料的提取和分析，目前学界对极端主义的意识形态已有较为清晰的把握。在现有研究中，大部分学者都把意识形态及其叙事视为暴力极端主义的内核。本书作者曾对"伊斯兰国"的叙事结构及其影响进行了研究。② 周明和曾向红两位学者从诊断式、处方式和促发式三个角度对"基地"与"伊斯兰国"的叙事架构进行了对比研究。③

---

① Alex P. Schmid, "Al–Qaeda's 'Single Narrative' and Attempts to Develop Counter–Narratives: The State of Knowledge," 2014, International Center for Counter–Terrorism. (http://www.icct.nl/download/file/AP–Schmid–Al–Qaedas–Single–Narrative–January–2014.pdf).
② 李捷、杨恕：《"伊斯兰国"的意识形态：叙事结构及其影响》，《世界经济与政治》2015 年第 12 期。
③ 周明、曾向红：《适当性逻辑的竞争："基地"与"伊斯兰国"的架构叙事》，《世界经济与政治》2016 年第 4 期。

但是，极端主义的宣传和叙事并非仅限于自我宣传，引导受众进行极端性的认同建构，是极端组织进行宣传和叙事最主要的目的。支持者对极端认同的内化，是极端主义组织合法性及社会支持的基础和源泉。在此基础上，通过极端化实现对暴力的鼓动，成为极端主义组织实施政治影响的主要手段，并为自身招募足够的人力资源。国际反恐研究中心（International Centre for Count - terrorism，ICCT）的研究报告从意义、可靠性与行为转变三个角度分析了极端主义势力如何运用宣传来煽动支持者的极端化。该报告指出，"伊斯兰国"和"基地"组织的宣传，旨在：（1）为其受众提供一个意义系统，塑造他们的世界观；（2）证明自身是一个可靠的信息和权威来源；（3）促发受众的行为转变，使受众参与暴力恐怖活动。①虽然相对于传统的极端化研究模式（详见下文）有很大进步，但是认同的形塑与具体的作用机制等方面仍需进一步挖掘。②

第二，极端主义组织认同政治的机理及重大威胁。在现有研究中，一方面是学界未能从极端化这一功能性目标来研究极端主义的宣传和叙事，另一方面则是未能深入剖析极端化过程中以认同政治为手段对群体矛盾和仇恨的利用，以及这种极端化造成的重大后果。西方学界以个体激进化为视角的"自下而上"的研究模式未能真正把握极端主义意识形态的宏大叙事及其背后的认同政治机理。在当前暴力极端主义迅猛发展过程中，需要一种"自上而下"的极端化研究模式，剖析其意识形态宣传与叙事中对认同的操纵和认同政治的机理，这恰恰是"基地"组织和"伊斯兰国"得以全球招募和长期肆虐的深层

---

① Haroro J. Ingram, "Deciphering the Siren Call of Militant Islamist Propaganda: Meaning, Credibility & Behavioural Change," September 2016, ICCT. (https://icct. nl/wp - content/uploads/2016/09/ICCT - Ingram - Deciphering - the - Siren - Call - of - Militant - Islamist - Propaganda - September2016. pdf).

② 一些学者认为，欧洲的伊斯兰激进化主要是认同危机的产物，如 Carolin Goerzig, Khaled Al - Hashimi, *Radicalization in Western Europe Integration*, *Public Discourse*, *and Loss of Identity among Muslim Communities*, London: Routledge, 2015。

原因，也是暴力极端主义对世界和平与安全的持续威胁。当然，传统的自下而上的路径与本书倡导的自上而下的路径并不相互排斥，而是相互补充的。如受众对极端主义意识形态的内化或曰框架对齐，是传统极端化研究路径的基础，也是极端主义组织鼓动极端化的施力点。

就这个层面而言，"伊斯兰国"与"基地"组织全球扩散造成的危害不仅仅在于暴恐袭击，还在于极端主义认同政治对教派矛盾、族群对立乃至于文明冲突的煽动。在当前极端主义与恐怖主义的思想渗透下，它们的危害已不限于中东北非等特定的地区，其认同政治及极端化已严重影响欧洲、东南亚、中南亚等欧亚地区中的群体、族群和宗教关系。而在部分西方国家中，某些政治势力也在煽动对伊斯兰的恐惧与排斥，导致民粹主义乃至右翼势力抬头。可以说，伊斯兰极端主义的认同政治是以群体关系极化和冲突为目的，它已深刻影响到：（1）穆斯林社会与国际社会特别是西方之间的关系；（2）高加索、东南亚、萨赫勒等地区穆斯林族群与其他族群的关系；（3）穆斯林内部逊尼派与什叶派的关系；（4）伊斯兰极端主义支持者和温和穆斯林的关系。因此，在当前及未来一段时期内，极端主义的认同政治将成为国际安全的重大隐患。对其内在机理的研究和梳理，是反对暴力极端主义和开展"去极端化"工作的基础。

第二节 认同因素与极端化研究模式

个体是如何走向极端化的？这是当前西方学界研究暴力极端主义特别是极端化进程的主题之一。传统极端化模式虽然也重视其中的心理及认知因素，但是这种"自下而上"的模型未能把握极端化过程中的驱动主体及其对认同政治的利用。

一 阶段式极端化模型

阶段式的极端化研究模型虽然直观明了，但缺乏足够的理论深度。这种阶段式的描述亦未能突出极端化的重点因素。

1. NYPD 模型

在传统极端化研究模型中，影响较大的是纽约警察局（New York Police Department，NYPD）情报部门提出的四阶段进程模型（见图1.1）。

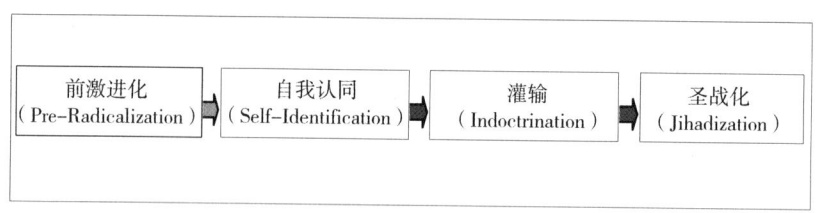

图1.1 纽约警察局四阶段进程模型

图片资料来源：Mitchell D. Silber and Arvin Bhatt, *Radicalization in the West*: *The Homegrown Threat*, New York: Police Department, City of New York, NYPD Intelligence Division, 2007.

该模型把西方公民接受圣战萨拉菲意识形态，最终从事暴力恐怖活动描述为线性的四个阶段：（1）前激进化（Pre - Radicalization）；（2）自我认同（Self - Identification）；（3）灌输（Indoctrination）；（4）圣战化（Jihadization）。[①] 前激进化阶段强调的是个体更易于受圣战萨拉菲意识形态感染的社会、环境和心理因素。该模型认为，前激进化阶段的个体往往具有某些共同特征，如孤僻、多为15岁至35岁的男性和来自中产家庭的学生等。自我认同是第二阶段，此时他们开始探寻圣战萨拉菲的意识形态。在将此意识形态内化后，人们以"圣战"世界观重建自身认同并加入极端组织。在这个过程中，政治危机事件可起到重要的推动作用。例如，巴以冲突被

---

① Mitchell D. Silber and Arvin Bhatt, *Radicalization in the West*: *The Homegrown Threat*, New York: Police Department, City of New York, NYPD Intelligence Division, 2007.（https://publicintelligence.net/nypd - radicalization - in - the - west - the - homegrown - threat/）.

发现是通过"圣战"透镜重塑认同的主要催化剂。灌输是强化阶段，人们完全接受"圣战"思想，并认为"圣战"是必要的行动。它确认了对任何异见者，包括非穆斯林和温和穆斯林使用暴力的合理性。圣战化是极端化过程的最后阶段，人们成为恐怖组织的一员，随时准备参与恐怖活动。它标志着个人接受和承诺代表组织行事，即从事恐怖活动的义务。

2. 恐怖主义阶梯模型

法萨利 M. 莫哈达姆（Fathali M. Moghaddam）侧重于从情绪偏激和升级的角度梳理极端化过程。[①] 与大多数传统模型一样，他认为，被剥夺感和不满构成了踏上恐怖主义道路的基础和推力。这一模型把极端化过程比作阶梯式上升的六个楼层。

在底层，相对剥夺（Relative deprivation）、不公平、沮丧和耻辱的感觉在人群中占主导地位，而大众媒体的传播扩大了这些负面认知。实现正义和改善自身境遇是上到一楼的人的主要目标。根据这个模型，两个因素决定个人是否停留在一楼：社会流动和程序正义。那些未能在开放性的社会等级体系中向上流动，感觉被排除在决策过程之外的人在指责他人的同时，攀登到二楼。那些到达二楼的人在经历了愤怒和沮丧后，将他们的侵犯目标定于被他们谴责的剥夺者身上。西方国家，特别是美国，通常成为潜在的目标，而激进组织及其领导者起到了重要的煽动作用。那些准备实施攻击的人则爬到三楼。在三楼，这些人开始为恐怖主义辩解，并将恐怖组织的理念逐步内化，他们试图以包括恐怖袭击在内的任何可能的手段改变世界。那些准备被招募为恐怖分子的人攀登到四楼。新招募者内化组织的方法和目标，确立了"自我与他者"对立的世界观，并认为恐怖主义是实现理想目标的合法手段。那些到达顶层的人将本组织以外的任何人（包括无辜平民）视作敌人，并欲除之而后快。

---

① Fathali M. Moghaddam, "The Staircase to Terrorism: A Psychological Exploration," *American Psychologist*, Vol. 60, No. 2, 2005.

他们有充分的动机和心理准备来从事恐怖活动（见图1.2）。

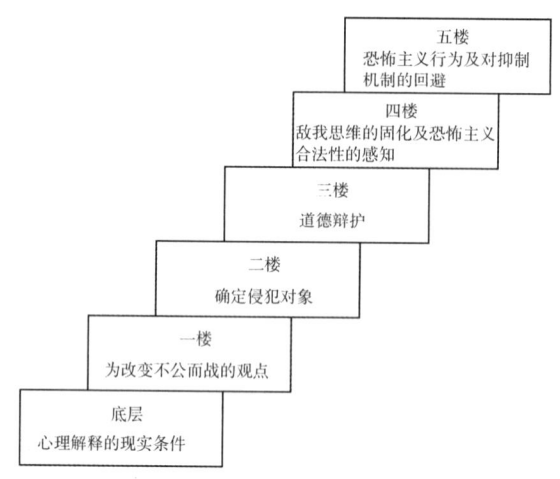

图1.2 恐怖主义阶梯模型

图片资料来源：Fathali M. Moghaddam, "The Staircase to Terrorism: A Psychological Exploration," *American Psychologist*, Vol. 60, No. 2, 2005, pp. 161 – 169.

二 极端化进程中的心理及认同因素

在对极端化的研究中，部分学者重点挖掘极端化进程中的心理和认同因素，提出了相关解释模型。虽然在一定程度上仍停留在线性的阶段式研究路径中，但也不乏深入者。

1. 恐怖主义心态演变模型

在"联邦调查局执法公报"（FBI Law Enforcement Bulletin）中，兰迪·博鲁姆（Randy Borum）提出了一个四阶段概念模型，用于描述"恐怖主义心态"的演变（见图1.3）。该模型试图解释如何将怨气和脆弱性转化为对目标群体的仇恨，以及如何将仇恨转化为暴力的理由或动力。四个阶段的过程开始于将一些不满意的事件、情境或不满（It's not right）定为不公正的（It's not fair）。然后将不公正归咎于政策、他人或国家（It's your fault）。最后，责任方被诋毁和妖魔化（You're Evil），这有助于鼓动或将暴力侵犯正当化。①

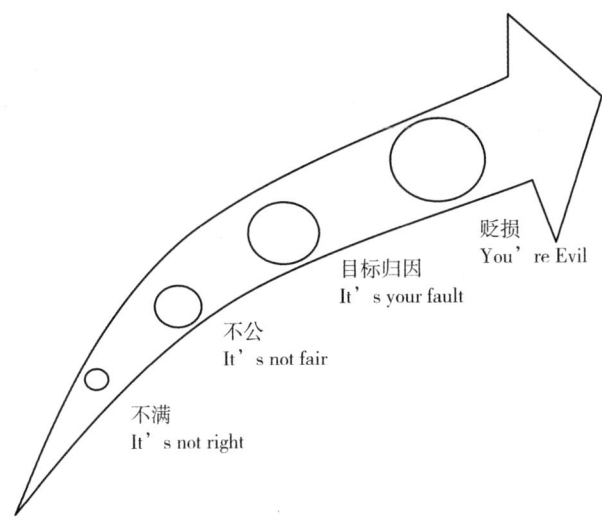

图 1.3 恐怖主义心态演变模型

图片资料来源：R. Borum, "Understanding the Terrorist Mindset," *FBI Law Enforcement Bulletin*, Vol. 72, No. 7, 2003, pp. 7–10.

2. 社会认同极端化模型

有研究从社会认同的角度确定了导致个体加入激进团体的四个关键过程：认知开放（cognitive opening）、宗教寻求（religious seeking）、框架协调（frame alignment）和社会化（socialization）。② 认知开放是第一个过程，即"个人变得接受新思想和世界观的可能性"。导致认知开放的促发事件常常包括经济危机（如失业）、社会危机（如羞辱感）、政治危机（如镇压或酷刑）或个人危机（如

---

① Randy Borum, "Understanding the Terrorist Mindset," *FBI Law Enforcement Bulletin*, Vol. 72, No. 7, 2003.
② Quintan Wiktorowicz, *Joining the Cause: Al-Muhajiroun and Radical Islam: Presented at the Roots of Islamic Radicalism Conference*, Yale: Yale University, 2004.

亲属离世）等。宗教寻求是第二个过程，此时"个人在宗教里寻求意义"。即个体寻找宗教意义系统来解释和解决他的不满。激进团体可以在这个阶段发挥作用，以组织的意识形态作为解决不满的方案说服宗教寻求者。第三个过程是框架对齐，即激进组织所提供的意识形态对于寻求者是有意义的，并吸引他或她的初始兴趣。"只有当个体和组织解释方向之间存在'框架对齐'时，才能进行招募和动员。也就是说，组织议程必须与个体解释框架产生共鸣，以促进参与。"[①] 社会化是个人经历极端主义引导和灌输后，认同建构和价值观变化的活动。一旦个体通过前三个步骤，社会化过程就可能发生，个人将组织的意识形态内化，并成为它的一员。

3. 四分支模型

美国著名反恐学者马克·萨格曼（Marc Sageman）提出的极端化过程不以阶段划分，而是不连续的反复过程。该模型包括四个分支：道德的愤怒感，世界观，与个人经验的共鸣，通过网络的动员。[②] 道德愤怒感是促进激进化的第一个因素。道德违反行为，如在波斯尼亚、巴勒斯坦和车臣等冲突地区杀害穆斯林，或入侵伊拉克和阿富汗等伊斯兰国家，激发了许多年轻人的道德义愤。第二个因素是个人解释世界的方式。那些将这种道德愤怒感解释为西方国家攻击伊斯兰世界的人更容易激进化。第三个因素是与个人经验的共鸣。感知的歧视、社区中的反穆斯林偏见、相对剥夺、失业等都是可能导致激进化的个人经历。这三个因素可以被认为是"认知的"，而第四个因素，通过网络的动员则是"情境因素"。动员可以通过面对面的互动及在线进行。

[①] Quintan Wiktorowicz, *Joining the Cause: Al-Muhajiroun and Radical Islam: Presented at the The Roots of Islamic Radicalism Conference*, p. 5.

[②] Marc Sageman, "A Strategy for Fighting International Islamist Terrorists," *Annals of the American Academy of Political and Social Science*, Vol. 618, No. 1, 2008.

三　主要极端化因素的综合

相关研究尝试对主要的极端化因素进行综合及提炼，这相对于以个体为视角的研究更为宏观和全面，但是仍缺乏体系化的梳理和归纳。

1. CSIS 报告

美国战略与国际研究中心（the Center for Strategic and International Studies，CSIS）曾发布了极端化进程中心智（hearts and minds）问题的专题报告。① 它提出了一个基本框架，以分析"激发个人激进化或参与恐怖主义的三个重叠但各异的元素"：（1）极端思想的叙事，成为理解世界的过滤器；（2）推动个体接受这种极端叙事的社会因素；（3）可能促使个人使用暴力以促进或完成这种叙事的心理因素、特征、病理和触发因素。该报告进一步表明，人口统计和社会经济因素都不是极端化的典型预测因子。耻辱感和羞辱感常常成为建立弱势个人和魅力型领导者之间的纽带，并催化其接受极端思想的叙事及相关的价值观和态度。

2. JMISC 综合模型

美国联合军事信息支持中心（the Joint Military Information Support Center，JMISC）试图在归纳传统模型的基础上，从群体关系出发创建一个综合分析框架。该中心的研究将极端化视为"增加对群体间冲突和暴力的准备和承诺"。群体间暴力的"合理性"和为保护内群体而牺牲的迫切性，从各个层面导致了个体信念、感知和行为的改变，这是个体激进化的主要驱动因素。②

---

① "Overcoming Extremism: Protecting Civilians from Terrorist Violence," Center for Strategic and International Studies (CSIS), PCR Conference Report, March 2008.（http://tinyurl.com/dykufrmcsis.org/files/media/csis/pubs/080321_ overcomingextremismconfreport.pdf）.

② Clark McCauley and Sophia Moskalenko, "Mechanisms of Political Radicalization: Pathways toward Terrorism," *Terrorism and Political Violence*, Vol. 20, No. 3, 2008.

与其他线性、顺序模型不同，JMISC 框架归纳了极端化的共同因素，即七个交互组件：（1）动机（motivations）：动机由"推动"因素（例如不满）和"拉动"因素组成，它们可以用作工具性（如金钱）或情感（如被感知的重要性）激励；（2）社会便利化输入（socially-facilitated entry）：极端思想和极端团体的引介常常是通过家庭和亲属关系网络或社会机构（如学校、宗教培训中心）、监狱进行的；（3）分裂/进化（splintering/progression）：成为暴力极端主义者通常不是突发的一次性决策，而是随着时间的推移逐渐演变的；（4）强化（intensification）：群体认同与立场主要由内群体的社会化驱动，组织的领导者不断影响和形塑其成员对内群体的立场，以及对外群体的排斥；（5）意识形态（ideology）：意识形态的核心是一种叙事，它遵循关于何为错误、谁应受谴责等特定脚本；（6）威胁/防御（threat/defense）：外群体威胁是维系内群体团结的一个关键因素。此为叙事的核心，表明暴力是保卫内群体及其事业的必要条件，并将进攻行动合理化为"防御"行为；（7）归属/认同（belonging/identity）：寻求集体归属或存在意义，也是个体被极端组织及其意识形态吸引的原因之一。

四 现有模式评述

虽然 NYPD 或莫哈达姆等模型较为直观，并且得到了西方一些反恐部门的认可，但它们更适合描绘一种线性阶段而不是"过程"或途径。此外，此类阶段式模型的准确性和稳定性没有经过严格测试。尽管这些模型具有直观的吸引力，但可能还不成熟的是，极端化常常通过一系列非连续性的进程演进的。[①]

---

① Randy Borum, "Radicalization into Violent Extremism Ⅱ: A Review of Conceptual Models and Empirical Research," *Journal of Strategic Security*, Vol. 4, No. 4, 2011.

有许多因素导致一些穆斯林走向激进化道路，如相对剥夺感①、种族主义和伊斯兰恐惧症②、西方霸权主义③、身份危机、伊斯兰宗教知识的欠缺、羞辱感④等。可以说，个体的心理因素被认为是激进化的根本原因和促进者。因此，前述极端化模型均认为个体的认同危机是极端化的主要危险因素，其他因素都在某种程度上与之相关。研究指出，认同导致对穆斯林身份的强烈依赖，这与穆斯林遭受的苦难和利他主义的意图相结合，就可能引起捍卫穆斯林利益或反抗其痛苦的行动。这两种现象都可以表现在暴力恐怖主义行为中，即使可用除恐怖主义以外的其他形式表达。⑤

无论是上述阶段化的模型还是认同心理模型，均侧重于个体转化，从极端化是"自下而上"的"加入"过程的假设开始论证。虽然大部分研究者已摒弃了"恐怖分子都是疯狂的"这一假设，传统的极端化模型或许在解释个体激进化或"独狼"恐怖主义方面是充分的，但是它并不能解释当前"伊斯兰国"和"基地"组织在世界范围内空前的动员能力和吸引力。更为重要的是，传统模型在极端化的威胁评估上专注于极端分子个体，以西方的视角刻意忽视了国际政治特别是伊斯兰世界的历史及现实遭遇，也未能研判极端主义的认同政治对社会团结及宗教和睦的巨大冲击，以至于在反恐战争中陷入"越反越恐"的尴尬境地，甚至在伴随着难民危机的新

---

① Syed Mansoob Murshed, Sara Pavan, "Identity and Islamic Radicalization in Western Europe," *Civil Wars*, Vol. 13, No. 14, 2009.

② Riyad Hosain Rahimullah, Stephen Larmar and Mohamad Abdalla, "Understanding Violent Radicalization amongst Muslims: A Review of the Literature," *Journal of Psychology and Behavioral Science*, Vol. 1, No. 1, 2013.

③ Robert A. Pape, "Suicide Terrorism and Democracy What We've Learned Since 9/11," 2006, *Policy Analysis*, No. 582. (http://www.iskran.ru/cd_data/disk2/rr/038.pdf).

④ Paul Saurette, "Humiliation and the Global War on Terror," *Peace Review*, Vol. 17, No. 1, 2005.

⑤ Riyad Hosain Rahimullah, Stephen Larmar, and Mohamad Abdalla, "Understanding Violent Radicalization amongst Muslims: A Review of the Literature," *Journal of Psychology and Behavioral Science*, Vol. 1, No. 1, 2013.

一轮恐怖威胁中束手无策。此外，以穆斯林这一特定群体为对象，客观上强化了西方社会中弥漫的伊斯兰恐惧症，加大了对穆斯林群体的排斥。

同时，传统模型未能突出极端化过程中主要的行为者——极端主义组织的功能和作用，在实践中弱化了反恐和"去极端化"工作的针对性。虽然JMISC模型试图完成对传统模型的综合与提炼，并尝试从群体关系的路径解释极端化问题。但是由于缺乏认同政治的体系化归纳，这一模型也未能把握极端化的总体路径和巨大威胁。

因此，本书强调的是一种"自上而下"的极端化过程，更关注极端主义的影响源，侧重其进行认同构建和实施认同政治的方式和手段。例如，极端和恐怖组织如何通过宣传或叙事主题的传播，作用于"推动"和"拉动"因素，引起受众产生共鸣？如何对受众灌输自身的价值观和世界观，并诱发他们对其他群体的仇恨和暴力？等等。

从内容上来看，伊斯兰极端主义的叙事常常包括以下四个方面：一是政治叙事，即西方（包括以色列及其盟友）被看作是控制世界和威胁伊斯兰世界的存在；二是道德叙事，强调西方社会的堕落和衰败；三是宗教叙事，论证以暴力反对伊斯兰敌人的"合理性"，要求穆斯林发动"圣战"以重塑伊斯兰世界的荣耀；四是社会、英雄主义叙事，煽动穆斯林对自身境遇的不满并实施报复行动。那么极端主义组织如何利用上述叙事以促进极端化进程？从认同政治的角度出发，其内在机理包括以下三个方面。

其一，认同边界的塑造和强化。主要是以内群体偏好的标准确认和加强内外群体的边界。例如，"基地"组织意识形态框架的基础在于，伊斯兰世界同时遭受近敌和远敌的攻击。近敌是指"腐化的穆斯林政府及其合作者"，他们是远敌——美国领导、犹太人控制的新十字军联盟的傀儡。单一和对抗性认同边界的构建是极端主义认同政治的基础。

其二，以创伤和危机建构认同。在暴力极端主义的意识形态中，伊斯兰世界在历史上蒙受了重大创伤而衰落，目前正经历严峻危机。在宣传策略上，"伊斯兰国"把政治、社会及个人三个层面的因素高度综合起来：既渲染社会经济的不满情绪以及遭遇排斥、边缘化、歧视或迫害的感觉，又以潜在或实际缺乏善政、不平等、不公正和缺乏机会等因素推波助澜。进一步而言，历史的耻辱和现实的危机已严重威胁伊斯兰世界的"纯洁性"。

其三，解决方案建构和暴力煽动。"基地"组织的单一叙事声称为"真正的信徒"提供了强烈的认同意识和兄弟情义，鼓励他们以暴力反对"有罪者"和重塑伊斯兰世界的辉煌。[1] 即对穆斯林而言，要重建美好和平的社会，实现从冤屈到愿景，核心在于从各个层面实施"圣战"以反对邪恶之源。与之类似，"伊斯兰国"的三重宣传运动——理想化社会、介入阿拉伯叙利亚共和国这一极为公开的冲突、注重当下即行动——吸引了众多支持者。下文将围绕上述机理，对极端主义组织的认同政治展开分析。

第三节 认同边界的塑造与强化

在极端主义组织以认同政治煽动和推进极端化的过程中，以群体划界，构建敌对性的自我和他者之间的认同边界，是其意识形态宣传和叙事的基础。在认同多元化及平等共处的现实中，这种认同政治刻意塑造孤立和单一性的身份认同，把内群体偏好极端和放大，最终在群际关系的敌对性建构中实现了认同政治化的第一步。

---

[1] Alex P. Schmid, "The Importance of Countering Al‑Qaeda's 'Single Narrative'," in National Coordinator for Counterterrorism ed., *Countering Violent Extremist Narratives*, The Hague: NCTB, 2010, pp. 46–57.

一 自我与他者的塑造

就目的而言，通过认同边界的塑造和强化，最终在于提高认同的显著性和普遍性。显著性是某种认同在排列的层次结构中居于顶部或突出的地位。普遍性将显著性的概念普遍化，使该身份在许多情况下发挥作用。认同不断地在极端主义的宣传中被利用，通常要求其支持者将穆斯林认同置于其他认同（如种族或民族）之上，并使用这个透镜来观察自身及相对地位。来自"基地"组织网络宣传杂志《启示》（Inspire）的这段摘录明确反映了极端主义对认同的呼吁："你必须决定你的认同是什么。这将有助于确定你未来的行动方针。你是否依据自身的文化和宗教来认同自身？什么东西占据了你内心的核心地位？"①

威廉·康诺利（William Connolly）指出，"差异需要认同，认同需要差异……解决对自我认同怀疑的办法，在于通过建构与自我对立的他者，由此来建构自我认同"。②"他者"之所以为他者，原因显然是"异"，而非"我们"所表现的"同"。"他者"理论认为，认同的前提是他者的存在。个体在自我归类（self-categorization）过程中会对内群体和外群体（他者）进行比较，他者的存在感越强，内外群体的差异就越大，内群体的认同也就越强。③ 爱德华·萨义德（Edward W. Said）也指出，自我认同的建构总是牵涉与自己相反的他者认同的建构，而且总是牵涉到对与我们不同的特质的不断解释和再解释。④ 所以，他者异

---

① Samir Khan, "The Egyptian," 2011, *Inspire*, Issue 5. (https://info.publicintelligence.net/InspireMarch2011.pdf).
② William E. Connolly, *Identity/Difference: Democratic Negotiations of Political Paradox*, Ithaca, NY.: Cornell University Press, 1991, p. x.
③ Steph Lawler, "Identity: Sociological Perspectives," *Sociological Perspectives*, Vol. 50, No. 4, 2008.
④ ［美］爱德华·W. 萨义德：《东方学》，王宇根译，生活·读书·新知三联书店1999年版，第426页。

质性的建构及其显著性的放大是影响个体产生群体认同的一个关键因素。

阿布·巴克尔·巴格达迪（Abu Bakr al-Baghdadi）在2014年7月的斋月布道中声明："事实上当今世界已分为两大阵营和战线，没有第三阵营：一个是由穆斯林和'圣战士'组成的伊斯兰信仰的阵营，它是无处不在的；另一个是不信道者和伪善者的阵营，它是犹太人、'十字军'及其同盟以及其余民族和宗教的卡菲尔的联盟，由美国和俄罗斯领导并被犹太人所鼓动。"① 我们可以看到，在"伊斯兰国"划定的认同边界下，自我与他者是完全对立的。

在暴力极端主义的"自我"内涵中，穆斯林的身份被单一化、绝对化，并以组织的规范设立"真正穆斯林"的标准。在极端主义的叙事中，一方面需要以宗教信仰本身作为认同边界，把自身塑造为所有信众的代表和"正义的化身"及"自由的斗士"；另一方面则鼓动"自我"群体中对温和穆斯林的排斥和孤立，甚至认为所谓温和穆斯林实质为非穆斯林，② 应对伊斯兰的衰落和乌玛的困境负有重大责任。在这种认同边界的塑造中，"自我"被限定为：接受极端组织信条并视其激进理念为职责的本教派群体。对于伊斯兰极端主义的自我认同而言，"我们本应该是谁"既是其理念也是认同边界划定的标准，简言之主要涵盖伊斯兰复古主义、激进伊斯兰复兴主义和圣战派萨拉菲主义，即要恢复对《古兰经》和"圣训"

---

① Aaron Y. Zelin, "Al-Furqān Media Presents a New Audio Message from the Islamic State's Abū Bakr al-Ḥussaynī al-Qurayshī al-Baghdādī: 'Message To the Mujāhidīn and the Islamic Ummah In the Month Of Ramaḍān," July 1, 2014, Jihadology. (http://jihadology.net/2014/07/01/al-furqan-media-presents-a-new-audio-message-from-the-islamic-states-abu-bakr-al-%E1%B8%A5ussayni-al-qurayshi-al-baghdadi-message-to-the-mujahidin-and-the-islamic-ummah-in-the-month-of-rama).

② Anwar. Al-Awlaki, "Battle of the Hearts and Minds," 2008, p. 8. (https://www.halaltube.com/the-battle-of-the-hearts-and-minds).

的传统解释，以暴力"圣战"手段推翻异端统治、恢复伊斯兰的纯洁及重建乌玛，最终实现伊斯兰的复兴等。

在歪曲宗教理念塑造"他者"方面，"伊斯兰国"和"基地"组织的基石均是塔克菲尔原则——在断定某人或某群体为非穆斯林的情况下，允许将其杀害而不受惩罚，规避《古兰经》禁止穆斯林杀人的原则。在"伊斯兰国"的理念中，塔克菲尔原则的适用范围在不断地扩大。在第一个层面，"无信仰"（impious）国家的平民支持者、体制内的军队，乃至什叶派、阿拉维派等异己群体均适用于塔克菲尔原则。第二个层面，为征服"灰色地带"，即所谓的"哈里发"和异端政权、西方势力之间的空间，穆斯林必须为之战斗，否则就是后者阵营中的非信道者。在这个层面上，"伊斯兰国"所界定的"塔克菲尔"包括：伊朗代理人和什叶派、其他逊尼派叛军、被视为西方傀儡的逊尼派力量、作为阿萨德和伊朗支持者的俄罗斯、西方势力，等等。第三个层面，随着"伊斯兰国"和"基地"组织关于"近敌"和"远敌"界定的模糊化，双方攻击的目标均在扩大化。虽然"基地"组织在20世纪90年代末开创了攻击目标从该地区"异端"国家向西方的转变，但其多数分支机构目前正在本地作战；"伊斯兰国"的武装虽主要集中于伊拉克、叙利亚和伊斯兰世界的其他地区。然而，在过去一年中，"伊斯兰国"已从简单地鼓励"独狼"攻击转变到积极投入资源袭击西方国家（如"伊斯兰国"协调的巴黎恐怖袭击事件）。这既是为了转移自身在中东的军事压力，也是为了在西方社会中制造恐慌，引起对穆斯林散居者的排斥，从而吸引更多支持者，并进而争夺国际恐怖主义的领导地位。

二 内群体偏向

极端主义组织的认同政治在完成差异化叙事以塑造认同边界的同时，必然强调内群体偏向，以建构内外群体的对立关系，以此再

强化自我认同的显著性和普遍性。群际关系心理学的研究表明，内群体偏向的发生机制常常有如下推动因素：①

（1）集群归因错误。它是一种自利性质的内群体偏向，内群体成员通过排斥外群体的形式赋予了自己一种质疑的权利。这种信念，反过来又决定并且维系了其他形式的外群体歧视。相较外群体而言，内群体被认为拥有更多成果或者积极行为特征，更加不需要为那些失败或消极的行为负责。（2）群际图示。它由两部分组成，第一是基于图式的不信任。即人们有这样一个信念和预期，群际关系本身是竞争性的，因此外群体是不可信任的。这种先入为主的竞争性预期会让人产生自我实现预言。图式不信任类似于普遍性刻板印象概念。第二是相对获益，群际关系意味着一种转变：从最大化行为结果的绝对价值转变为最大化跟其他群体比较而产生的相对价值。（3）积极的独特性与自尊性。积极独特性多半是为积极自尊这一基本需求服务的，这种积极自尊的表现形式是积极的社会身份。（4）群际差异所面临的威胁。对差异的渴望会让群际相似性威胁到内群体的统一感和协调性，因此人们的偏好和歧视就致力于重建群际差异。

在暴力极端主义的叙事中，自我和他者的建构几乎总是一种定义上下的存在。自我是高级的，代表纯洁、秩序、真理、美丽、善良和正确；而低级的他者总是腐化、虚伪、丑陋、低劣和错误的。②在圣战派萨拉菲的世界观中，各种伊斯兰世界的敌人不仅仅是"入侵者"或"交战者"，而且是没有人类特征的极其厌恶的对象。他们不是以个人的身份存在，而是被视为共享某些集体身份的人群，如他们被视为异教徒、不信道者、卡菲尔、叛教者、撒旦崇拜者、

---

① ［美］玛丽莲·布鲁尔：《我们、你们、他们：群际关系心理学揭秘》，李卫华译，机械工业出版社2016年版，第66—92页。

② Catarina Kinnvall, "Globalization and Religious Nationalism: Self, Identity, and the Search for Ontological Security," *Political Psychology*, Vol. 25, No. 5, 2004.

无神论者和渣滓（slags）。通过这些污名化，受害者被"伊斯兰国"等极端组织建构为"低等物种"。

总之，在极端主义的叙事和认同政治中，以内群体偏向为基础，把对外群体（他者）的厌恶与群体识别和群体自尊联系起来，以清除他者的"西化"（westoxification）、卡菲尔的污染和恢复自尊，作为认同极端组织的唯一有效手段。在这里，自尊、群体认同和厌恶（群体态度）紧密结合，成为认同边界塑造与强化的重要方式。同时，价值观和行动的相互作用既表现在强化他者的负面价值上，也体现在增强内群体的正面价值之中。

通过认同边界的塑造，暴力极端主义清晰地界定和建构了自我与他者的二元对立。自"9·11"事件以来，伴随着西方社会与伊斯兰世界之间文化隔阂的增大，这种边界被不断强化，甚至可能引发二者的对立。近年来，国际恐怖势力利用欧洲难民危机引发的焦虑，通过在巴黎、柏林等地发动一系列恐袭事件，"成功"地煽动了欧洲社会的民粹和排外主义，使自身的认同政治具有了更广阔的基础。有研究指出，在某种程度上，西方与伊斯兰世界的冲突正在成为一个自我实现的预言。即导致两者冲突的根源并不在于它们固有的宗教文化差异，而是双方基于冲突造成的共有观念的敌对。这种观念敌对反过来又不断因现、当代发生的种种事件得到印证和强化，由此导致了固有文化偏见的合法化和当事者行动的意识形态化。[①]

第四节　创伤、危机与认同建构

如前所述，个体和群体心理层面的不满成为暴力极端主义的重要推动因素，其中包括：（1）对暴力创伤经验的回应；（2）基于

[①] 田文林、林海虹：《伊斯兰与西方的冲突：一个自我实现的文化预言》，《世界经济与政治》2002年第1期。

羞辱、歧视或不公遭遇而引发的愤怒，群体或个体的报复欲望；（3）与主流社会疏远，被经济边缘化、相对剥夺或政治排斥导致的愤懑；（4）个体认同危机，个体寻求生活的意义，理想的挫折，逃离现实，寻求救赎等；（5）政治冲突的持续及对国家解决方案的失望。① 在认同层面，创伤与危机叙事是他者威胁的主要体现。对创伤的历史反刍及对危机的现实塑造，是极端主义组织认同构建及认同政治的重要内容。

一 创伤与认同建构

创伤是群体关系及群体认同的重要载体。创伤的经验可以被理解为一个社会心理过程，它定义了痛苦的集体伤害，明确了受害者，认定了责任，也确认了伤害导致的物质和精神层面的后果。②

群体创伤包括政治、文化创伤等不同类型，因为文化认同在群体认同中居于核心地位，所以文化创伤对于群体认同而言是难以磨灭的。文化创伤的前提是先前存在的群体有着相对稳定的认同感。在认同群体通过原始的联结和血缘关系建立的情况下，这是不成问题的。以菲律宾南部的摩洛族群为例，在20世纪60年代的暴力之前，"邦萨摩洛"是不存在的，当地穆斯林人中并没有统一的意识，语言而非宗教是当时群体忠诚的基础。所以，语言曾是摩洛认同的主要载体。③ 在经历严重的暴力之后，摩洛族群的认同被塑造并强化为：我是一个邦萨摩洛人，在自己的家园

---

① Alex P. Schmid, *The Routledge Handbook of Terrorism Research*, London: Routledge Press, 2013, pp. 272-279.

② Jeffery C. Alexander, "Toward a Theory of Cultural Trauma," in Jeffery C. Alexander et al., eds., *Cultural Trauma and Collective Identity*, Berkeley, CA: University of California Press, 2004, p. 24.

③ Ariel Hernandez, *Nation-building and Identity Conflicts: Facilitating the Mediation Process in Southern Philippines*, Wiesbaden: Springer Fachmedien, 2014, pp. 51-53.

里被菲律宾国家占领者剥夺了我们的权利。① 所以说，群体认同意识在文化创伤的认知中被保留和强化。当集体成员感觉到"他们遭受了在其群体意识中留下不可磨灭的印记的可怕事件，他们的记忆和未来认同将发生根本的改变"时，文化创伤就发生了。② 文化创伤是自我认知的一个转折点，群体关系已不可能回复到从前的状况。

在极端主义组织的认同政治中，一个重要手段即通过对创伤及不公正的回溯来推进认同建构。根据社会运动理论的解释，在确认不公、归罪他人并提出解决方案的整个框架中记录不公，是社会运动的一个主要活动。它识别不满，并在与其他重大不满相对照的背景下，将其转化为更广泛的要求。③

渲染伊斯兰文明曾经的辉煌与当前现实的尴尬处境间的巨大落差，进而散布针对现实的不满和屈辱是"伊斯兰国"意识形态叙事的起点。格雷厄姆·富勒（Graham Fuller）在其论著《政治伊斯兰的未来》中指出，屈辱的概念是"伊斯兰国"叙事的核心：今天穆斯林的痛苦和挫折根源于伊斯兰世界的急剧衰落，如从1000多年前世界领先的文明衰落为落后、无能和边缘化的地区。这种惊人的反转成为塑造当代许多伊斯兰主义者修辞学的主要动力。④ 在圣战萨拉菲主义的语境中，世界范围内的痛苦、无尽的屈辱、贫困及许多穆斯林遭受的压迫（现象a），不仅是因为政府的腐败（原因b），而且也缘于他们偏离伊斯兰的教义（原因c），更是由于残酷的殖民统治的结果（原因d）。这样极端主义为全球穆斯林的委屈和不满提供了一种易于理解的解释。"通

---

① Ariel Hernandez, *Nation – building and Identity Conflicts: Facilitating the Mediation Process in Southern Philippines*, p. 51.

② Jeffery C. Alexander, "Toward a Theory of Cultural Trauma," pp. 1 – 30.

③ 西德尼·塔罗：《运动中的力量：社会运动与斗争政治》，第149页。

④ Graham E. Fuller, *The Future of Political Islam*, New York: Palgrave Macmillan, 2004, p. 1.

过将简单化的信息与现实世界的不满"联系起来,"伊斯兰国"的叙事与诉求以简单明了的方式得以呈现。① 所以说,像所有的极端组织一样,"伊斯兰国"在很大程度上依赖于受害者身份(victimhood)的叙述——认为逊尼派穆斯林正在被全球的阴谋所迫害。由此,受害者身份是与其惩罚性的暴力交织在一起的,前者成为后者合法化的手段。②

二 危机认知

对危机的认知不仅有助于认同建构过程,而且往往成为个人支持极端主义团体和从事政治暴力的重要推动因素。极端主义宣传中的危机建构以三个相互关联的因素为特征:

1. 他者的存在和影响

如前所述,对外群体的感知通常会触发对群体间相对地位和价值观的比较。当内群体处于危机时,外群体由于认同的差异不仅会导致负面的态度,甚至成为威胁的指示。伊斯兰极端主义常常将他者界定为任何不属于其狭义的逊尼派穆斯林的人。例如,"伊斯兰国"认为那些不与己为盟的非逊尼派穆斯林是"肮脏"③ 和"邪恶"④ 的。通过使用情感和律法的标签,如"不信道者(kuffar)""叛教者(murtaddin)"等来描述特定的外群体身份,"伊斯兰国"的宣传恶化了他者的负面属性,加剧了内群体的焦虑,并体现出暴力正当性的暗示。

---

① Dina Al Raffie, "Whose Hearts and Minds? Narratives and Counter–Narratives of Salafi Jihadism," *Journal of Terrorism Research*, Vol. 3, No. 2, 2012.

② Charlie Winter, "Documenting the Virtual 'Caliphate'," October 2015, The Quilliam Foundation (http://www.quilliamfoundation.org/wp/wp–content/uploads/2015/10/FINAL–documenting–the–virtual–caliphate.pdf).

③ "Murtaddin Repent in the Thousands," 2014, *Dabiq*, Issue 1. (https://azelin.files.wordpress.com/2014/07/islamic–state–22dc481biq–magazine–122.pdf).

④ "Conspiracy Theory Shirk," 2015, *Dabiq*, Issue 9. (https://azelin.files.wordpress.com/2015/05/the–islamic–state–e2809cdc481biq–magazine–9e280b3.pdf).

2. 不确定性

这种不确定性以复杂性、模糊性、知识匮乏和不可预测性为特征。① 一项实证研究表明，当涉及"群体认同以及意识形态信念和其他群体认同的相关现象"时，不确定性超过了"与死亡相关的恐怖"②。不确定性不仅与内群体优势、威胁认知和不满有关，而且会影响到对外群体采取暴力的态度。③ 简言之，不确定性往往会促使人们采取缓解这种状况的行动。暴力极端主义常常利用三种类型的不确定性杠杆实施宣传：神学/律法（如歪曲使用伊斯兰教教义）、社会政治（如外国影响或对穆斯林的"威胁"）④ 和存在性（如生存的意义）。多年来，这三个不确定性杠杆经常被描述为对"真正的伊斯兰"教义的侵蚀（即传统的崩溃），从而加剧了对危机的感知。

3. 传统的崩塌

这是指人们认为与内群体认同相关的历史上根深蒂固的信念和实践规范，由于他者的影响或威胁而改变。它通常表现为他者的非正当影响及对不确定性的催化。乌托邦的历史叙事不可避免地位于这些宣传的核心，因为这种历史性的理想与当今的困境形成鲜明对比。例如，"哈里发"经常被用作伊斯兰世界历史荣耀的象征，相比之下，民族国家成为现代伊斯兰世界衰落的象征。以萨拉菲主义

---

① Hubert J. M. Hermans and Giancarlo Dimaggio, "Self, Identity, and Globalization in Times of Uncertainty," *American Psychological Association*, Vol. 11, No. 1, 2007.

② Michael A. Hogg, Christie Meehan and Jayne Farquharson, "The Solace of Radicalism," *Journal of Experimental Social Psychology*, Vol. 46, No. 6, 2010.

③ Bertjan Doosje, Annemarie Loseman and Kees Van den Bos, "Determinants of Radicalization of Islamic Youth in the Netherlands: Personal Uncertainty, Perceived Injustice, and Perceived Group Threat," *Journal of Social Issue*, Vol. 69, No. 3, 2013.

④ 对乌玛的攻击常常在极端主义的叙事中被凸显，用以加深不确定的感觉和不安全感。例如，本·拉登就常常渲染对穆斯林的侵犯以证明自身暴力行为的合理性："每天，从东方到西方，在伊拉克、索马里、西部苏丹、克什米尔、菲律宾到波斯尼亚和车臣等等，我们乌玛内12亿穆斯林都在遭受屠杀。"详见 O. Bin Laden, "Nineteen Students, December 26, 2001," *Messages to the Word: The Statements of Osama Bin Laden*, London: Verso, 2005, p. 153。

为例，它提供了回归传统的明确模式，所有穆斯林都必须回归这种模式，以达至先知及其追随者和第一代穆斯林完美的精神境界。①

在暴力极端主义的信息传播中，造成穆斯林现代危机的根本原因在于偏离先知的榜样。实际上，当神学/律法、社会政治和存在主义的不确定性杠杆被应用于极端主义叙事时，它经常是以理想化的历史建构为参照的。

简言之，极端主义宣传利用"他者"，"不确定性"以及传统在其叙事中的崩塌，激发了受众对危机的认知。这些广泛的类别包含了非常多样化的潜在不满和社会政治问题，但它最主要的目的却在于培育自身社会心理的吸引力。通过将外群体身份、不确定性和传统崩塌的联结，极端主义叙事创造了一个不断自我强化循环的危机认知。②

第五节 认同政治中的解决方案及其循环

在对《唤礼》（Azan）、《启示》（Inspire）和《达比克》（Dabiq）等极端主义组织宣传材料的分析中，最常见的叙事类型是将认同与解决方案捆绑在一起。③ 鼓励受众参与行动可能是更好的战略选择，而不是简单地以他者的凶残和危机的复杂性对其实施恐吓。简单地说，极端主义宣传往往鼓励而不是恐吓其追随者采取行动。通过极力借用宗教的寓意，"基地"组织和"伊斯兰国"的叙

---

① Mohammed Arkoun, "Rethinking Islam Today," The ANNALS of the American Academy of Political and Social Science, Vol. 588, No. 1, 2003.
② Haroro J. Ingram, "Deciphering the Siren Call of Militant Islamist Propaganda: Meaning, Credibility & Behavioural Change," ICCT, September 2016. (https://icct.nl/wp-content/uploads/2016/09/ICCT-Ingram-Deciphering-the-Siren-Call-of-Militant-Islamist-Propaganda-September2016.pdf).
③ 具体分析可详见：Haroro J. Ingram, "An Analysis of the Taliban in Khurasan's Azan (issues 1-5)," Studies in Conflict and Terrorism, Vol. 38, No. 7, 2015; Haroro J. Ingram, "An Analysis of Islamic State's Dabiq Magazine," Australian Journal of Political Science, Vol. 51, No. 3, 2016.

事利用了两个人类心理的基本需求：第一是认知关闭，"相当于寻求确定性，避免模棱两可……它寻求的是世界观和信念的框架及契合"。第二是寻求意义，以成为"英雄"乃至"烈士"的方式实现自尊和价值，获取身份和地位。① 安雅·达尔加德尼尔森（Anja Dalgaard - Nielsen）指出，暴力极端主义正迎合了这种认同诉求，它为迷失者提供了"替代敌对社会及种族主义歧视的出路，以及全球穆斯林暴力反对邪恶西方侵略的'正义理由'"②。

一 解决方案构建

相关研究总结出伊斯兰极端主义叙事战略的"三R"目标：一是抵抗（Resist），即抗击外国侵略者（尤其是美国及其盟友，它们试图摧毁伊斯兰教、剥夺穆斯林及其土地）和内部敌人（它们试图从内部破坏穆斯林社会）；二是责难（Rebuke），即将伊斯兰国家的领导人定位为"叛教者"，其迫害民众并勾结外国列强而必须予以推翻；三是复兴（Renew），即通过重建哈里发及恢复伊斯兰教法的统治，扭转伊斯兰文明的衰落。③ 正如"基地"组织《启示》杂志所鼓动的："他们（穆斯林）需要听到伊斯兰信仰如何为他们带来正义和惩戒。他们想了解伊斯兰信仰如何帮助他们结束被占领的状态，如何允许他们在自己的政府制度下有尊严地生活，并由自己的人民统治。他们需要得到授权和鼓励。"④

随着对危机认知的加深，需要减轻个人和团体的危机意识。因

---

① Arie W. Kruglanski, "Psychology, Not Theology: Overcoming ISIS' Secret Appeal." 2014, *E - International Relations*. (http://www.e-ir.info/2014/10/28/psychology-not-theology-overcoming-isis-secretappeal/).

② Anja Dalgaard - Nielsen, "Violent Radicalization in Europe: What We Know and What We Do Not Know," *Studies in Conflict & Terrorism*, Vol. 33, No. 9, 2010.

③ Jeffrey R. Halverson, H. L. Goodall Jr. and Steven R. Corman, *Master Narratives of Islamist Extremism*, New York: Palgrave Macmillan, 2011, p. 180.

④ Anwar Al - Awlaki, "The New Mardin Declaration," 2010, *Inspire*, Issue 2. (https://info.publicintelligence.net/InspireNovember2010.pdf).

此，在极端主义宣传中解决方案的描绘不仅成为极端主义及暴力"合法化"的手段，也有助于内外群体认同构建的循环。因此，解决方案的建构在特征上与对危机的认知相反：

1. 对内群体认同的承诺

对内群体认同价值的忠诚和对其成员的支持往往被认为是克服危机的关键。与对外群体的贬损和污名相比，内群体被赋予荣誉、虔诚、勇气和友爱的特征。这种与内外群体认同相关的价值观的极化不仅成为区分内外群体身份的重要手段，而且也是利用认同构建来强化危机认知及解决方案诉求的重要心理模式。考虑到什么是"真正的伊斯兰"的信仰和什么是穆斯林的身份是由群体的特性所决定的，激进的伊斯兰主义宣传要求穆斯林解决他们的认同困境，[1]其方法是将穆斯林认同显著化、绝对化，并以非白即黑的透镜观察世界。宣传在极端主义战略中的核心地位表明，世界观价值系统的精心建构和巩固具有重要的意义。这与"基地"组织前阿拉伯半岛分支领导人安瓦尔·奥拉基（Anwar al-Awlaki）对伊斯兰运动目标的期望是吻合的："我们应该提高穆斯林对他们真实身份的认识。"[2]

2. 确定性

这种确定性以简洁性、稳定性、可理解性和可预测性为特征。研究表明，人们会屈服于认知偏见，坚持极端的信念，并采取冒险行为来追求确定性。在许多方面，在不确定性时期对于确定性的追求是由安东尼·吉登斯提出的"本体安全"（ontological security）的需求所驱动的。本体安全是一种"具有存在意义上的安全，一种

---

[1] Samir Khan, "Blended Duality: Muslim and American?" 2013, *Inspire*, Issue 11. (https://info.publicintelligence.net/InspireSpring2013.pdf).

[2] Anwar Al-Awlaki, *Battle of the Hearts and Minds*, 2008. (https://www.halaltube.com/the-battle-of-the-hearts-and-minds).

信任和对世界本原的确信"①。而本体不安全感主要源自外部世界的急剧变化,由此导致行为体所在的外部环境,尤其是信仰体系、社会结构等存在高度不确定性,进而影响到行为体基于这种信仰体系所维系的身份认同。②面对外部世界的变化与潜在支持者的本体不安全感,极端主义的宣传许诺内群体认同的确定性。正如《达比克》所宣扬的,如果穆斯林有"真主的应许的确定性"——一种"应该在每一个圣战者的心中产生脉动"的情绪,那么穆斯林的不确定性就可以消除。③极端主义的宣传为其受众提供了一个有助于将复杂、模糊和不可预测的现代世界转变为一个简单、稳定、可理解和可预测的世界的黑白透镜。

3. 加强传统

反映危机和解决方案建构之间固有的对立关系,保护和支持受威胁的传统是极端主义宣传的一个重要特征。④呼吁回归"哈里发"时代以克服现代的蒙昧,是伊斯兰主义者回归传统及伊斯兰的普遍性诉求,既是不可妥协的,也是现实的政治行动。在伊斯兰极端主义的叙事及理念中,最重要的一个口号就在于回归和实现纯洁的伊斯兰社会。它认为伊斯兰世界当前的问题根源在于对"真正伊斯兰"的偏离,必须回归到"哈里发"制度下的纯洁化。激进伊斯兰复古主义者明确提出了"回归《古兰经》"的口号,认为任何偏离从《古兰经》和"圣训"的字面理解中得出的戒律与行为,都是对真主的亵渎,必须予以根除。"伊斯兰国"据此宣称,它的

---

① Catarina Kinnvall, "Globalization and Religious Nationalism: Self, Identity, and the Search for Ontological Security," *Political Psychology*, Vol. 25, No. 5, 2004.
② [英]安东尼·吉登斯:《现代性与自我认同:现代晚期的自我与社会》,赵旭东、方文译,生活·读书·新知三联书店1998年版。
③ "The Islamic State before Al-Malhamah," 2014, *Dabiq*, Issue 3. (http://media.clarionproject.org/files/09-2014/isis-isil-islamic-state-magazine-Issue-3-the-call-to-hijrah.pdf)
④ 当然,就民族型、意识形态型极端主义而言,展望或塑造未来也是其解决方案构建的重要层面。因本书主要论述伊斯兰极端主义,故在这一层面未作展开。

一切行动都是为了复兴伊斯兰社会,将其还原为纯粹的形式,根据"真正的伊斯兰"原则团结伊斯兰世界,同时应以武力为手段统一教法的解释权。当阿布·巴克尔·巴格达迪宣布建立"伊斯兰国"所谓的"哈里发"时,他将其定义为回到以前荣耀的机会:"昂起你的头,今天,通过真主的恩典,你有一个国家和哈里发,将重拾你的尊严、力量、权利和领导。这是一个阿拉伯人和非阿拉伯人、白人和黑人、东方人和西方人皆为兄弟的国家。"①

二 自我强化的循环动力

极端主义宣传的总体叙事通常宣称"我们是逊尼派穆斯林的支持者和保护者(即内群体的身份),这个狭隘类别之外的每个人都是敌人(即外群体身份),为了应对乌玛的危机,应支持我们和我们的解决方案(即组织的政治军事议程)"。

极端主义叙事中的内群体认同、解决方案和危机建构的各种相互作用旨在促进宣传的循环性增强动力。如图1.4所示,群体内外的认同分别具有正值和负值,因此对危机的感知将变得越来越尖锐,并且实施解决方案的紧迫性更加迫切。反过来,随着对他者引发危机的认知,加剧了对群体内生成解决方案的迫切性,因此群体内外之间的双极性变得更加严格。这些过程通过自我强化和复合循环,进一步加强宣传的"竞争意义系统"。即危机意识更严重化,解决方案诉求更极端化,对待他者更为凶狠,纯化内群体的诉求更为强烈。

---

① Aaron Y. Zelin, "al - Furqān Media Presents a New Audio Message from the Islamic State's Abū Bakr al - Ḥussaynī al - Qurayshī al - Baghdādī: 'Message To the Mujāhidīn and the Islamic Ummah In the Month Of Ramaḍān," July 1, 2014, Jihadology. (http://jihadology.net/2014/07/01/al - furqan - media - presents - a - new - audio - message - from - the - islamic - states - abu - bakr - al - %E1%B8%A5ussayni - al - qurayshi - al - baghdadi - message - to - the - mujahidin - and - the - islamic - ummah - in - the - month - of - rama).

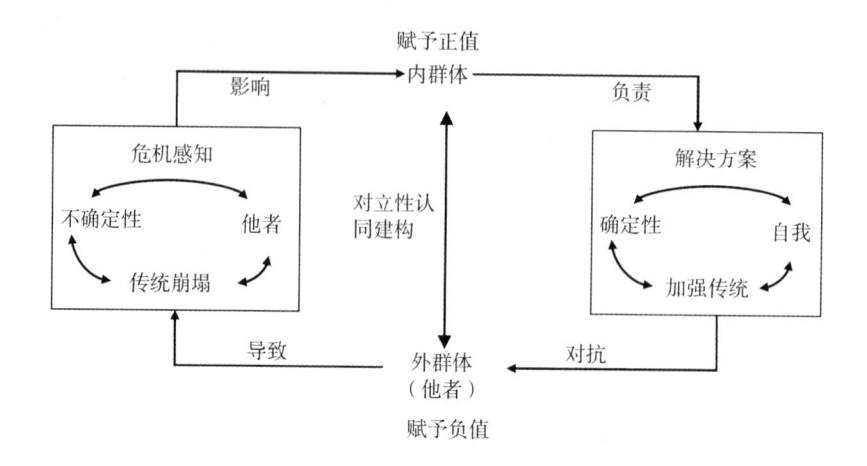

图1.4 极端主义组织认同政治的循环动力

资料来源：Haroro J. Ingram, "Militant Islamist Propaganda: A Two-Tiered Framework for Practitioners," ICCT Policy Brief, November 2016.

总的来说，对威胁的感知促进了对归属的搜寻，驱使群体向内，并加剧了内外群体的极化。而群体极化无疑又强化了威胁认知本身。研究指出，自我不确定性与群体所珍视的态度、价值观和做法受到威胁的认知（如他者和传统的崩塌）结合在一起，形成了一种危险的组合——人们认同极端组织的议程和行动，拒绝温和组织的渐进方案。①

在暴力极端主义的认同政治中，解决方案被认为是源自认同本身：对敌人发动"圣战"是信念的体现，也是支持组织政治—军事议程的手段。这里带有根本性的问题是，虽然"圣战"可能是基于意识形态的缘由，但是由于对危机的感知（即情境因素），它转变为政治—军事的义务。这种认同政治的暴力导向在过去几十年中以多种方式表现出来，从阿卜杜拉·阿萨姆（Abdullah Azzam）的宣

---

① Michael A. Hogg, Christie Meehan and Jayne Farquharson, "The Solace of Radicalism: Self-uncertainty and Group Identification in the Face of Threat," *Journal of Experimental Social Psychology*, Vol. 46, No. 6, 2010.

言"如同礼拜和斋戒,圣战是一生的义务"① 到《达比克》杂志的声明"打击卡菲尔是所有穆斯林践行信念最简单的手段"②。最终,内群体认同的价值必须在行动中予以体现,否则它们仍然处于抽象或理论之中。他者的价值在加剧危机的行动中得以彰显,所以内群体成员必须以自己的行动进行回应。

总的来说,对威胁的感知促进了对归属的搜寻,驱使群体向内,并加剧了内外群体的极化。而群体极化无疑又强化了威胁认知本身。研究指出,自我不确定性与群体所珍视的态度、价值观和做法受到威胁的认知(如他者和传统的崩塌)结合在一起,形成了一种危险的组合——人们认同极端组织的议程和行动,拒绝温和组织的渐进方案。③

三 案例分析

鉴于上文对"伊斯兰国"和"基地"组织的意识形态和宣传内容已多有引述,下文将以博科圣地("Jama'atul Ahlu Sunna Lidda'Awati wal Jihad",即"先知传教和圣战教导的信奉者")为例,分析暴力极端主义认同政治的机理。虽然一直未能引起国际社会的足够重视,但它却是当前最为致命的恐怖组织之一,而且它得以滋长和利用的认同政治因素也十分典型。

近年来,博科圣地在尼日利亚北部及周边地区发动了一系列暴力恐怖袭击,造成上万人死亡,近10万人流离失所,成为尼日利亚及其邻国的头号安全威胁。博科圣地的兴起和发展,根源于尼日

---

① A. Azzam, *Join the Caravan*, 2nd Edition, 2001. (http://www.talibeilm.com/uploads/4/7/1/3/4713847/join_the_caravan.pdf).

② Y. Ibrahim, "Inspired by 'Inspire'," *Inspire*, Issue 11, 2013. (https://info.publicintelligence.net/InspireSpring2013.pdf).

③ M. Hogg, C. Meehan and J. Farquharson, "The Solace of Radicalism: Self-uncertainty and Group Identification in the Face of Threat," *Journal of Experimental Social Psychology*, Vol. 46, No. 6, 2010.

利亚内部复杂的族群、宗教矛盾和发展困境，同时受到外部的刺激。从深层原因来看，相关政治势力和极端组织对认同政治的操弄无疑是重要的因素。尼日利亚主要由三大族群组成，北方的豪萨—富拉尼族、西南部的约鲁巴族和南部的伊博族。豪萨—富拉尼族主要信仰伊斯兰教，南部居民主要信奉基督教，中部则为穆斯林和基督教徒杂居地区。自 20 世纪 80 年代以来，各类政治势力不断鼓动和操纵各族群的宗教认同，致使地区、族群、宗教关系不断恶化，诱发了宗教极端主义的产生。参照前文的认同政治机理，主要体现在以下几个方面：

（1）认同边界的塑造和强化方面。在尼日利亚特别是北部的认同序列中，认同被视为某种"从属身份的联合"，如"豪萨穆斯林""基督徒女性""尼日利亚北方人"等。在这些认同中，个体将自身视为某个特定群体的成员，如族群、宗教、性别等。这种界定方式抓住了尼日利亚人认同的特质，即与宗教和族群高度联结。由于认同必然伴随着认异的过程，所以这种认同方式造成了深刻的政治影响。[①] 同时，鉴于宗教口号比起纯粹鼓动种族仇恨的种族标准更具欺骗性，当传统族群组织因为长年冲突造成的血腥后果和军政府的打击而逐渐失去影响力，但野心勃勃的政客们却又创造不出新的意识形态和政治组织来动员广大民众时，他们就会转而利用宗教组织和宗教思想这另一种既存的动员机制和意识形态体系。[②] 在各类政治和极端势力的操弄下，尼日利亚的国家认同一直得不到有力的推动，反而是族群、宗教及地域认同日趋强化乃至于合一。甚至形成了北部穆斯林认同与南部基督徒认同之间的严重对立。在此基础上，极端主义组织不断利用上述群体间的公共冲突煽动恐怖袭击。

---

① Patricia Harris and Vicki Williams, "Social Inclusion, National Identity and the Moral Imagination," *The Drawing Board: An Australian Review of Public Affairs*, Vol. 3, No. 3, 2003.

② Muhammed Tawfig Ladan, "The Role of Youth in Inter – Ethnic and Religious Conflicts: The Kaduna/Kano Case Study," in Ernest E. Uwazie et al., eds., *Inter – Ethnic and Religious Conflict Resolution in Nigeria*, Maryland: Lexington Books, 1999, p. 98.

(2) 创伤、危机与认同建构。客观而言，尼北部的政治腐败、长期贫困和发展困境，成为暴力极端主义煽动对立和仇恨的重要背景。在贫困、社会服务及基础设施恶化，教育倒退、年轻人大量失业、农业凋敝等一系列发展问题的困扰中，极端势力"成功"地鼓动了相当一部分穆斯林青年的仇恨和报复意识。因此，美国前驻尼日利亚大使、参议院对外关系委员会成员约翰·坎贝尔（John Campbell）指出：博科圣地首先是由不满被持续剥夺并处于贫困的北部民众发起的一场草根运动；其次，它由尤素福信徒组成了一个核心组织，随后被其头目阿布巴卡尔·谢考（Abubakar Shekau）重新召集并极力复仇。①

(3) 解决方案与手段方面。从博科圣地的实践表现来看，它的意识形态具有明显的圣战萨拉菲主义的色彩。在博科圣地的意识形态中，国家是剥削穷人的腐败温床，而且国家靠西方价值观和西式教育形成和维系，这都是违背安拉旨意的。根据该组织的宣传，它的目标是通过严格实施沙里亚法来为穷人实现正义，最终创建"哈里发"国家。任何阻挡这一目标的东西必须被摧毁。对博科圣地而言，暴力并不是伊斯兰教所禁止的，而是实现目标的合法手段。②其发言人阿布卡卡（Abu Qaqa）曾宣称，"我们的目标是让尼日利亚处于困境，最终摧毁它并代之以沙里亚法"，该组织"要将尼日利亚带回沙里亚法实施的前殖民时期"③。

博科圣地等极端主义的暴力行径已对尼日利亚及大湖地区国家的安全构成了严峻的挑战。但仅在反恐的范畴内评估其安全威胁是不够的，需要以认同政治的视角发掘其肆虐的深层原因，特别是尼

---

① Daniel Egiegba Agbiboa, "The Nigerian Burden: Religious Identity, Conflict and the Current Terrorism of Boko Haram," *Conflict, Security and Development*, Vol. 13, No. 1, 2013.

② John Campbell, "Boko Haram: Origins, Challenges," October 2014, NOREF. (http://noref.no/var/ezflow_site/storage/original/application/5cf0ebc94fb36d66309681cda24664f9.pdf).

③ William W. Hansen, Umma Aliyu Musa, "Fanon, the Wretched and Boko Haram," *Journal of African and Asian Studies*, Vol. 48, No. 3, 2013.

日利亚国内族群、宗教及地区关系的变迁和影响。多年来，各类宗教势力都把宗教认同政治化，以进行动员、妖魔化对手并获取权力，因为"（扭曲的）宗教认同为暴力提供了一个合法性的框架"①。在此背景下，愈演愈烈的中间地带高原州的冲突、博科圣地的肆虐和蔓延就不难理解了。

结　语

本章从认同政治的角度研究了极端主义组织动员潜在支持者的过程。为了最大限度地将受众转化为组织的支持者甚至参与者，极端主义组织往往通过三种机制建构具有严格内外区隔和明确界限的身份群体，即"边界的塑造和强化""创伤、危机与认同建构"以及"解决方案与暴力"。这三种机制也是极端主义组织建构排他性身份并使支持者认同暴力解决路径的三个阶段。极端主义组织动员能力的高低往往取决于它们所建构的身份能否有效解决潜在支持者的身份危机，并使之成为煽动暴力的基础。极端主义组织对认同政治的操弄，对国家建构和维系国家认同的努力提出了严峻挑战。从国家的角度而言，极端主义建构的身份挑战了国家的身份叙事，进而转移了激进分子对国家的认同，故国家需要对极端主义组织操弄认同政治的现象进行有针对性的治理。国际社会可以从多个方面入手削弱甚至消除极端主义组织对认同政治的操纵，如促进财富的合理分配、保证广泛的政治参与、实现中东地区的和平与和解等。与本书的讨论密切相关的是，需要围绕上述极端主义建构排他性身份的三个机制入手进行处理。首先，针对极端主义组织建构对抗性的群体边界，国际社会特别是宗教界应该大力倡导和宣传种族、宗教、文化间的平等和包容，杜绝右翼势力煽动对伊斯兰世界及穆斯

---

① Simeon H. O. Alozieuwa, "Beyond the Ethno‑Religious Theory of the Jos Conflict," *Africa Peace and Conflict Journal*, Vol. 3, No. 2, 2010.

林群体的偏见和排斥。其次，针对极端主义组织渲染甚至歪曲特定的危机或创伤事件，国际社会应真正重视和关切这些创伤和危机的实质，疏导和化解创伤及危机所导致的怨恨和焦虑。最后，针对极端主义组织提供的以暴力为特征的解决方案，国际社会既要遏制暴力萨拉菲主义的渗透和扩散，也要把打击恐怖主义及其社会环境的综合治理结合起来，避免"以暴易暴"的单一性手段。当然，防止和应对极端主义对认同政治的操纵并不容易，极端主义意识形态的长期存在、特定群体的身份危机以及现实社会中的诸多不公，都成为推动极端化的重要因素，相关工作仍任重而道远。

第二章 "伊斯兰国"的意识形态：叙事结构及其影响

自宣布重建"哈里发"以来，"伊斯兰国"正以一种前所未有的方式对中东地区的和平与稳定乃至现代民族国家体系造成强烈的冲击。仅从反恐的角度研究"伊斯兰国"的冲击是不够的，"伊斯兰国"深层次的威胁在于它从意识形态和实践层面将"哈里发"理念系统化和实践化。通过回归过去——以暴力塑造现实——憧憬末日决战及建立"哈里发"全球帝国的宏大叙事结构，"伊斯兰国"建构了相对完备的意识形态体系。这一意识形态对现代民族国家体系的否定和冲击主要体现在：以武力控制领土并建立"政权"来重建神权帝国，否定现代民族国家的主体地位；否认主权来源的世俗性和平等性，以践行真主主权为名创建神权政治统治；以反对殖民遗产为口号否定现有国家边界，鼓动"哈里发帝国"的扩张，挑战国家领土完整；通过各种手段将自身针对平民的暴力"合法化"，不断以残暴行为挑战国际和平准则及人类文明底线。应对"伊斯兰国"的威胁有赖于有效的国际反恐合作，但如何真正遏止其意识形态的长期挑战，国际社会仍任重而道远。

第一节　"伊斯兰国"的威胁

自 2014 年 6 月宣布重建"哈里发"（khilafah）以来，"伊斯兰

第二章 "伊斯兰国"的意识形态：叙事结构及其影响

国（IS）"一度控制着两河流域10余万平方千米的土地及数百万的人口，其麾下有2万—3.2万名武装分子，大部分（超过2.2万名）来自阿拉伯及西方国家。① 其"建国"的"五步走"流程——迁移（hijra）、集合（jama'a）、动摇专制制度（destabilize taghut）、巩固（tamkin）及"哈里发"——已初步完成。② 通过军事征服和政治控制将"哈里发"实体化的同时，"伊斯兰国"持续以暴力恐怖袭击挑战人类文明底线。可以说，"伊斯兰国"正以一种前所未有的方式对伊拉克和叙利亚两国的安全和统一、中东及世界的和平稳定乃至国际社会的规范与价值体系造成剧烈冲击。

目前，国际社会更多的是把"伊斯兰国"作为"恐怖组织"来观察和研究，关注的是它的次国家行为体身份及对人员、物质的破坏，但这明显低估了其主体身份的变化及野心。一方面，它通过领土控制和"政权"建设，实现了"哈里发"的实体化重建；另一方面，它以排他和暴力为手段，颠覆现有国际秩序和规范以实现"哈里发帝国"的扩张。在这背后，有一套相对完备的意识形态。整体而言，现有研究对于"伊斯兰国"的意识形态存在低估或偏离其主体的状况，应予以改变。③

---

① BBC, "What Is 'Islamic State'?"（http://www.bbc.com/news/world-middle-east-29052144）.

② 源自"伊斯兰国"宣传杂志《Dabiq》第1辑，"Al-Ḥayāt Media Center Presents a New Issue of the Islamic State's Magazine: 'Dābiq #1'," *Jihadology*（blog）, July 5, 2014.（http://jihadology.net/2014/07/05/al-ḥayat-media-center-presents-a-new-issue-of-the-islamic-states-magazine-dabiq-1/）.

③ 极端—恐怖主义的意识形态及宣传一直是反恐研究的重要内容，如 Anne Aldis and Graeme P. Herd, eds., *The Ideological War on Terror: Worldwide Strategies for Counter-Terrorism*, London: Routledge, 2007; Youssef H. Aboul-Enein, *Militant Islamist Ideology: Understanding the Global Threat*, Annapolis: Naval Institute Press, 2010; Philipp Holtmann, "Countering Al-Qaeda's Single Narrative," *Perspectives on Terrorism*, Vol. 7, No. 2, 2013。但是这些研究均有一定的时效性。较新的文献有 Graeme Wood, "What ISIS Really Wants," *The Atlantic*, Vol. 315, Issue 2, Mrach 2015; Charlie Winter, "Documenting the Virtual 'Caliphate'," *The Quilliam Foundation*, October 2015.（http://www.quilliamfoundation.org/wp/wp-content/uploads/2015/10/FINAL-documenting-the-virtual-caliphate.pdf）。但这些关于"伊斯兰国"意识形态的文献存在中立性和系统性不足的问题。

"伊斯兰国"的政治目标是建立"哈里发"国家，但它的活动显示出它同当代民族国家政治文明的重大差异。它有逻辑完整的、独立叙事的学说体系，这是一套完全不同于民族国家体系的政治理念。[①]"伊斯兰国"宣扬回归过去、以暴力塑造现实，鼓吹末日决战及建立"哈里发全球帝国"，正以其"叛逆性"的实践和体系化的意识形态冲击和否定现代民族国家体系。"伊斯兰国"暴力"建国"及领土扩张虽然受国际打击可能被摧毁或限制，但是其模式可能成为众多恐怖势力模仿的典型，它的意识形态甚至可能在实践受挫后更为顽固，难以根除。在这种情况下，从民族国家的主体性及国际准则的规范性的角度评估"伊斯兰国"的威胁，是凝聚国际共识、形成打击合力的基础。

　　概念界定是研究的起点。本书涉及两个核心概念：一是意识形态，二是现代民族国家体系，需要对此先做简要的界定和说明。由于意识形态这一概念的内涵和外延均比较广泛，本书从功能性的角度对它进行界定。在《布莱克维尔政治学百科全书》中，"意识形态是具有符号意义的信仰观点的表达形式，它以表现、解释和评价现实世界的方法来形成、动员、指导、组织和证明一定行为模式和方式，并否定其他的一些行为模式和方式"[②]。从这个意义上说，意识形态的实质是一个改造社会的行动计划。同时也必须承认，"伊斯兰国"虽然在近年来剧烈勃兴，且形成了初具系统的意识形态，不过这套意识形态并未以本书形式明确表达出来，而有待研究者加以提炼。故此，本书从三个方面对其进行把握：（1）伊斯兰主义的思想渊源。"伊斯兰国"的意识形态脱胎于传统伊斯兰主义并将其推向极端，所以伊斯兰主义的相关理论及论述是理解"伊斯

[①] 钱雪梅：《基地的进化：重新审视当代恐怖主义威胁》，《外交评论》2015年第1期。
[②] ［英］戴维·米勒、韦农·波格丹诺主编：《布莱克维尔政治学百科全书》，邓正来等译，中国政法大学出版社1992年版，第345页。

兰国"意识形态的基础。（2）"伊斯兰国"的叙事。"伊斯兰国"首领的言论、杂志和网络等媒体所作的宣传与展示等构成其叙事的重要组成部分，因此对叙事结构的梳理和抽象是把握其意识形态的关键。（3）"伊斯兰国"的实践。恐怖袭击、斩首人质、建立"哈里发"等实践既是"伊斯兰国"意识形态的体现，同时又在塑造着它的意识形态。由于"伊斯兰国"发展的剧烈性和非常规性，其行动常常先于理念形成，但"成功"后又成为意识形态的塑造力。

现代民族国家体系奠基于威斯特伐利亚体系，通过国家交往规范的逐步确立，国际社会最终得以产生。[①] 本书认为，现代民族国家体系的维系有赖于下列共识与原则的坚持和巩固：（1）民族国家作为国际社会的中心和现代国际关系的主体地位；（2）国家主权原则，各国基于世俗主权的平等；（3）领土完整原则，各国既有边界和政治独立不容挑战；（4）非暴力原则，反对以任何暴力手段破坏国际和平。上述方面可归纳为民族国家的主体性、主权的世俗性、领土的完整性和行为的非暴力性。现行的国际法及国际规范均是在上述基础和原则上形成的，也以保障此基础和原则为核心内容。自建立以来，现代民族国家体系虽然时常受到各种挑战，但仅限于局部层面，极少有体系性的颠覆力量和理念。随着恐怖主义浪潮的演进，[②] "博科圣地"和"伊斯兰国"等恐怖势力逐渐显露出反体系性的理念。它们不仅从根本上反对现有的社会—政治秩序，对虚构历史理想化（idealization of a mythic past），而且试图通过极端的暴力重建神权统治。[③] 从这个意义上来看，对于"伊斯兰国"已不能限于个案性的

[①] 赫德利·布尔把国际体系中符合格劳秀斯传统的"国家之间的合作与有规范的交往"作为"社会要素"加以阐述，认为这是出现国际社会的依据和基础。详见 Hedley Bull, *Anarchical Society*, Columbia: Columbia University Press, 1995, pp. 40 - 49.

[②] Jeffery Kaplan, *Terrorist Groups and the New Tribalism: Terrorism's Fifth Wave*, London: Routledge, 2010.

[③] Anthony N. Celso, "The Islamic State and Boko Haram: *Fifth Wave* Jihadist Terror Groups," *Orbis*, Vol. 59, No. 2, 2015.

反恐研究，需在意识形态层面对其全球威胁进行更为宏观的考察。

第二节 "伊斯兰国"的意识形态

"伊斯兰国"的意识形态脱胎于传统政治伊斯兰，相对于"基地"组织及其他伊斯兰极端组织，其意识形态的核心在于重建"哈里发"并试图实现"哈里发帝国"的扩张。"伊斯兰国"的意识形态受中东及伊斯兰世界多股思潮的影响，在中东地缘政治局势的剧烈变动中，它衍生出该组织极具排他性与暴力性的政治实践。

一 "伊斯兰国"意识形态的来源

研究"伊斯兰国"的意识形态，首先需要将它置于传统政治伊斯兰的框架之中。对于政治伊斯兰意识形态的内核，钱雪梅将其归纳为个人、社会政治秩序及世界秩序三个层面，其中净化信仰是"解决"现实社会问题的手段和工具，建立"乌玛"并改变穆斯林社会在世界政治、经济和文化权力结构中的地位是其最终目标。① 通过评估《达比克》(Dabiq，"伊斯兰国"的官方宣传杂志)中的论述，"伊斯兰国"的政治目标包括：(1)通过培育治理失败和/或宗派内战的条件，永久地打破伊拉克、叙利亚等地区内的政治边界；(2)通过控制伊拉克及叙利亚境内的领土，对其中的人口实施治理并抵御外部威胁，建立伊斯兰"哈里发"；(3)在"哈里发"境内实现全球"圣战士"的联合；(4)实现"哈里发国"的领土扩张，并团结更广阔地域内的穆斯林群体，以建立一个"乌玛"②。在逻辑结构上，"伊斯兰国"的意识形态与传统政治伊斯兰相类似：在认识论基

---

① 钱雪梅：《政治伊斯兰意识形态与伊斯兰教的政治化》，《西亚非洲》2009年第2期。

② Jessica D. Lewis, "The Islamic State: A Counter – Strategy for a Counter – State," July 2014, Middle East Security Report 21, ISW. (http://www.understandingwar.org/sites/default/files/Lewis – Center%20of%20gravity.pdf).

础上，它认为伊斯兰世界当前的问题根源于对"真正伊斯兰"的偏离，必须回归到哈里发制度下的"纯粹"形式；在实践层面，通过暴力"圣战"（jihad）和领土控制以重建"哈里发"，是伊斯兰复兴的根本保障；在目标指向上，通过"末日决战"并以帝国征战的方式实现"哈里发国"的扩张，是打破现有世界秩序、恢复伊斯兰世界荣光的必然手段。可以说，实现伊斯兰的"纯洁化"、以暴力创建"哈里发"及颠覆现有国际秩序，是"伊斯兰国"意识形态的核心要素。根据这种理念，"哈里发"的创建是"伊斯兰国"所有议题的核心，为此可以不计手段并颠覆现有国际秩序。

"伊斯兰国"意识形态对传统伊斯兰的偏离和极端化，除了受近年来中东政局剧变的刺激外，还源自多股思潮的长期影响。

首先是当前仍有很大影响力的激进伊斯兰复古主义。伊斯兰复古主义者明确提出了"回归古兰经"的口号，主张恢复《古兰经》和"圣训"的真正精神，但先知去世后，国家的"绝对主权"转移到宗教学者手中。他们主张以《古兰经》和《圣训》作为衡量、判断一切是非的标准。某些国家所主导的瓦哈比主义，作为意识形态政治的特色，目的在于实现教法解释权的统一。从本质上讲，激进伊斯兰复古主义者对伊斯兰教的解释拒绝任何先知时代之后的创新。他们认为，任何偏离从《古兰经》和圣训的字面理解中得出的戒律与行为，都是对真主的亵渎，必须加以反对。因此，什叶派、苏菲派或只要不符合他们对伊斯兰教解释的任何人或物，都应该被摧毁，这是塔克菲尔主义（takfirism）①的本质。"伊斯兰国"据此宣称，它的一切行动都是为了复兴伊斯兰，将其还原为纯粹的形式，根据真正的伊斯兰原则团结伊斯兰世界，同时应以武力手段统

---

① 也写作 Taqfir。在神学和政治层面，它大体类似于中世纪欧洲基督教会的"绝罚"（excommunication）。宣布某人为卡菲尔，就等于宣布此人不再是穆斯林，不再受伊斯兰"乌玛"保护。参见钱雪梅《基地的进化：重新审视当代恐怖主义威胁》，《外交评论》2015 年第 1 期。

一教法的解释权。

其次是圣战派萨拉菲主义。这是"伊斯兰国"意识形态最明显的标签。圣战萨拉菲主义是一股将"圣战"观念融入传统萨拉菲主义的思潮，主张通过"圣战"方式建立以伊斯兰教法为基础的伊斯兰政权。在理念上，圣战派萨拉菲主义认为，通过发动"圣战"打击那些没有按照真主的意志进行统治的异端统治体制，恢复伊斯兰的纯洁及其统治过的领土是伊斯兰义不容辞的任务，也是唯一正确的策略；异教徒是"圣战"的对象，而伊斯兰世界中的异教徒是其首先打击的对象；"圣战"的最终目的是，通过军事暴力手段建立一个伊斯兰制度的国家。圣战派萨拉菲主义与"伊斯兰国"意识形态的关系可从两个方面来理解：一是圣战派萨拉菲主义是该组织所属的极端主义政治思想；二是"伊斯兰国"在该教派中的强硬路线很大程度上显示了它与"基地"组织的区别。①

最后是前复兴主义（ex – Ba'athists）的影响，或更确切地说，是在2008—2010年加入"伊斯兰国"的前复兴主义者，这方面的主要证据是"伊斯兰国"的组织构成及其政治目标。中东地区的复兴主义曾寻求清除腐败的价值观和殖民主义的残余来复兴阿拉伯世界，并领导建立一个泛阿拉伯国家，但是国家治理的失效、伊斯兰主义的兴起及伊拉克政局的突变使得复兴主义逐步被边缘化。近年来，前复兴主义者试图利用伊拉克政局的变动及地区安全真空实现东山再起。大部分反对伊拉克新政府的复兴主义分子虽是世俗主义的，他们也承认宗教势力在动员群众方面较复兴主义更有影响力。不过他们的功利主义倾向非常明显，加入"伊斯兰国"仅是为了进入领导层。复兴主义者似乎已决定，只要能通过政治运动重掌权

---

① Cole Bunzel, "From Paper State to Caliphate: The Ideology of the Islamic State," Analysis Paper No. 19, March 2015, The Brookings Project on U. S. Relations with the Islamic World. (http: //www. brookings. edu/ ~ /media/research/files/papers/2015/03/ideology – of – islamic – state – bunzel/the – ideology – of – the – islamic – state. pdf).

力，他们不介意宗教极端势力下一步会怎样做。① 就此而言，复兴主义者参加"伊斯兰国"更多的是出于政治目的，而不全是因受到意识形态的驱使。

二 "伊斯兰国"意识形态的特征

在激进复古主义、圣战派萨拉菲主义和复兴主义等思潮的影响下，"伊斯兰国"将上述思潮的核心理念不断内化，并初步整理出一套独具特色的意识形态。无论是要实现所谓伊斯兰的纯洁化、以"圣战"手段创建"哈里发"，还是要复兴"哈里发帝国"，它的意识形态总体上呈现如下特征：

1. 世界观的二元对立性

"伊斯兰国"世界观的基础在于将世界进行敌我对立的二元划分。阿布·巴克尔·巴格达迪（Abu Bakr al-Baghdadi）在2014年7月的斋月布道中声明："事实上当今世界已分为两大阵营和战线，没有第三阵营：一个是由穆斯林和圣战士组成的'伊斯兰'和信仰的阵营，它是无处不在的；另一个是卡菲尔（kāfir）和伪善者的阵营，它是犹太人、'十字军'及其同盟，以及其余民族及宗教的卡菲尔的联盟，由美国和俄罗斯领导并被犹太人所鼓动。"② 虽然二元对立的世界观与"基地主义"有共通性，但"伊斯兰国"在攻击策略上却表现出明显的差异。"基地"组织的战略攻击核心集中在"远敌"或美国和其他西方国家（al-Adou al-Baeed）上。其

---

① Richard Barrett, "The Islamic State," The Soufan Group, November 2014. （http://soufangroup.com/the-islamic-state/）.

② Aaron Y. Zelin, "Al-Furqān Media Presents a New Audio Message from the Islamic State's Abū Bakr al-Hussaynī al-Qurayshī al-Baghdādī: 'Message to the Mujāhidīn and the Islamic Ummah in the Month of Ramaḍān," Jihadology, July 1, 2014. （http://jihadology.net/2014/07/01/al-furqan-media-presents-a-new-audio-message-from-the-islamic-states-abu-bakr-al-%E1%B8%A5ussayni-al-qurayshi-al-baghdadi-message-to-the-mujahidin-and-the-islamic-ummah-in-the-month-of-rama）.

头目艾曼·扎瓦赫里（Ayman Zawahiri）在 2013 年的《吉哈德总纲》中强调："（我们）首要的军事目标是（国际）非信徒的领头羊——美国及其盟友以色列，次要目标是我们国家的统治者，他们同样是美国的盟友。"① 将"近敌"或伊斯兰世界中的所谓"异教徒"和"叛教者"（al-Adou al-Qareeb）作为首要攻击目标，始于"伊斯兰国"组织的前首领阿布·穆萨布·扎卡维（Abu Musab al-Zarqawi）。虽然"伊斯兰国"的领袖也对美国心怀敌意，但在"哈里发国"施行沙里亚法并不断扩大疆域才是第一位的。当然，对"远敌"和"近敌"攻击目标的选择，主要源自该组织的策略，例如近来在遭受国际联合打击之下，"伊斯兰国"明显加大了对俄罗斯及欧洲实施恐怖袭击的力度。

2. 纯洁伊斯兰幌子下的排他性

在二元化世界观的影响下，结合攻击"近敌"的首要目标，"伊斯兰国"将"基地"组织所奉行的塔克菲尔（Takfir）原则进一步推向极端，极力排斥异己的穆斯林即"卡菲尔"。受伊本·泰米叶（Ibn Taymiyya）与穆罕默德·伊本·阿卜杜勒·瓦哈布（Muhammad ibn Abd al-Wahhab）等人宗教思想的指导，并尝试与赛义德·库特布（Sayyid Qutb）等所宣扬的现代伊斯兰主义理论进行融合，以至塔克菲尔成为"伊斯兰国"意识形态及实践的核心原则。在伊斯兰教义中，塔克菲尔源自宗教裁判权，意即将穆斯林中的"不信道者"逐出伊斯兰教，并对其处以死刑。传统上，塔克菲尔主要针对个体，但是伊斯兰极端主义者却将这一原则集体化，以纯洁伊斯兰为名排斥数量巨大的穆斯林群体。② 在"伊斯兰国"的理

---

① Seth G. Jones, "A Persistent Threat: The Evolution of al Qa'ida and Other Salafi Jihadists," 2014, RAND. (http://www.rand.org/content/dam/rand/pubs/research_reports/RR600/RR637/RAND_RR637.pdf).

② Mohammad M. Hafez, "Tactics, Takfir and Anti-Muslim Violence," in Assaf Moghadan and Brian Fishman, eds., *Self-inflicted Wounds: Debates and Division in Al Qaeda and Its Periphery*, Combating Terrorism Center: West Point, 2010.

念中,"无信仰"(impious)国家的平民支持者、体制内的军队乃至什叶派、阿拉维派等异己群体均适用于塔克菲尔原则。因此,它将扩大化的塔克菲尔原则变成自我划定的政治标准,也使之成为暴力的依据。

3. 歪曲"圣战"概念下的残暴性

与其他极端势力和恐怖势力相比,"伊斯兰国"在理念和行为上更为残暴的原因在于其对"圣战"概念的改造。传统的"圣战"主要基于个体对教义的内化,但"伊斯兰国"却篡改伊斯兰的历史典故和利用宗教极端主义改变其成员对"圣战"的理解和实施。其中最突出的所谓"圣战指南"是由阿布·巴克尔·纳吉(Abu Bakr Naji)所写的《野性控制》(*Management of Savagery*)一书。纳吉写道,传统的"圣战之路"是"纸上谈兵","除非在一开始的阶段就包含屠杀并威慑敌人,否则战斗将难以持续和推进"。在"伊斯兰国"所践行的这种理念中,"圣战"和其他宗教原则的差别是"圣战"当中没有仁慈可言,只能用极端暴力的方式来威慑敌人。① 近年来,"伊斯兰国"所实施的暴力和恐怖已致使成千上万的人丧命。而通过规模化的斩首和屠杀等挑战人类文明底线的行为来制造恐慌,"伊斯兰国"是唯一的践行者。

第三节 "伊斯兰国"意识形态的叙事结构

如前所述,虽然"伊斯兰国"意识形态的体系性缺乏足够的理论体现,但是作为在宣传上最"成功"的恐怖组织之一,它通过各种手段彰显自身的理念和纲领以扩大支持。因此,叙事成为"伊斯

---

① Hassan Hassan, "Challenging Extremist Ideology, Propaganda and Messaging: Building the Counter Narrative," April 2015. (http://www.theguardian.com/world/2015/feb/08/isis-islamic-state-ideology-sharia-syria-iraq-jordan-pilot).

兰国"意识形态传播的主要手段，而叙事结构则是其意识形态的内核。

"伊斯兰国"意识形态的叙事深受激进伊斯兰复古主义、圣战萨拉菲主义和阿拉伯复兴主义的影响，同时也未偏离抵抗—责难—复兴这一传统伊斯兰极端主义叙事的战略目标。可以说，在意识形态叙事上，"伊斯兰国"充分利用了穆斯林社会目前的不满情绪和中东地区的失序及权力真空，把自身塑造为当前体系的反叛者和伊斯兰世界的拯救者。但是，对末日决战和建立"哈里发"全球帝国的想象，又暴露其意识形态固有的极端和虚妄。

一 伊斯兰极端主义与叙事

研究"伊斯兰国"的威胁，仅从地区政局变动或恐怖活动本身来观察是不够的，需要深入剖析其背后的极端思想叙事及论证的结构框架。总体而言，极端主义的叙事兼具结构上的整体性和明显的目的性。一方面，虽然存在地区性的差异，但伊斯兰极端主义的主叙事（master narratives of Islamist extremism）是凌驾于本土化叙事之上的；[1] 另一方面，伊斯兰极端主义中的圣战萨拉菲主义常常结合政治社会状况、地缘政治及宗教背景进行叙事，从而在主流伊斯兰和自身意识形态之间搭建桥梁，以改写伊斯兰世界对全球现象和宗教的理解。[2]

相关研究总结出伊斯兰极端主义叙事战略的"三 R"目标：抵抗（Resist），即抗击外国侵略者（尤其是美国及其盟友，它们试图摧毁伊斯兰教、剥夺穆斯林及其土地）和内部敌人（它们试图从内部破坏穆斯林社会）；责难（Rebuke），即将伊斯兰国家的领导定

---

[1] Jeffrey R. Halverson, H. L. Goodall, Jr. and Steven R. Corman, *Master Narratives of Islamist Extremism*, New York: Palgrave Macmillan, 2011.

[2] Mark Huband, "Radicalisation and Recuritment in Europe: The UK Case," in Magnus Ranstorp, ed., *Understanding Violent Radicalisation: Terrorist and Jihadist Movements in Europe*, London: Routledge, 2010, pp. 117–143.

位为"叛教者",指责其迫害民众并勾结外国列强;复兴(Renew),即通过重建"哈里发"及恢复伊斯兰教法的统治,扭转伊斯兰文明的衰落。① 作为极端—恐怖主义发展的最新阶段,"伊斯兰国"的叙事在战略上根植于传统伊斯兰极端主义,但又有进一步的创新;否则就无法解释其建立"哈里发"的狂热实践及其对其他极端组织与个体的巨大吸引力。

查理·温特(Charlie Winter)搜集整理了"伊斯兰国"在2015年7月17日至8月15日一个月内(伊斯兰历法的10月)的宣传材料,对其意识形态及宣传进行了深度解读,这是目前对"伊斯兰国"宣传话语较为详尽的数量分析。根据温特的研究,短短一个月内,"伊斯兰国""官方"共发布了1146条各种形式的宣传内容(除语言差异造成的重复,仍有892条)。宣传材料主要涉及宽容、归属、残暴、受害者身份、战争及乌托邦六大主题(见图2.1)。② 不过在意识形态的提炼上,温特的研究缺乏一定的结构性和层次性。研究"伊斯兰国"的意识形态,需要进一步在其叙事结构层面进行归纳和分析。如也有研究指出,"伊斯兰国"针对不同的对象而实施差异化的叙事。在其金字塔式的叙事结构中,处于底部的是宗教义务、政治不满和冒险意识三部分,处于顶层的是渲染自身的成就和胜利(见图2.2)。③ 这种叙事结构的分析主要侧重于它的宣传工作,对其意识形态功能性的挖掘仍有待深入。

---

① Jeffrey R. Halverson, H. L. Goodall, Jr. and Steven R. Corman, *Master Narratives of Islamist Extremism*, p. 180.

② Charlie Winter, "Documenting the Virtual 'Caliphate'," October 2015, *The Quilliam Foundation*. (http://www.quilliamfoundation.org/wp/wp-content/uploads/2015/10/FINAL-documenting-the-virtual-caliphate.pdf).

③ Daveed Gartenstein-Ross and Nathaniel Barr, "The Winner's Messaging Strategy of the Islamic State: Technically Excellent, Vulnerable to Disruption," June 2015, WIKISTRAT.

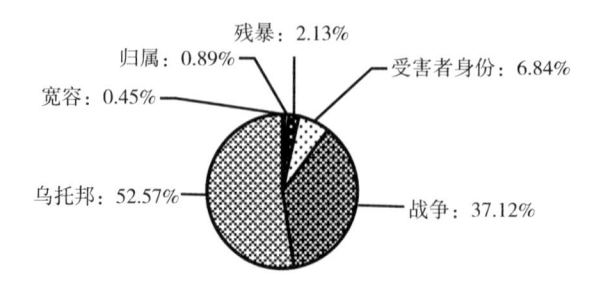

图2.1 "伊斯兰国"宣传主题

资料来源：Charlie Winter, "Documenting the Virtual 'Caliphate'," October 2015, *The Quilliam Foundation*.

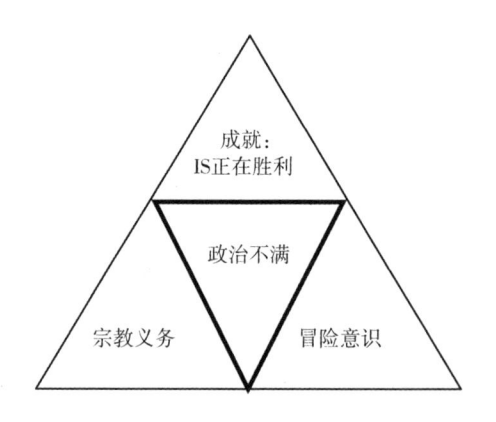

图2.2 "伊斯兰国"差异化叙事

资料来源：Daveed Gartenstein – Ross and Nathaniel Barr, "The Winner's Messaging Strategy of the Islamic State: Technically Excellent, Vulnerable to Disruption," June 2015, WIKISTRAT.

二 "伊斯兰国"意识形态叙事的结构分析

整体而言，"伊斯兰国"的意识形态是一个宏大叙事。这一宏大叙事在结构上一方面体现了它对以往伊斯兰极端思想的继承，另一方面以自身的行动将其实践化，并在此基础上构建神权式的乌托邦。大体而言，"伊斯兰国"的叙事结构可分为三部分：首先，回归历史和传统是激进伊斯兰复古主义、极端主义和"伊斯兰国"意识形态的起点,也是其世界观的根基。其次,创建"哈里发"的现实则是"伊斯兰国"纲领的主要命题,这也是它与其他恐怖组织最明显的差异。最后,末日决战及其后乌托邦式的"哈里发帝国"等镜像未来,则是其叙事结构的指向。这一体系完整而严密,为"伊斯兰国"意识形态的叙事结构。

1. 回归过去:反对现有政治秩序以回归历史幻象

渲染伊斯兰文明曾经的辉煌与当前现实的尴尬处境间的巨大落差,进而散布针对现实的不满和屈辱是"伊斯兰国"意识形态叙事的起点。格雷厄姆·富勒(Graham Fuller)在其论著《政治伊斯兰的未来》中指出,屈辱的概念是伊斯兰极端主义叙事的核心:今天穆斯林的痛苦和挫折根源于伊斯兰世界的急剧衰落,如从一千多年前世界领先的文明衰落为落后、无能和边缘化的地区。这种惊人的反转成为塑造当代许多伊斯兰主义者修辞学的主要动力。[①] 在圣战萨拉菲主义的语境中,世界范围内的痛苦、无尽的屈辱、贫困及许多穆斯林遭受的压迫(现象 a),不仅是因为政府的腐败(原因 b),而且也缘于他们偏离伊斯兰(原因 c),更是由于残酷的殖民统治的结果(原因 d)。这样"圣战"分子为全球穆斯林的委屈和不满提供了一种易于理解的解释。"通过简单化的信息与现实世界的不满"联系起来,伊斯兰极端主义的叙事与诉求以简单明了的方式得以呈现。[②]

阿布·巴克尔·巴格达迪(Abu Bakr al-Baghdadi)在重建"哈里发"的布道中宣称:"事实上,自'哈里发'崩溃后穆斯林被打败了。他们的国家不复存在,所以不信道者(disbelievers)得以削弱和羞辱穆斯林,在各地控制他们,掠夺他们的财富和资源,

---

① Graham E. Fuller, *The Future of Political Islam*, New York: Palgrave Macmillan, 2004, p. 1.

② Dina Al Raffie, "Whose Hearts and Minds? Narratives and Counter-Narratives of Salafi Jihadism," *Journal of Terrorism Research*, Vol. 3, No. 2, 2012.

并剥夺他们的权利。不信道者进攻并侵占穆斯林的土地,以奸诈的代理人对穆斯林实施铁腕统治,同时传播文明、和平、自由、民主、共存、世俗主义,复兴主义、民族主义和爱国主义等令人眼花缭乱的欺骗性口号。"① 像所有的圣战组织一样,"伊斯兰国"在很大程度上依赖于受害者身份(victimhood)的叙述——认为逊尼派穆斯林正在被全球的阴谋所迫害。由此,受害者身份是与其惩罚性的暴力交织在一起的,前者成为后者合法化的手段。②

在塑造穆斯林受害者意识及煽动不满的同时,"伊斯兰国"意识形态的叙事将回归"纯洁时代"和复兴"乌玛"作为基本取向。"伊斯兰国"宣称,"乌玛"承担着"以正义填充已满是压迫和暴虐的世界的神圣使命",而多年来穆斯林社会已忘记了自己的使命。"伊斯兰国"将自身塑造为"为安拉所赋予了荣光、自尊和领导的'乌玛'"而战斗,并通过自己的"圣战而创造'乌玛'"③。根据"伊斯兰国"的宣言,伊斯兰"乌玛"将实现统一,而信念和虔诚将成为其实现此目标的决定性力量。这将是一个超越民族主义和种族、国籍、社会状况的,人与人之间无差别的人类共同体。

"伊斯兰国"将"乌玛"作为一个"想象的共同体"并将其概念化,代表了致力于超越民族和民族国家的普遍想象,以实现一种宗教想象。这种"乌玛想象"的复兴满足了世界各地许多穆斯林对

---

① Aaron Y. Zelin, "Al - Furqān Media Presents a New Audio Message from the Islamic State's Abū Bakr al - Ḥussaynī al - Qurayshī al - Baghdādī: 'Message to the Mujāhidīn and the Islamic Ummah in the Month Of Ramaḍān,'" *Jihadology*, July 1, 2014. (http://jihadology.net/2014/07/01/al - furqan - media - presents - a - new - audio - message - from - the - islamic - states - abu - bakr - al - %E1%B8%A5ussayni - al - qurayshi - al - baghdadi - message - to - the - mujahidin - and - the - islamic - ummah - in - the - month - of - rama).

② Charlie Winter, "Documenting the Virtual 'Caliphate'," (http://www.quilliamfoundation.org/wp/wp - content/uploads/2015/10/FINAL - documenting - the - virtual - caliphate.pdf).

③ Yosef Jabareen, "The Emerging Islamic State: Terror, Territoriality, and the Agenda of Social Transformation," *Geoforum*, Vol. 58, 2015.

第二章 "伊斯兰国"的意识形态:叙事结构及其影响

阿拉伯帝国宏伟历史特别是第一任哈里发时期(公元632—634年,他在时间上最接近于先知自身,并被认为是最纯净和最公正的哈里发)的留恋。哈里发之后的殖民和后殖民时期被穆斯林视为灾难和屈辱的时代。出于这个原因,多年来穆斯林兄弟会、哈马斯、塔利班等组织均提出了重建穆斯林"乌玛"、回归"哈里发"、实现以沙里亚法为基础的伊斯兰治理等口号,并将其作为主要的政治目标。从这个意义上看,"伊斯兰国"意识形态的叙事部分源自对传统政治伊斯兰叙事的继承。

2. 塑造现实:将"哈里发"实体化

如前所述,以暴力圣战手段创建"哈里发"是"伊斯兰国"意识形态的核心内容,自然成为其叙事的重点。在对"伊斯兰国"叙事事件的数量分析中,关于战斗和乌托邦的描述占"伊斯兰国"宣传总量的89.69%,远超其他宣传内容。而这两个方面的内容均属于"伊斯兰国"叙事中"塑造现实"这一主题。

巴格达迪在摩苏尔布道中用很大的篇幅阐述建立"哈里发"国家的重要性。他说"哈里发国"已经名存实亡了大约一千年,复兴"哈里发国"是大家共同的义务。他和追随者们"加紧宣布成立'哈里发国',并确立了领袖"。"这是穆斯林的责任——这种责任已经失传了好几个世纪……丢失这个传统是穆斯林的罪过,我们必须努力重建它。"① 在"伊斯兰国"的话语体系中,"哈里发国"不仅是个政治实体,也是通向救赎的媒介。

战斗是"伊斯兰国"存在的理由之一。缺乏以战斗为主体的宣传,"伊斯兰国"将难以维持自身的团结。为了增强自身意识形态的吸引力,它必须始终突出自身在军事上的胜利。关于战斗的叙事在"伊斯兰国"的总宣传中占据第二位(一月内892个事件中的331个),同时,在"伊斯兰国"的宣传话语中,乌托邦的现状占

---

① Graeme Wood, "What ISIS Really Wants".

据了大量的篇幅。① 通过描述"哈里发"国家生活中的各个方面——宗教活动、社会管理、经济生活、国家扩张等,"伊斯兰国"寻求塑造和建立一种关于乌托邦的美好形象——社会公平、经济繁荣、宗教"纯洁"以及帝国疆土的不断扩张。

关于是否需要及如何建立"哈里发",构成了"伊斯兰国"与其他恐怖组织竞争的重要内容。"基地"组织和"伊斯兰国"间围绕何时及如何建立"哈里发"这一问题产生了较大的分歧。本·拉登把自己的恐怖活动视为建立"哈里发"国家的前奏,而"伊斯兰国"要求拥有疆域维持其合法性。"伊斯兰国"的杂志《达比克》(第1期)曾指出,"只有信仰真理的人们首先实现了对土地和人民全面的领导(imamah),对宗教事务的领导才能实现"。② 在"伊斯兰国"看来,控制领土和实施治理是宗教权威的先决条件。在治理方面,"哈里发"建立一年来,除了军队外,"伊斯兰国"已建立了安全机关、司法、教育机构及相对完整的税收、企业和货币经济体系。针对"基地"组织首领扎瓦赫里的批评,"伊斯兰国"发布名为《忠于伊斯兰,而不是民族国家》的文章回应称,民族国家的概念是非伊斯兰的,伊斯兰教义唯一许可的政治实体只有哈里发。忠于伊斯兰只能忠于哈里发,即使在西方及其他国家中的穆斯林少数群体亦应如此。③ 就竞争策略而言,"哈里发"实体化是"伊斯兰国"的主要诉求,而且凭借其"哈里发"的叙事作为一个独特的卖点,该组织能够谴责其竞争对手,并声称自身的唯一合法性。

---

① Charlie Winter, "Documenting the Virtual 'Caliphate'", (http://www.quilliamfoundation.org/wp/wp-content/uploads/2015/10/FINAL-documenting-the-virtual-caliphate.pdf).

② Imamah 源自 Millah of Ibrahim,即"易卜拉欣道路"之意。同时,"Millah of Ibrahim"也是1984年一篇重要的"圣战"檄文的标题,作者为阿布·穆罕默德·迈格迪西。他是扎卡维的导师,后因扎卡维对穆斯林的极端暴力而与之决裂,转而支持"基地"组织及扎瓦赫里。"伊斯兰国"在此处引用迈格迪西的论点,意在吸引其支持者。该杂志见:http://worldanalysis.net/14/2014/07/english-publication-iraq-dabiq-issue-1/.

③ Yossef Bodansky, "The Rise of the Caliphate II," 2015, No. 373, ISPSW (http://www.ispsw.de/).

3. 憧憬未来：煽动末日决战与哈里发帝国的扩张

圣战萨拉菲意识形态的一大特点在于它的狂妄、虚无主义和对生命价值的漠视。受此影响，"伊斯兰国"的叙事内容同样具有这些特征。在"伊斯兰国"的意识形态中，末日决战是其核心理念之一，而创建"哈里发"的全球帝国则是其叙事结构的目标指向。

（1）末日决战。格雷姆·伍德（Graeme Wood）认为，鼓动末日决战是"伊斯兰国"意识形态叙事的核心内容。根据"伊斯兰国"宣传的末日决战论，罗马军队（一种说法指土耳其的部队，但更多人认为它指的是任何异教徒的军队）将在叙利亚北部达比克（Dabiq）与伊斯兰军队遭遇，伊斯兰与反救世主力量之间的最后对决将在耶路撒冷进行，时间是伊斯兰重新占领耶路撒冷一段时间后。按照"伊斯兰国"的宣传，达比克战役之后，"哈里发国"将继续扩张，攻陷伊斯坦布尔。一位被称为达加尔的反救世主人物，会从伊朗东部的呼罗珊地区产生，杀死大量的"哈里发"战士，直到只剩下5000人，并被围困在耶路撒冷。正当达加尔准备消灭他们的时候，伊斯兰教中第二最受尊敬的先知——尔撒（耶稣）——将重归地球并杀死达加尔，然后率领穆斯林取得胜利。按照这个说法，即使"伊斯兰国"遭受挫败也无关紧要，因为真主已经预设好了所有的异教徒都会被消灭。"伊斯兰国"的宣传家热切期望着这场战斗，而且不断暗示它会很快到来。"伊斯兰国"的杂志《达比克》引述扎卡维说："星星之火在伊拉克点起，强度不断提高……直到在达比克烧向十字军的部队。"在占领了达比克后，"伊斯兰国"在这里等待敌军的到来，一旦击败他们，将会拉开末日决战的序幕。①

从恐怖主义发展的五波浪潮来看，当前国际社会除了要应对伊斯兰极端势力不断蔓延的势头外，还需要警惕以"伊斯兰国"

---

① Graeme Wood, "What ISIS Really Wants".

和"博科圣地"为代表的"末世伊斯兰"(apocalyptic Islam)的兴起。它们的意识形态都在鼓吹一种"末世论"式的狂热,煽动与敌人的决战。一方面,"伊斯兰国"寻求建立世界范围的末日帝国"哈里发";另一方面,认为自己与外部敌人不可能共处,只能决一死战,而结果在教义上已经注定。

(2)"哈里发"的全球帝国。"伊斯兰国"所要求建立的所谓"哈里发国"除了是一个伊斯兰政教一体的理想"乌玛"之外,更是一个复古的帝国企图。它所希望继承的是阿巴斯王朝建立的那个中心在阿拉伯半岛的阿拉伯人"哈里发帝国"①。然而,"伊斯兰国"的政治实践超出了一般意义上19—20世纪阿拉伯与中亚伊斯兰国家中旨在驱逐外来侵略者的武装"圣战者"(mujahedeen)运动,而变成了一种主动向外扩张的阿拉伯帝国主义。②

为实现"哈里发"帝国的全球扩张,"伊斯兰国"制定了一个在三个地理环范围内运动扩张的战略:内环(the interior ring)、近疆(the near abroad)与远疆(the far abroad)。③ "内环"包括约旦、黎巴嫩、以色列、巴勒斯坦、伊拉克等沙姆(al Shams)④地区国家,其中伊拉克和叙利亚是"伊斯兰国"的活动中心。"近疆"包括中东的其他地区及北非,向东扩展到阿富汗和巴基

---

① "伊斯兰国"的"الدولة"(al‐Dawlah)(黑衣大食),其本意有回转、时间段的意思,与现代民族国家秩序中的"国家(state)"概念不同,"al‐Dawlah"更接近"王朝(dynasty)"的意义。同时,其黑底白字的标志性旗帜便直接让人联想到阿巴斯王朝的纯黑色军旗,黑旗是阿巴斯王朝时期重要的战争隐喻。旗帜上方的白色文字,是"万物非主,唯有真主。穆罕默德,是主使者"的前半段,下方为"穆圣先知印"。
② 殷之光:《伊斯兰的瓦哈比化:ISIS 的不平等根源与世界秩序危机》,《文化纵横》2015年第1期。
③ Harleen Gambhir, "ISIS'S Global Strategy: A War Game," July 2015, Middl East Security Report 28, Institute for the Study of War.(http://www.understandingwar.org/sites/default/files/INTSUM_Summary_update.pdf).
④ "沙姆"一词在阿拉伯语中意思是"大叙利亚",侧重于历史文化概念,是阿拉伯世界对于地中海东岸的大叙利亚地区的称呼。西方媒体常用"黎凡特"一词,它是个地理概念,泛指地中海东部地区的叙利亚、黎巴嫩、以色列、约旦、巴勒斯坦等国以及部分土耳其南部地区。两者所指区域大体相同,只是用法不一。

斯坦等国。在这些区域，"伊斯兰国"已通过组织扩散，特别是设立维拉雅（Wilayat，即行政单位）或地方主管的方式进行扩张。"远疆"包括世界的其他地区，特别是欧洲、美国和亚洲。其中"伊斯兰国"最关注的是拥有大量穆斯林人口的欧洲，在该地区除了秘密渗透之外，"伊斯兰国"还试图通过在欧洲发动大规模恐怖袭击，以煽动欧洲的种族主义而使自身有机可乘。"伊斯兰国"的防御和扩张都集中在"内环"和"近疆"地区，而它的恐怖活动的重点在外疆，同时在三者间实行相对平行而又环环相扣的策略。

在"伊斯兰国"的意识形态叙事中，存在着理想主义和现实主义两种不同的导向，其根本出发点在于维护自身存续这一实用主义目的。具体而言，意识形态对"伊斯兰国"的意义至少体现在两个方面：一方面，为了应对国际军事打击，它以末日决战的狂热煽动信众，维持自身的抵抗。同时，末日决战论结果的含糊性，又可以印证自身使命的"末世"性，使其意识形态顽固而极端。另一方面，为了实现伊斯兰极端主义扩展的野心，"伊斯兰国"又在鼓吹和推动"哈里发"帝国的扩张，通过向周边区域的扩散以增强自身的实力。中东、北非地区伊斯兰极端势力的泛滥及地区安全的失序，为"伊斯兰国"的扩张提供了条件，为它标榜并践行自身的意识形态提供了机会。

第四节　对现代民族国家体系的否定与冲击

从宏观上来看，"伊斯兰国"的兴起是20世纪以来中东政治变迁的产物。殖民主义的政治遗产、外部霸权的干涉、地区大国之间的权力争斗、伊斯兰核心区内部教派间的分裂、各种矛盾的积累和发展困境，伊拉克、叙利亚等多个国家的失败和动荡、国际恐怖主义和宗教极端主义的滥觞，使"伊斯兰国"得以产生并肆虐至今。① 从这个角度来讲,"伊斯兰国"本身是中东地区失序和危机衍生的结果,而非原因。在这种纷繁复杂的地缘环境中,"伊斯兰国"首次将重建"哈里发"的理念体系化并实践化,这实际上反映出伊斯兰极端主义和恐怖势力对中东问题解决思路的劫持。就现实而言,虽然"伊斯兰国"的"哈里发"实践不可能持久,也不能从根本上动摇现有国际体系,但是"伊斯兰国"意识形态的威胁却值得警惕,它把伊斯兰世界的现实困境、穆斯林民族国家的危机、现有国际秩序的不合理性等杂糅在一起,鼓动重建"哈里发"并颠覆现有民族国家体系。"伊斯兰国"对现代国际体系可能产生的冲击包括:实现恐怖组织的领土控制和国家化,否定民族国家在国际体系中的主体地位及责任;以真主主权为核心,否认主权来源的世俗性及范围的有限性;以反对殖民主义为名否定现有国家边界,并追求"哈里发"帝国的扩张;将自身的极端暴力合法化,践踏国际和平理念。历史上许多反叛势力即使一再以重建"哈里发"为口号,却缺乏明确挑战国家权威的思想和实力。如塔利班、"博科圣地"等极端恐怖势力虽然在某一时间内控制了部分领土乃至建立了神权"政体",却缺乏系统的意识形态吸引力。因此它们对现代国际体系的冲击是有限的。但与之不同,"伊斯兰国"一旦持续存在,将对现有国际体系的诸多原则构成持久而又深远的影响。

一 对民族国家主体地位的挑战

重建"哈里发"帝国的理念贯穿于历史至今诸多伊斯兰极端主义的政治目标之中,"伊斯兰国"首次将其体系化并实践化。与其他恐怖组织不同,"伊斯兰国"部分具备了国家政治实体的条件。这一"准国家"实体从根本上排斥民族国家体制,成为国际体系中

---

① 王联:《"伊斯兰国"的兴起与极端主义在中东的扩张》,《亚非纵横》2015年第1期。

的异己力量。

1. 恐怖组织的"国家身份"

作为一支拥有"大量的战士和土地"的武装力量,"伊斯兰国"与一般意义上以破坏为目标的恐怖组织不同,它有明确的"建国"目标以及治理行动。一方面,它在恐怖主义史上第一次实现了恐怖组织与"国家"的结合,成为一个拥有正规军和政府组织机构的"准国家"。"基地"组织的恐怖主义网络一般只有几十个或数百名成员,攻击平民,不占有领土,不与军队正面对抗,可是"伊斯兰国"却拥有三万多名武装分子,在伊拉克和叙利亚境内控制着领土,保持广泛的军事能力,控制通信和指挥设施,既能在资金上自足,也能从事大规模的军事行动。另一方面,"伊斯兰国"恢复了伊斯兰教法政权,依照其诠释的极端模式,对其控制区域实施教法统治和社会改造,它的理念和实践已对中东地区乃至世界产生了极其消极的影响。可以说,"伊斯兰国"是一个由常规军队领导的"伪国家"(pseudo-state)。这也是为什么反恐和反叛乱战略大大削弱了"基地"组织的力量,却未能从根本上摧毁"伊斯兰国"的重要原因。[①]

"基地"组织将自身看作动员穆斯林社会以反对世俗统治的全球运动的先锋,而"伊斯兰国"的目标在于:控制领土并创建一个严厉实施沙里亚法的"纯粹"逊尼派伊斯兰国家,消除20世纪由西方列强所创建的中东政治边界,并把自身确定为伊斯兰世界中唯一的政治、宗教和军事权威。"伊斯兰国"的全球影响并非通过活动网络的扩张来实现,而是创建"国家"或"哈里发"使自身成为吸引各类恐怖极端势力的中心。通过昭示自己建立了"哈里发国家","伊斯兰国"为自身的暴力、"圣战"运动和严酷统治贴上了合法性的标签。在此基础上,"伊斯兰国"试图在其控制和武力守卫的领土内履行国家职能,同时通过结合政治军事战略来建立、巩

---

① Audrey Kurth Cronin, "ISIS Is Not a Terrorist Group, Why Counterterrorism Won't Stop the Latest Jihadist Threat," *Foreign Affairs*, Vol. 94, No. 2, 2015.

固和扩张这一"哈里发"政权。与不断发展的"伊斯兰国"相比,"基地"组织在全球"圣战"运动中的吸引力和影响力均在下降,其中重要的原因在于后者并未将"哈里发"实体化并塑造为现实的理想国。可以说,"伊斯兰国"在理念上对中东政局及现代民族国家体系提出了明确的挑战,相对于世俗国家,"伊斯兰国"提出了社会和政治组织形态的另一种选择:奠基于伊斯兰教义之上的国家,并以此作为合法性的源泉和认同的主要因素。

2. 否定民族国家的合法性

与其在撒哈拉以南的同类——"博科圣地"一样,"伊斯兰国"在某种程度上显得既旧又新:一个试图以宗教取代政治作为组织基础的组织,试图实现极端宗教信仰与政治实体之间的结合。其荒谬之处在于,"伊斯兰国"试图在现代社会用中世纪的办法建立一个中世纪式的帝国,而且从根本上否定外部体系。尽管控制着面积不小的领土,发行自己的货币,建立了一个带有神权性质的政权,在境内征收税赋和提供某些社会服务,但"伊斯兰国"从根本上挑战而非尝试加入现代民族国家体系。

虽然自视一个"国家",但是"伊斯兰国"并没有通过现代国际体系的透镜来观察自身。"伊斯兰国"并不寻求获得国家身份的益处,它所想象的主权与现行威斯特伐利亚国际秩序有明显的不同;它既不寻求加入现有国家组织,也没有参与国际社会的愿望;它既不谋求联合国席位,也不遵守现有的国际规则,它根本不打算成为国际社会平等的一员。这与近代以来的各种分裂主义组织截然不同。如果根据分裂主义的政治目标对其进行界定——独立和国际承认,可以看出,虽然"伊斯兰国"可能寻求"独立"(当然从性质而言,两者的独立是完全不同的),但是它对获得国际承认却毫无兴趣。事实上,"伊斯兰国"并不希望加入国际社会;相反,它声称除了自己之外其他国家都是非法的,而且更愿意以炫耀自身的残暴来嘲弄国际规范。

因此，国际社会试图以常规手段对付"伊斯兰国"是难以奏效的。这体现在两个方面：一方面，它注重领土的控制却排斥固定边界和主权，表现出较强的游移性和扩散性。所以，对它的军事打击也应该无边界，即在地区层面而非某国范围内开展有效的国际合作对其实施打击和遏制。另一方面，"伊斯兰国"作为伊斯兰极端主义发展的最新形态，它将"哈里发"乌托邦实践化，鼓吹"末日决战"，通过现代传媒手段在全球拓展影响力，从某种意义上是不可能以威慑来遏止或限制其行为的。

应该承认，自现代民族国家体系建立以来，随着国际交往的扩展及全球化进程的推动，国际体系中的行为体不断多元化，非政府组织、超国家组织的地位和作用不断提升。但是，民族国家作为国际体系中的主要行为体并未发生显著变化，它仍是国际义务和准则的主要承担者和维护者。不论是主权国家还是非国家行为体，它们主要的活动目的还是推动国际体系的良性运行。即使是常规反体系力量，亦主要追求体系的改良，而非彻底颠覆现有体系。而"伊斯兰国"的意识形态及其创建"哈里发"的实践，不仅反对国家本身，而且挑战整个国际体系。作为人类社会发展进程的历史产物，现代民族国家体系建立已有数百年，至今仍在通过国际原则和规范的维护和建构而不断调适。虽然中东民族国家的建立过程有着明显的外部强制的特点，但是历史的不平等性和内在的宗教诉求，并不能成为"伊斯兰国"构建自身合法性的理由，特别是在它试图挑战现存国际原则及秩序的情况下。

二 否定国家主权的世俗性

作为完全否定威斯特伐利亚体系的政治理念，"伊斯兰国"的意识形态否定世俗主权并拒绝承认其地域空间的有限性，它认为：（1）主权归真主。真主是唯一合法的统治者和立法者，沙里亚是建立人间秩序的唯一依据，真主委任代表进行治理。任何人为产生的统治者和法律都是对真主主权的僭越，必须推翻。（2）没有地域疆界。真主诫命适用于全人类，世界各地都应该遵循伊斯兰秩序，服从伊斯兰秩序即是信仰真主。①

"伊斯兰国"等伊斯兰"圣战"组织拒绝世俗主权，主要是缘于宗教极端思想。《古兰经》中并无"真主主权"之说，但经中多处言及真主安拉是宇宙万物的创造者、主宰者和恩养者，这些内容被转换为所谓的"真主主权论"。它的基本内容在于：认为真主是唯一真神，否则就是偶像崇拜；真主规定了人类个体和社会管理的各个方面；遵从非真主建立的规则就成为规则崇拜；国家主权是造成穆斯林彼此分离的主要因素；国家主权是偶像崇拜的一种形式。"真主主权论"的本质在于，试图以宗教神权来否定和替代国家主权。其提出者为赛义德·阿布尔·阿拉·毛杜迪（Sayyid Abul Ala Mawdudi），他根据"认主独一"的伊斯兰教教义强调，真主是国家主权的创建者，国家政府没有本源性权力，而只是代行"真主主权"的工具。这在政治实践上意味着国家没有立法权，而只有司法权和行政权；国家所颁布的任何法律、条规和政策，均不得违背神圣的"真主之大法"（沙里亚，即真主之道），否则无效。② 库特布进而认为，主权使"全世界都沉浸在加赫尔亚（蒙昧）之中……，它源自对真主主权的反叛，而试图以主权的名义，实现人对人的主宰"，因此真主主权要求清除世俗主权。③

一些学者认为，一旦巩固领土并执政，"伊斯兰国"将开始"信赖主权"。这个论点假设，现实的治理问题可能会使"伊斯兰国"软化其对国际边界合法性和现存国际体系的排斥。毕竟，对大

---

① 钱雪梅：《基地的进化：重新审视当代恐怖主义威胁》，《外交评论》2015年第1期。
② 吴云贵：《试析伊斯兰极端主义形成的社会思想根源》，《世界宗教文化》2015年第3期。
③ 转引自金宜久主编、吴云贵副主编《当代宗教与极端主义》，中国社会科学出版社2008年版，第404页。

国持续的挑衅将使它自身的治理处于困境。然而，这种认为"伊斯兰国"基于维护统治的需要而权宜性地遵从主权规范的假定令人存疑。即使对于改善自身处境有利，"伊斯兰国"在极端思想层面上的教条主义倾向也必然阻止它承认其他国家的主权。因为宗教认同是刚性的，而"伊斯兰国"的意识形态正是其认同的核心。①

如前所述，今天我们所讨论的主权主要涉及两个层面的问题：一是主权的来源，二是主权的范围。真主主权和世俗主权分歧的一个前提在于主权的来源。与真主主权论不同，世俗主权的来源在于人民主权，即国家的最高权力来源于并最终属于人民。在卢梭看来，主权是公议的运用，因而是不可转让、不可分割和不可侵犯的。客观上而言，我们很难确切评估宗教与世俗主权的优劣问题，因为世俗化的模式是多元的，即使在伊斯兰国家内部也是如此。但是，人民主权论至少为我们权衡相关国家的治理水平提供了一种相对有效的视角，即国家权力是否源自人民并保障了人民的权益。伊斯兰主义者大多是在反对殖民主义政治语境下来讨论宗教与世俗化这一时代课题的，这种追求具有伊斯兰特色的世俗化路径的探索有一定的合理性，然而"伊斯兰国"将这一问题绝对化，将真主主权当作自身实施野蛮与暴力行径的屏障并肆意践踏人权，这使它不可能取得道义正当性与国际合法性。当以人民主权为基础，现代国际体系中的主权至少具有明显的独立性和平等性。但是"伊斯兰国"的意识形态却是充满等级性和排他性的。当"伊斯兰国"创立以阿拉伯为中心的世界帝国霸权，这也意味着对该范围内现有国家主权的彻底否定。

三 挑战国家领土的完整性

乌尔里希·贝克（Ulrich Beck）指出："任何个别国家恰好不

---

① Richard A. Nielsen, "Does the Islamic State Believe in Sovereignty?" *The Washington Post*, February 6, 2015.

是产生于自己的主权,而是产生于所有其他国家对领土国家的世界秩序的确认以及在此范围内对该国家的承认。"① 但是在"伊斯兰国"看来,当前中东国家的领土边界本身就是非法的,而"哈里发"的使命之一就是通过实现领土的扩张以摧毁现有的领土边界。

在成功占领伊拉克和叙利亚的大片地区后,"伊斯兰国"宣布,它将废除殖民遗产并"给《赛克斯—皮科协定》(Sykes – Picot Agreement)阴谋的棺材钉上最后的钉子"。根据"伊斯兰国"的宣言,现代国家的旗帜"已经落下,它们的边界已被摧毁,它们的士兵已被击毙、监禁或被击败。穆斯林是光荣的,异教徒是可耻的。逊尼派是主宰者和受人尊敬的"。"伊斯兰国"认为,西方列强于20世纪初在中东和非洲建立的边界是"虚构的边界",应予以废除。在它看来,这些边界是英法殖民者在第一次世界大战后期瓜分最后一个哈里发国——奥斯曼帝国的《赛克斯—皮科协定》的一部分。② 事实上,绝大多数中东和非洲的伊斯兰政治组织一直在呼吁,需要摧毁殖民地缘政治遗产及其边界与民族国家,重新占据领土,最终重建"乌玛"和"哈里发"。自20世纪初现代伊斯兰政治组织纷纷涌现以来,这一蓝图不断被提及,而"伊斯兰国"不仅将其内化,而且明确加以推动。③ "伊斯兰国"声称穆斯林在全世界遭受迫害,权利被侵犯,而唯一的解决办法就是反击。它引用扎卡维的话声称,"光荣的抵抗"有高贵伟大的教法目的,因为一切"圣

---

① [德] 乌尔里希·贝克、尤尔根·哈贝马斯:《全球化与政治》,王学东、柴方国等译,中央编译出版社2000年版,第12页。
② 在第一次世界大战期间,奥斯曼帝国被英法帝国所击败,在整个中东地区导致了迅速而彻底的地缘政治变局。作为战争期间和约的结果本身,《赛克斯—皮科协定》反映了英法两国在第一次世界大战后瓜分奥斯曼帝国领土并建立殖民统治和势力范围的意图。帝国的阿拉伯省份被瓜分为若干有着国家边界、由胜利的西方势力控制的继承国。最终,欧洲殖民统治力量以新的国名和首都创造了这些新的国家。详见 Roger Owen, *State, Power and Politics in the Making of the Modern Middle East*, London, New York: Routledge, 2004.
③ Yosef Jabareen, "The Emerging Islamic State: Terror, Territoriality, and the Agenda of Social Transformation," pp. 51 – 55.

第二章 "伊斯兰国"的意识形态:叙事结构及其影响

战"都是为了穆斯林人民的利益,至于"圣战"的目的不仅限于摧毁《赛克斯—皮科协定》的边界,而是通过发动全球性的"圣战"以全面复兴伊斯兰主义的辉煌。

"伊斯兰国"对现有主权国家边界提出的挑战不容低估。现代国家体系诞生于1648年的《威斯特伐利亚和约》,其心理基础是各国大体尊重边界划分的合法性与他国领土的完整性。对"伊斯兰国"来说,这种尊重与其意识形态格格不入。世界上有许多组织不满它们现属国家内的边界划分,但这与"伊斯兰国"有着根本性的差异。例如,分裂组织是在现有主权原则之下提出自身的领土主张,声称当前的边界是非法的,这些组织虽然挑战的是现有边界的合理性或合法性,但它们并不挑战主权原则。与之不同,"伊斯兰国"不仅反对现存边界,而且从根本上拒绝所有的边界。

较其他传统恐怖组织而言,"伊斯兰国"体现出明显的领土控制观念。从"伊斯兰国"所信奉的极端主义思想来看,领土控制是建立"哈里发"的先决条件。哈里发国不能作为地下运动存在,因为拥有领土是必要条件:一旦去除它对领土的控制,那些效忠的誓言就不再有效。当然那些以前的效忠者可以继续攻击西方,斩首敌人,但只能各自行事。但如此一来,哈里发国的宣传价值也将烟消云散,同时消失的还有向其迁移及为其效劳的宗教责任。① 此外,实现"哈里发"的扩张是"伊斯兰国"意识形态的最终指向之一。在领土意识上,"伊斯兰国"不以具体划定的明确边界为目标,而是渴望持续扩大"哈里发"政权的领土范围,直到它涵盖整个世界。在"伊斯兰国"的理念中,"哈里发"帝国与"进攻性圣战"(以武力向非穆斯林统治的国家扩张)是共生的。通过这种方式,领土概念嵌入"伊斯兰国"的意识形态之中,在一定程度上类似于

---

① Graeme Wood,"What ISIS Really Wants".

过去的帝国和以统治世界为目的的扩张主义政权。① 在第 2 期《达比克》杂志中,"伊斯兰国"宣称它要实现"从黎凡特到麦加、麦地那和圣城的解放",甚至"入侵罗马并……征服它"②。

四 将针对平民的极端暴力合法化

将自身的极端暴力合法化,是"伊斯兰国"意识形态中的重点内容之一。通过道德辩解,谴责受害者并将其非人化,否认圣战者的个人人格,忽视特定事实及扭曲行为后果等一系列道德分离机制,③"伊斯兰国"在意识形态上完成了暴力合法化的过程。就此而言,相对于恐怖袭击、武装进攻乃至斩首人质,"伊斯兰国"在意识形态上将极端排他及暴力合法化,对于国际和平的威胁更为严重。

1. 道德辩解:自卫和反击

在针对非穆斯林的暴力辩解中,圣战萨拉菲主要基于两个前提:其一,用遭遇的凄惨论证暴力行为的道义正当性。伊斯兰世界正在遭受外国"十字军"入侵和腐化的伊斯兰"叛教者""不信道者"的统治。穆斯林的遭遇是如此不幸,故必须以暴力击退由入侵者及叛教者组成的联盟。其二,目的可以证明手段的正确性。针对"敌人"的暴力并不仅是为了取得军事胜利,而且也是为了实现惩罚性的正义。在这种合法化框架内,恐怖主义执行的是表达性而非工具性的目的:需要侵略者为其过去的罪孽付出代价。从哲学上而言,"伊斯兰国"构建了杀戮"异教徒"作为本质或内在价值的话

---

① Yosef Jabareen, "The Emerging Islamic State: Terror, Territoriality, and the Agenda of Social Transformation," pp. 51 – 55.

② SITE Reference, "IS Calls Muslims to Organize Pledges to Group in Second Issue of 'Dabiq'," SITE Intelligence Group, July 28, 2014. (http://ent.siteintelgroup.com/Periodicals/is – calls – muslims – to – organize – pledges – to – group – in – 2nd – issue – of – dabiq.html; https://ia902303.us.archive.org/26/items/DabiqEn2/Dabiq_ en_ 2.pdf) .

③ Albert Bandura, "Mechanisms of Moral Disengagement," in Walter Reich, ed., *Origins of Terrorism*: *Psychologies*, *Ideologies*, *Theologies*, *States of Mind*, Washington: The Woodrow Wilson Centre Press, 1990, pp. 161 – 191.

语体现。通过学习和内化这两个理由,"圣战"分子就可以逃避杀害无辜者的道德谴责。在他们看来,为了捍卫伊斯兰的信仰和荣光,残害平民的行为是正义的。①

2. 将受害者污名化

在圣战派萨拉菲主义的世界观中,平民并不是无辜的,因为他们支持对穆斯林的侵略。②而将杀害平民合理化的一个有效手段,在于将他们非人化。在圣战派萨拉菲的世界观中,各种伊斯兰的敌人不仅仅是"入侵者"或"交战者",而且是没有人类特征的极其厌恶的对象。他们不是以个人的身份存在,而是被视为共享某些集体身份的人群,如他们被视为"异教徒""不信道者""卡菲尔""叛教者""撒旦崇拜者""无神论者"和"渣滓(slags)"。通过这些污名化,受害者被"伊斯兰国"建构为"低等物种"。

其中,什叶派平民成为"伊斯兰国"暴力恐怖行为的主要受害者之一。对逊尼派"圣战"分子来说,泰米叶有关什叶派是"叛教者"的观点是其有力的合法性来源。通过回顾反对逊尼派权威的什叶派革命,泰米叶将什叶派穆斯林视作反伊斯兰者并号召杀死其领导者。"伊斯兰国"继承了这一思想并将其应用到所有什叶派人的身上。巴格达迪号召针对"叛教者"什叶派开展暴力圣战:"我号召全世界的穆斯林——年轻人及男子,迁移者(Hijrah)加入我们,巩固'伊斯兰国',对什叶派——'萨非拉斐德'采取圣战"③。除了宗教方面的解释,"伊斯兰国"认为什叶派一直有在中

---

① Simon Cottee, "Mind Slaughter: The Neutralizations of Jihadi Salafism," *Studies in Conflict & Terrorism*, Vol. 33, No. 4, 2010.

② Quintan Wiktorowicz and John Kaltner, "Killing in the Name of Islam," *Middle East Policy*, Vol. 10, No. 2, 2003; Quintan Wiktorowicz, "A Genealogy of Radical Islam," *Studies in Conflict & Terrorism*, Vol. 28, No. 2, 2005.

③ Seth G. Jones, "A Persistent Threat: The Evolution of al Qa'ida and Other Salafi Jihadists," p. 22. "拉斐德(Safavid Rafida)"的大意是"逃兵"或"叛逃者","萨非"指的是萨非王朝,萨非王朝以什叶派为国教,在巅峰时期控制着波斯、南亚部分地区、中亚和高加索。

东进行扩张的邪恶企图，并认为从德黑兰到贝鲁特开始形成了一个"什叶新月"地带，而认为伊拉克从一个逊尼派居主导地位的国家转变为一个什叶派居主导地位的历史转型，就是其逐步"什叶化"的证据。巴格达迪断言，这一转型仅仅发生在过去50—70年间，而在此之前，伊拉克一直是一个逊尼派国家。①

3. 否认个体性

在"伊斯兰国"的意识形态中，常常涉及宗教术语和概念的重新定义，以适应自身叙事的需要，其中最典型的是"圣战"。"圣战"的本意是"为主道而奋斗"，其实践大体可以采取两种形式：一种为"大圣战"，即"以笔（为武器）的圣战"（jihad of the pen）。这种形式要求自我改造，最多与论敌开展言辞或教义上的论争；另一种为"小圣战"，即"以剑（为武器）的圣战"（jihad of the sword），其形式表现为针对不信仰者开展武装斗争。② 在"伊斯兰国"的信仰与实践中，"圣战"已完全偏离了其原有内涵而演变为"伊斯兰国"合法化自身暴力行为的思想基础。在"伊斯兰国"的话语体系中，"圣战"已不是一种选择，而是一种规定、一种不可动摇的道德义务。更为重要的是，它是真主指引的。所以圣战者不能自视为自愿者，而应该将自身视为贯彻真主旨意的工具。

巴格达迪煽动人们从事"圣战"，因为"圣战的使命是安拉的命令"，"真主使其光荣"。因此，穆斯林的义务在于"要为了真主以你的财富和自身践行圣战"。"如果你知道'圣战'及死后的回报和尊严，那么你都会发动圣战。""'圣战'不仅是所有穆斯林的义务，而且是几个世纪以来被穆斯林遗忘和忽视了的义务。"根据

---

① Cole Bunzel, "From Paper State to Caliphate: The Ideology of the Islamic State," Analysis Paper No. 19, March 2015, The Brookings Project on U. S. Relations with the Islamic World. (http://www.brookings.edu/~/media/research/files/papers/2015/03/ideology-of-islamic-state-bunzel/the-ideology-of-the-islamic-state.pdf).

② Rudolph Peters, *Jihad in Classical and Modern Islam: A Reader*, New Jersey: Markus Wiener Publishers, 1996, p. 1.

"伊斯兰国"重建"哈里发"的宣言,在迷失之后,"乌玛"的"圣战"将重新启动。而"东西方的伪君子将感到羞耻和战栗,西方异教徒的国家将恐惧。穆斯林是荣幸的,现在哈里发又回来了,梦想已经成为现实"①。

长期以来,由各种观念及动机所驱动的集体暴力一直是和平与稳定的重大威胁。相对于传统种族主义、民族主义和政治野心等驱动的暴力,基于对伊斯兰教义进行歪曲解读并将之推至极致的"伊斯兰国"已成为21世纪人类安全与和平的重大威胁。其中一个重要的因素在于,它通过系统化的意识形态构建而将暴力合法化。在敌对性的"他者化"及自我受害者身份的塑造中,暴力成为唯一合法的反抗以及实现自身复兴的手段。由于所在国家能力的缺失及国际合作的不足,近年来"伊斯兰国""博科圣地"等新型恐怖势力快速发展,以猖獗的暴力践踏地区和平及国际准则。更为严重的是,根据其意识形态,这种暴力是"合法的",而且是绝对的和没有限度的。

将"圣战"对象"罪恶化"既是"伊斯兰国""合法化"暴力论调的核心,也是其实施多种反人类行为的基础。虽然它使用宗教的词汇对受害者进行极力贬低和否定,但却是对伊斯兰教义的扭曲和滥用,从根本上是违背伊斯兰教义本身的。它把所有不认同自身极端理念的人均认定为"圣战"对象,不仅导致自身陷入四面树敌的境地,而且使绝大部分穆斯林也成为自身的敌人。

结　语

"伊斯兰国"这一恐怖势力虽打着伊斯兰的旗号,但它践行的并非真正的伊斯兰教义,也不能代表全球16亿多穆斯林人口

---

① Yosef Jabareen, "The Emerging Islamic State: Terror, Territoriality, and the Agenda of Social Transformation," pp. 51-55.

的主流意愿。相反，它不仅对伊斯兰教的正常发展造成了重大障碍，也给伊斯兰文化造成了严重伤害。"伊斯兰国"以强烈的排他性在伊斯兰世界中打压其他穆斯林，在穆斯林群体和其他群体之间制造矛盾和隔阂，拉开伊斯兰世界和国际社会的距离，已经成为影响国家安全、国际秩序、世界和平和穆斯林社会发展的重要负面因素。

"伊斯兰国"并不只是针对某一国家或某一地区的威胁，它对全世界的和平与稳定产生了严峻挑战，单凭一国或几国的力量难以有效应对。因此，当务之急是加强全球范围内的反恐合作。2015年11月发生的巴黎恐怖袭击事件，客观上促进了国际社会在叙利亚和伊拉克问题上的合作，这对于遏制该地区恐怖主义的嚣张气焰及其蔓延无疑有着积极的意义。但是要击败"伊斯兰国"和实现中东地区的和平与稳定，国际社会仍有大量工作要做。

其一，在国际联合军事打击之下，"伊斯兰国"在其控制的领土范围内肯定会被打垮，但是其复仇的意愿可能更趋强烈，甚至发动大规模恐怖袭击进行报复。失去对领土的控制后，"伊斯兰国"可能转型为松散的恐怖网络并向全球渗透。其中，尤为需要警惕的是参与"伊斯兰国"的外国"圣战"分子回流和聚集，进而对回流国的国家安全构成威胁。更为重要的是，"伊斯兰国"以实现末日预言作为自己的信条，并不恐惧自身的覆灭，甚至可能随着时间的演变而将其意识形态变得更为系统化。因此，针对"伊斯兰国"的意识形态进行反向叙事，① 遏制其宣传和扩散渠道，可成为应对此类威胁的有效途径。

---

① 在这个层面上，相关研究机构已进行了有益的探索：国际反恐中心（ICCT）针对"伊斯兰国"的12条关键性叙事进行了逐条批驳；国际激进化和政治暴力研究中心（ICSR）则整理和归纳推出"伊斯兰国"的"圣战者"的论述，以揭穿"伊斯兰国"的谎言。详见 Dr. Alex P. Schmid, "Challenging the Narrative of the Islamic State," ICCT Research Paper, June 2015; Peter R. Neumann, "Neumann, Victims, Perpetrators, Assets: The Narratives of Islamic State Defectors," ICSR, 2015.

其二，中东地区的历史经验告诉我们，该地区每次战乱之后都不可避免地导致各种"副产品"，进而影响地区长期的稳定和安全。其中地区政局动荡导致治理危机，从而为恐怖主义提供土壤是最主要的后果。"伊斯兰国"正是充分利用当前国际体系的弱点而得以成功的。多年的事实表明，中东每次战争过后，都会留下一大批热衷于暴力的武装分子、一大批军备和一大批恐怖行为的同情者与支持者，他们随时都可能东山再起，重操旧业，威胁地区安全与稳定。

其三，西方国家能否放弃在反恐问题上的私利性和双重标准，将影响到中东地区的长期稳定及全球范围内的反恐合作。"9·11"事件后美国在中东地区的一系列战略及实践表明，一些西方国家既是恐怖主义的重要受害者，同时又是恐怖主义新发展的主要推动者。其中最主要的原因在于它们在反恐问题上的私利性。国际联合打击"伊斯兰国"的反恐行动主要的突破点在于西方能否放弃私利而与俄罗斯等国在叙利亚问题上实现协调。此外，西方国家在反恐问题上能否放弃双重标准，也必将影响到当前及"后'伊斯兰国'"时期的国际反恐合作。

第三章 "博科圣地"与萨赫勒地带暴力极端主义

近年来,"博科圣地"在尼日利亚北部及周边地区发动了一系列暴力恐怖袭击,已成为尼日利亚及其邻国的头号安全威胁。据统计,仅仅 2013 年 5 月至 2014 年 10 月,"博科圣地"的一系列袭击共造成 5000 多平民死亡、75 万人流离失所。①"博科圣地"的兴起和发展,根源于尼日利亚内部复杂的族群、宗教矛盾、土壤和发展困境,同时受到外部的刺激。"博科圣地"不仅对尼日利亚的安全与稳定构成了严重挑战,而且它与国际极端—恐怖组织的勾连将对整个萨赫勒地带形成威胁。应对"博科圣地"恐怖主义的挑战,有赖于尼日利亚、周边国家和国际社会制定和实施综合的治理战略。

第一节 萨赫勒地带与尼日利亚的暴力极端主义

一 萨赫勒地带的安全威胁

20 世纪 70—80 年代,在沙特阿拉伯的推动下,瓦哈比主义在撒哈拉南缘和东非沿海的许多穆斯林群体中找到了知音,撒哈拉以南非洲伊斯兰主义的浪潮日渐高涨,极端主义的呼声也随之水涨船

---

① ICG, "Nigeria's Dangerous 2015 Elections: Limiting the Violence," Crisis Group Africa Report No. 220, November 21, 2014.

第三章 "博科圣地"与萨赫勒地带暴力极端主义

高。一些原本以瓦哈比主义和萨拉菲思想为基础的宣教组织,更加极端化,甚至向军事组织转型。20世纪90年代前后,随着各国政治的自由化,政治伊斯兰组织的合法化,极端主义和恐怖主义的组织也如雨后春笋般涌现。近二十年来,尤其是进入21世纪,在撒哈拉以南非洲各地,伊斯兰极端组织你方唱罢我登场,此消彼长、彼此呼应,吸引了全球的目光,将原本默默无闻的撒哈拉以南非洲伊斯兰教推向世界前沿和舆论的高点。①

萨赫勒地带是非洲南部撒哈拉沙漠和中部苏丹草原地区之间的一条跨度超过3800千米的地带,西起大西洋,东抵红海,包括塞内加尔、毛里塔尼亚、马里、阿尔及利亚、布基纳法索、尼日利亚、尼日尔、乍得、苏丹、南苏丹以及厄立特里亚11个国家。从宗教上来讲,这一地带有伊斯兰教、天主教、本土原始宗教等宗教,宗教类型非常复杂;从民族上来讲,这里是阿拉伯民族和黑人的混合区,民族矛盾时有发生;从地理上来看,这里是沙漠与绿地的分界线地带,也是游牧民族与耕种民族的交叉之地。故这一地带是民族、宗教、地理环境交叉更替的地带,很容易为恐怖分子提供温床。②

多年来,萨赫勒地带的安全与发展问题一直未得到有效解决,近年来甚至有恶化的趋势。随着北非局势动荡的溢出效应和相关国家治理危机的加剧,萨赫勒地带正面临内部分裂和外部分化的双重挑战。一方面是传统意义上北方和南方之间的地区冲突、穆斯林和非穆斯林之间的宗教冲突激化,另一方面随着伊斯兰极端主义和国际恐怖主义的强势介入,萨赫勒地带的冲突不仅更为地区化,而且在烈度和持久度上亦有明显增强。

英国智库机构三军研究所在一份报告中表现出这样的担忧:从

---

① 李维建:《撒哈拉以南非洲伊斯兰极端主义》,《世界宗教文化》2013年第3期。
② 魏香镜:《极端势力蔓延非洲"通向"中东》,《南方日报》2013年1月30日第7版。

西非至北非再到东非，可能正在形成一条"不稳定之弧"。分析过去两年来非洲发生的恐怖事件，这些恐怖组织不仅在袭击手法上越来越具有"基地"的多点同步特色，而且彼此之间的联系呈日趋紧密之势。现实表明，非洲逐渐成为恐怖主义活动的中心区域之一。美国国务院2012年7月发布的《2011年恐怖主义国别报告》称，2011年非洲共发生978起恐怖主义袭击，同比增加11.5%。2012年12月7日，澳大利亚经济与和平研究所发布《2012年全球恐怖主义指数报告》指出，撒哈拉以南非洲地区是国际恐怖主义威胁最严重的区域。从发展趋势上来看，未来一段时间，非洲恐怖主义活动有继续恶化之虞，而且恐怖势力的袭击目标也将日趋国际化。

2011年西亚北非大动荡以来，特别是利比亚冲突导致政治真空和武器走私失控后，极端和恐怖势力在撒哈拉以南非洲的渗透速度便大大加快，西非首当其冲。2012年3月，马里突发军事政变后，"伊斯兰马格里布基地组织"等恐怖势力趁机占据马里北部大片地区。2013年5月以来，尼日尔和尼日利亚相继遭遇恐怖袭击，都明显受到马里恐怖活动的外溢影响。尼日利亚"博科圣地"的壮大更是与"基地"北非分支的培训密不可分。

当前，萨赫勒地带中马里和尼日利亚的领土完整和国家统一均遭受到严重的冲击。在这些冲击的形成和发展过程中，伊斯兰极端主义均发挥着重要的作用。在20世纪70年代至冷战结束前很长时期内，西北非国家领土主权完整的主要威胁来自内部的部族、地区反叛势力，但是近年来随着宗教极端主义和国际恐怖主义在当地的渗透，加上地区国际环境的剧烈动荡，极端势力、族群和宗教势力合力的冲击，已成为主要威胁。这在马里和尼日利亚两国表现得尤为明显。

二 尼日利亚宗教极端主义的产生与发展

伊斯兰极端主义在尼日利亚的传播与发展有着深刻的历史根

源,而近年来兴起的极端和恐怖势力"博科圣地"则对尼日利亚乃至周边国家的安全与稳定构成了重大威胁。"博科圣地"的产生并非偶然,它是尼日利亚国内族群、宗教矛盾长期酝酿和激化的结果,而这一新兴极端恐怖组织在发展中又体现出新的特点和发展趋势,值得高度重视。

暴力极端主义在尼日利亚有着深刻的历史根源。从1802年至1812年,乌斯曼·丹·福迪奥(Usman dan Fodio)发起了一场圣战运动并最终在尼日利亚北方和尼日尔部分领土建立了索科托(Sokoto)帝国。乌斯曼·丹·福迪奥针对非洲穆斯林精英的贪婪和对伊斯兰教法的违犯所发动的社会和政治革命,得到了许多人的支持。此外,索科托帝国还被视作反抗殖民统治、拒绝世俗政权、建立伊斯兰运动地区网络的伊斯兰旗帜。英国的殖民统治并没有弱化北部的宗教认同;相反,北部的伊斯兰色彩得以保留甚至强化。

20世纪70年代伊斯兰教和基督教复兴主义的迅速发展奠定了当代极端主义在尼日利亚北部的基础。北部两大宗教信徒内部清教徒化倾向,为狂热的政治角色的出现提供了空间。1979年的伊朗伊斯兰革命,鼓舞了许多尼北部的穆斯林。伊斯兰极端组织开始出现,例如由卡杜纳州酋长谢考·伊布拉欣·扎克扎基(Sheikh Ibrahim Zakzaky)领导的穆斯林兄弟组织(Muslim Brothers)。[1]

20世纪80年代,尼日利亚宗教冲突兴起,以发生在北部地区的"麦塔特斯尼暴动"(Maitatsine Riots)的影响最为恶劣。1980年,来自喀麦隆的移民麦塔特斯尼宣称自己是先知并在卡诺州发动了反叛运动,造成了他本人在内4177人死亡。[2] 它宣扬宗教激进主义,以极端的思想和行动反抗尼联邦政府,这是将极端宗教意识形

---

[1] Michael Olufemi Sodipo, "Mitigating Radicalism in Northern Nigeria," *Africa Security Brief*, No. 26, August 2013.

[2] Elizabeth Sichei, "The Maitatsine Uprising in Nigeria 1980 – 1985: A Revolt of the Dsinherited," *Journal of Religion in Africa*, Vol. 17, No. 3, 1987.

态施加于世俗尼日利亚的第一次尝试,标志着尼日利亚宗教冲突和危机的开始。①麦塔特斯尼运动创造了许多当前尼日利亚伊斯兰极端主义的活动策略,如动员贫困群体反对城市穆斯林、为暴力反对非穆斯林群体辩护、认同全球伊斯兰运动、将"全球圣战"战略本土化为当地行动等。有学者指出,无论从爆发原因和组织理念,还是从发生地和暴动形式等来看,"博科圣地"都与"麦塔特斯尼暴动"有许多相似之处,两者有着某种前后相继的联系。②虽然时隔久远,但是麦塔特斯尼暴动和"博科圣地"在意识形态上有着许多共同之处,如反对世俗主义,包括腐化的生活方式、民主自由制度、西式教育等,同时两者都号召实行严厉的沙里亚法。③

继"麦塔特斯尼暴动"之后,类似的宗教暴动或危机便持续不断。1982年,麦塔特斯尼的追随者在布鲁穆库图区(Bulumkutu)发动了一场叛乱,造成3350人死亡。卡杜纳州也未能幸免,首先在里加萨(Rigasa)爆发的暴力冲突很快蔓延到该州主要的城市中。此外,1984年在约拉州、1985年在贡贝州爆发的暴力冲突分别造成500—1000人和100人以上丧命。④据统计,从1999年至2008年间有28起类似冲突发生。这一系列带有宗教色彩的极端活动为"博科圣地"的出现埋下了伏笔。从历史延续来看,"博科圣地"也发端于尼宗教冲突最频繁的北部地区,是该国历史上长期存在的伊斯兰极端运动和宗教间危机发展的结果。⑤

2001年"9·11"事件后,尼日利亚迅速成为汹涌的全球极端

---

① Elizabeth Sichei, "The Maitatsine Risings in Nigeria, 1980—1985: A Revolt of the Disinherited," *Journal of Religion in Africa*, Vol. 17, No. 3, 1987.
② Abimbola Adesoji, "The Boko Hamm Uprising and Islamic Revivalism in Nigeria," *Africa Spectrum*, Vol. 45, No. 2, 2010.
③ Iro Aghedo, "Old Wine in a New Bottle: Ideological and Operational Linkages Between Maitatsine and Boko Haram Revolts in Nigeria," *African Security*, Vol. 7, No. 4, 2014.
④ Elizabeth Sichei, "The Maitatsine Uprising in Nigeria 1980 - 1985: A Revolt of the Dsinherited," *Journal of Religion in Africa*, Vol. 17, No. 3, 1987.
⑤ 刘鸿武、杨广生:《尼日利亚"博科圣地"问题探析》,《西亚非洲》2013年第4期。

主义浪潮的重要组成部分。尼日利亚人是少数直接在阿富汗与塔利班并肩作战而被捕的非洲人之一。在"9·11"事件后的几个月里,10 名在卡诺州一家医院出生的男婴中,有 7 位起名为奥萨玛。① 2002 年,本·拉登呼吁非洲两个国家的穆斯林起来反叛,一个是摩洛哥,另一个就是尼日利亚。②

特别是自 2009 年以来,尼日利亚北方已变成年轻人极端化和致命的伊斯兰极端组织的泛滥之地。在全球恐怖主义指数(the Global Terrorism Index)的 158 个国家的排名中,尼日利亚从 2008 年的第 16 位上升到 2011 年的第 6 位(与索马里有关联)。③ 2011 年,尼日利亚共记录了 168 次恐怖袭击。自 2009 年以来,"博科圣地"所发动的暴力袭击远远超过了尼日利亚国内的其他武装组织。④ 人权组织估计,在过去三年里共有 3500 人在"博科圣地"发动的袭击中丧生。⑤

2012 年 1 月,尼总统乔纳森表示,如今尼日利亚的形势甚至比曾经的内战更为严重。⑥ 伊斯兰极端主义的严峻挑战迫使总统于 2013 年 5 月宣布阿达马瓦、博尔诺、约博三州进入紧急状态。他随后指出:"我们面对的不仅仅是武装或犯罪分子,而是恐怖组织发起的叛乱,这将严重威胁国家统一和领土完整。"他表示,"博

---

① "Osama Baby Craze Hits Nigeria", BBC, January 3, 2002.
② "Nigeria Seeks Extradition of al Qaeda Suspect to U. S.", *Reuters*, August 6, 2013.
③ 2012 *Global Terrorism Index*: *Capturing the Impact of Terrorism for the Last Decade*, Sydney: Institute for Economics & Peace, December 5, 2012. (http://www.visionofhumanity.org/pdf/gti/2012_ Global_ Terrorism_ Index_ Report.pdf).
④ Forest, J. J. F., "Confronting the Terrorism of Boko Haram in Nigeria", *Joint Special Operations University* (*JSOU*), The JSOU Press, Florida, 2012.
⑤ Nigeria: Timeline of Boko Haram and Related Violence, *IRIN*, February 22, 2013 (http://allafrica.com/stories/201302221321.html? page =2).
⑥ "Boko Haram 'Worse than 1960s Civil War'" (http://www.africanoutlookonline.com/index.php? option = com_ content&view = article&id = 3619%3Aboko - haram - worse - than - 1960s - civil - war - nigerian - president&Item .

科圣地"的行为已等同于"宣战"①。许多尼日利亚人甚至怀疑国家是否已进入内战的边缘。

第二节 "博科圣地"的兴起和演变

一般认为,"博科圣地"由穆罕默德·优素福(Mohammed Yusuf)于2002年在博尔诺州首府迈杜古里创立。虽然它在2003年圣诞节期间发动暴力袭击而被媒体称为"尼日利亚塔利班",并于2004年建立了名为"阿富汗斯坦"的基地,但总体而言,该组织初期还处于积累力量的酝酿阶段,试图借助官方的势力在北部诸州实施沙里亚法。②2009年7月26—30日,"博科圣地"突然在尼北部约贝、博尔诺、包奇和卡诺4个州同时发动大规模武装骚乱,公开宣称要在北部12个州建立政教合一的伊斯兰原教旨国家。此次骚乱被迅速镇压,800余人被打死,优素福亦被抓获并处死。其后近一年的时间内,"博科圣地"转入了地下。从2010年起,"博科圣地"发动了疯狂的反扑,以恐怖袭击的方式对尼日利亚政府展开了全面的进攻。至今,它已成为尼日利亚的头号挑战并严重威胁周边国家的安全。虽然"博科圣地"恶名远扬,但国际社会对这一极端恐怖组织的了解并不多,深入研究该组织的意识形态、组织结构和发展特征,是对其实施打击的前提和基础。

一 兴起与流变

"博科圣地"并非一夜形成的,它的兴起经历了早期酝酿阶段、突然爆发和被遏制阶段、全面反扑和进攻阶段并持续至今。

---

① "Boko Haram timeline: From preachers to slave raiders," *BBC News*, May15, 2013 (http://www.bbc.com/news/world–africa–22538888).

② Agbiboa, "No Retreat, No Surrender: Understanding the Religious Terrorism of Boko Haram in Nigeria," *African Study Monographs*, Vol. 34, No. 2, 2013.

第三章 "博科圣地"与萨赫勒地带暴力极端主义

1. 早期酝酿阶段

一般认为,"博科圣地"产生于2002年,但实际上可以追溯到1995年,① 当时它还是一个名为青年党(Shabaab)但鲜为人知的青年穆斯林组织。② 其首领为劳恩·阿巴卡尔(Lawan Abubakar),总部设在博尔诺州的迈杜古里。阿巴卡尔后来赴麦地那大学就读,其间该组织的领导权转移到优素福手中。优素福在家乡建立了以一座清真寺和一所学校为基础的宗教中心,招收了许多来自国内及邻国的学生。该中心在政治目标的驱使下,很快成为招募和培训圣战分子的基地。③

"博科圣地"早期的暴力活动始于2003年,当年圣诞节,它在约博州对警察局和公共设施发动了袭击,被媒体称为"尼日利亚塔利班"。2004年,它在约博州北部的卡纳马村建立了名为"阿富汗斯坦"的基地,袭击了博尔诺州巴马(Bama)和古沃兹(Gworz)两地的警察局,杀害了数名警察并抢夺武器弹药。其间它还袭击了博尔诺州和约博州等地的安全站点。还有研究认为,在2002年,当优素福还在致力于实施沙里亚法的时候,阿布巴卡尔·谢考(Abubakar Shekau)就成立了一个较为激进的分支。警方对这一激进分支采取了打压措施,导致该组织的反击。至2004年谢考和优素福重新联合后,暴力已不断升级,直至后来全面爆发。④

虽然一直对政府持批评态度,但优素福在2000年前后还是试图借助官方的势力以在北部诸州实施沙里亚法。这一计划的流产,

---

① A. Bello, "Boko Haram: The Greatest Security Threat to the Sovereignty of Nigeria," *International Journal of Management and Social Sciences Research* (*IJMSSR*), No. 2, 2013; Andrew Walker, "What is Boko Haram?" U. S. Institute of Peace (USIP), June 2012.

② I. Madike, "Boko Haram: Rise of a deadly Sect," *National Mirror*, June19, 2011. (http://www.nationalmirroronline.net/sunday-mirror/big_read/14548.html).

③ Agbiboa, "No Retreat, No Surrender: Understanding the Religious Terrorism of Boko Haram in Nigeria," *African Study Monographs*, Vol. 34, No. 2, 2013.

④ Jennifer Giroux and Raymond Gilpin, "Nigeria On The Edge," *Policy Perspectives*, Center for Security Studies (CSS), Vol. 2, No. 2, May 2014. (www.css.ethz.ch/publications/PolicyPerspectives).

使优素福得以以政府"伪善"和"欺骗"为由煽动穆斯林青年的不满和发动叛乱活动。整体而言，在这一阶段，"博科圣地"的行动至少是相对温和的，处于积累力量的酝酿阶段，其内部的不断激进化并未引起政府的足够重视。

2. 突然爆发和被遏制阶段

2009年7月26—30日，"博科圣地"突然在尼北部约贝、博尔诺、包奇和卡诺4个州同时发动大规模武装骚乱，公开宣称要在北部12个州建立政教合一的伊斯兰原教旨国家。此次骚乱被迅速镇压，800余人被打死，优素福亦被抓获并处死。其后近一年的时间内，"博科圣地"转入了地下。

对于2009年政府和"博科圣地"间关系的全面破裂，研究者有不同的意见。一种观点认为，政府提前获取该组织的叛乱情报而实施先发制人的策略；另一种观点认为，2009年6月在迈杜古里，由于该组织的部分成员拒绝在驾驶摩托车时佩戴头盔而与警察发生冲突，导致11名成员被打死，随后引发骚乱；还有一种说法认为，某些博尔诺州的政客起初利用该组织以扩大自身影响，当"博科圣地"壮大后感到问题棘手而要求政府对之进行处理。对于"博科圣地"此次突然发难，虽然存在各种解释，但核心在于它经过数年的酝酿之后，实力已有较大增长。以暴力手段实现自身政治目标，是伊斯兰极端组织发展的必然。当然，试图以反叛的方式挑战尼日利亚的世俗权威，无异于螳臂挡车，而政府军亦低估了它反弹的能量。

3. 全面反扑和进攻阶段

从2010年起，"博科圣地"发动了疯狂的反扑，以恐怖袭击的方式对尼日利亚政府展开了全面的进攻。主要表现在：其一，袭击目标全面扩大，直至从事纯粹的恐怖活动。它的袭击目标已不再限于安全部队、政府官员和警察，而是扩大到所有它认为是敌人的对象，包括国内外平民乃至联合国目标。其二，活动范围不断扩展。

虽然乔纳森政府在2013年宣布东北部三州进入紧急状态并在城市地区扩大安保力量，但是"博科圣地"仍在不断扩张，特别是在乡村地区。它的活动范围一度由东北部扩展至西部、南部，并向尼周边地区扩散。其三，活动能力不断提高，连续制造恐怖袭击"大案"。如接连对首都阿布贾的目标发动恐怖袭击、多次袭击校园屠杀并绑架学生、血洗村镇，等等。"博科圣地"已成为非洲实力最强、最致命的恐怖组织之一。

对于"博科圣地"从2010年至今强烈的反弹和持续的恐怖冲击，至少有两点是与之密切相关的。首先，从国内来看，此次全面反扑发生在2010年前总统雅亚拉杜瓦（Yar'Adua）去世后，来自南方的基督教徒乔纳森总统上台，他谋求连任的行为被认为破坏了"总统南北轮换制"的原则。有观点认为这次暴力升级与南北方之间围绕总统合法性的政治竞争有关，甚至认为"博科圣地"得到了北方某些政客的支持。其次，从周边联系来看，2010年前后萨赫勒地区持续动荡，"博科圣地"与地区性极端恐怖组织的联系不断加强，在获取后者的资金、技术和培训后返回尼日利亚。2015年，虽然在国际联合打击之下一度销声匿迹，但从2016年起，"博科圣地"很快卷土重来并迅猛反扑，对尼日利亚、尼日尔、喀麦隆所在的大湖区域的安全与稳定再度造成严重威胁。

二 意识形态与组织结构

"博科圣地"的意识形态中具有明显的反西方、反世俗的伊斯兰极端主义色彩，而在组织结构上体现出相对的松散性和派系性。高度极端化的意识形态使"博科圣地"的行为方式更为血腥和残忍，而松散化的组织结构又间接扩大了对其实施打击的难度。

1. 以圣战萨拉菲主义为基础的意识形态

"博科圣地"的阿拉伯文名称为"Jama'atul Ahlu Sunna Lidda'Awati wal Jihad"，即"先知传教和圣战教导的信奉者"（People Committed to the Prophet's Teachings for Propagation and Jihad)。① 虽然由豪萨语翻译成英语,"博科圣地"的字面意思为"西方教育是罪恶的",但研究认为,"博科圣地"意识形态的核心在于强调伊斯兰文化和教化的至上性,而不仅仅在于反对西式教育。②

整体而言,"博科圣地"的意识形态以原教旨主义的瓦哈比—萨拉菲主义为基础,③反对尼日利亚北部温和的伊斯兰传统。从意识形态源头来看,"博科圣地"与"清除创新社会及重建圣行"(Society of Removal of Innovation and Reestablishment of the Sunna)运动密切相关。后者是一个反苏菲的瓦哈比运动,由谢考·伊斯梅拉·伊德里斯(Sheikh Ismaila Idris,1937—2000年)于1978年在乔斯地区创立,它是尼日利亚发展最快的伊斯兰改革运动。④可是,虽然"博科圣地"声称自己的目标是建立一个遵从沙里亚法的国家,却对实施有效的治理和实现经济发展毫无兴趣。可见,它仅仅是利用了当地穆斯林社会改革的诉求,并不能掩盖自身意识形态的空洞性。

从"博科圣地"的实践表现来看,它的意识形态具有明显的圣战萨拉菲主义的色彩。圣战萨拉菲主义认为,要将社会低效腐败的政治制度改造成一个"公正的"伊斯兰政府或"哈里发"制度,最有效的方式便是通过暴力手段推翻独裁政权、挑战腐败体制。在"博科圣地"的意识形态中,国家是剥削穷人的腐败温床,而且国家靠西方价值观和西式教育形成和维系,这都是违背安拉旨意的。

---

① Onuoha, F. C., "The Audacity of the Boko Haram: Background, Analysis and Emerging Trend," *Security Journal*, Vol. 25, No. 2, 2012.

② A. Alao, "Islamic Radicalisation and Violence in Nigeria," *Country Report, Conflict, Security and Development Group*, 2012.

③ 瓦哈比主义源自萨拉菲主义,萨拉菲主义与瓦哈比主义之间并无本质区别,两者拥有相同的信仰和思想,在阿拉伯半岛内部被称为"罕伯里-瓦哈比主义"或"瓦哈比-萨拉菲主义",在阿拉伯半岛以外的国家或地区则被称为"萨拉菲主义"。详见包澄章:《中东剧变以来的萨拉菲主义》,《阿拉伯世界研究》2013年第6期。

④ Marchal, "Boko Haram and the Resilience of Militant Islam in Northern Nigeria," *NOREF Report*, 2012.

根据"博科圣地"的宣传,它的目标是通过严格实施沙里亚法来为穷人实现正义,最终创建哈里发国家。任何阻挡这一目标的东西必须被摧毁。对"博科圣地"而言,暴力并不是伊斯兰禁止的,而是实现目标的合法手段。① 在目标上,圣战萨拉菲主义致力于使用暴力手段清除伊斯兰的外部影响并使之回归到穆罕默德和早期伊斯兰社会的"虔诚时代"。对此,"博科圣地"发言人阿布卡卡(Abu Qaqa)宣称,"我们的目标是让尼日利亚处于困境,最终摧毁它并代之以沙里亚法",该组织"要将尼日利亚带回沙里亚法实施的前殖民时期"。

2. 相对多元成员构成和分化的组织结构

虽然"博科圣地"的最终目标是夺取国家政权并在全国实施沙里亚法,但是尼北部的政治腐败、长期贫困和失业青年持续为其充实人员和提供支持。"博科圣地"成员长期为发展不足所困扰,如贫困、社会服务及基础设施恶化,教育倒退、年轻人大量失业、农业凋敝等。②

关于"博科圣地"武装分子的整体规模一直没有准确的数据,在其巅峰时期保守估计有 5 万名之多,其中 1.5 万—2 万人为训练有素且装备精良的武装分子。艾哈迈德·萨克利达(Ahmed Salkida)曾与优素福有过紧密联系,他认为"博科圣地"追随者的人数曾超过 10 万人,大部分为宗教学生、世俗学校的辍学者、一般反叛者乃至于议会议员。③ 还有研究认为,它的成员包括大学教师、银行家、政治精英、毒贩、失业大学生、无业游民、街头少年以及

---

① John Campbell, "Boko Haram: Origins, Challenges," *NOREF Report*, October 2014.
② Isa, M. K., "Militant Islamist Groups in Northern Nigeria," In W. Okumu & A. Ikelegbe, eds. *Militias, Rebels and Islamist Militants: Human Security and State Crises in Africa*, Institute for Security Studies, Pretoria, 2010, pp. 313 – 340.
③ Hansen, William and Umma A. Musa, "Fanon, the Wretched and Boko Haram", *Journal of African and Asian Studies*, Vol. 48, No. 3, 2013.

来自邻国的移民。① 从来源地看，主要来自卡努伊部落，该部落人口占尼总人口的4%，集中分布于尼东北部的各州内。② 此外，还有部分成员为北部地区的豪萨—富拉尼人。整体而言，"博科圣地"的成员在阶层、来源地及个人动机上是相对分散和多元的，但是要看到其成员骨干为训练有素的伊斯兰极端分子，随着国际化进程的加快，这一群体有不断扩大的趋势。

在组织结构上，美国前驻尼日利亚大使、参议院对外关系委员会成员约翰·坎贝尔（John Campbell）认为"博科圣地"由几个部分组成：它首先是由不满被持续剥夺并处于贫困的北部民众发起的一场草根运动；其次，它由优素福信徒组成了一个核心组织，随后被谢考重新召集并极力复仇。实际上，"博科圣地"内部也并非铁板一块。该组织内部存在着目标和策略各异的派别，并时常为吸引注意力和支持者展开竞争。③ 还有报告披露，"博科圣地"已经分裂为三个派别：一个为温和派，主张结束暴力；另一派要求进行和谈；第三派则拒绝和谈并要求在尼全国施行严厉的沙里亚法。④ 2014年尼日利亚政府曾一度宣称与"博科圣地"进行和谈，首领阿布巴卡尔·谢考对此极力否认并发动更为残酷的袭击，即为"博科圣地"内部分化的写照。

此外，"博科圣地"新成立了下属组织——"保护黑非洲穆斯林先锋组织"（通称"安萨鲁"，*Jama' atu Ansarul Muslimina Fi Biladis Sudan*, Vanguards for the Protection of Muslims in Black Africa），它成立于2012年1月，主要攻击尼及其邻国的西方目标。自成立

---

① Agbiboa, D. E., "The Nigerian Burden: Religious Identity, Conflict and the Current Terrorism of Boko Haram," *Conflict, Security and Development*, Vol. 13, No. 1, 2013.

② Forest, J. J. F., "Confronting the Terrorism of Boko Haram in Nigeria," *Joint Special Operations (JSOU) Report*, May 2012.

③ Agbiboa, D. E., "The Nigerian Burden: Religious Identity, Conflict and the Current Terrorism of Boko Haram," *Conflict, Security and Development*, Vol. 13, No. 1, 2013.

④ Forest, J. J. F., "Confronting the Terrorism of Boko Haram in Nigeria," *Joint Special Operations (JSOU) Report*, May 2012.

以来,"安萨鲁"(Ansaru)的袭击频度和袭击计划的周密程度稳步提高,显示出较强的组织和筹款能力。2013年2月"博科圣地"绑架法国游客、"安萨鲁"组织在尼北部杀害7名外国建设工人,以及这些组织的成员对马里冲突的参与,都引起了国际社会的极大关注。

2013年6月,尼总统乔纳森宣布"博科圣地"和"安萨鲁"为恐怖组织。美国国务院2013年11月13日发表声明,宣布将"博科圣地"和"安萨鲁"列为外国恐怖组织(FTO),并对其实施禁止提供物资支持及与其进行交易、冻结在美资产、禁止进入美国等项制裁措施。

三 发展特性

2009年7月26日至30日,"博科圣地"突然在尼日利亚北部约贝、博尔诺、包奇和卡诺4个州同时发动大规模武装暴乱,公开宣称要在北部12个州建立政教合一的伊斯兰原教旨主义国家。此次暴乱被迅速镇压,800余人被打死,优素福也被抓获并处死。其后近一年的时间内,"博科圣地"转入了地下。从2010年起,"博科圣地"发动了疯狂的反扑,以恐怖袭击的方式对尼日利亚政府展开了全面的进攻,并不断袭扰周边国家。至今,它已成为尼日利亚的头号挑战并严重威胁周边国家的安全。

与尼日利亚国内众多的极端和恐怖组织及分离主义武装不同,"博科圣地"在发展过程中逐渐显现出以下鲜明的特性,一是极端意识形态驱动下的极端暴力化,二是与国际恐怖主义勾联及威胁溢出造成的国际化,三是在控制区域建立"伊斯兰国家"的立国化实践。虽然尼日利亚等许多非洲国家自建国以来一直存在诸多内部冲突,但是"博科圣地"的出现在某种程度上标志着伊斯兰极端主义利用原有部族、宗教、地区矛盾和相关国家的治理危机在北非及萨赫勒地带的泛滥。这一新形态的反叛势力将极大冲击相关地区的安全与稳定。

1. 极端意识形态驱动下的极端暴力化

"博科圣地"的意识形态圣战萨拉菲主义主张,应使用暴力手段,通过发动圣战打击那些没有按照真主的意志进行统治的异端统治体制,恢复伊斯兰的纯洁及其统治过的领土是伊斯兰义不容辞的任务,也是唯一正确的策略。异教徒是圣战的对象,而且伊斯兰世界中的异教徒(非萨拉菲派)是其首先打击的对象。

因此,自成立以来"博科圣地"表现出越来越明显的暴力特征。特别是从2010年起,"博科圣地"发动了疯狂的反扑,以恐怖袭击的方式对尼日利亚政府展开了全面的进攻。虽然多年来尼日利亚国内一直冲突不断,但"博科圣地"的暴力无疑使该国处于建国以来冲突烈度最强、持续时间最长的时期。"博科圣地"在暴力特征上主要表现为:

一是手段极为残忍。近年来,"博科圣地"持续以制造残忍的恐怖袭击"大案"挑拨国际社会的敏感神经。如接连对首都阿布贾的目标发动恐怖袭击,多次袭击校园、屠杀并绑架学生,血洗村镇,等等。自2014年夏天起,"博科圣地"对整个尼北部地区的平民发动了疯狂的袭击。袭击方式包括汽车炸弹、人体炸弹和对人员拥挤地区不加区分的扫射。在卡诺地区,"博科圣地"还大量利用妇女充当人体炸弹。"博科圣地"还多次在遭到政府军镇压后对无辜民众发动报复性的袭击,手段极为残酷。

二是袭击目标和范围全面扩大。如今,它的袭击目标已不再限于安全部队、政府官员和警察,而是扩大到所有它认为是敌人的对象,包括国内外平民乃至联合国目标。在袭击范围上,虽然乔纳森政府在2013年宣布东北部三州进入紧急状态并在城市地区扩大安保力量,但是"博科圣地"仍在不断扩张,特别是在乡村地区。它的活动范围一度由东北部扩展至西部、南部,并向尼周边地区扩散且使乍得湖地区面临严峻的安全威胁。

"博科圣地"的暴力在北部地区造成了严重的人道灾难,特别是在阿达马瓦、博尔诺和约博州。据保守估算，在2013年，至少有3000人被"博科圣地"所杀害。自2014年以来，至少有5000人被杀，其中博尔诺州就有2000余人。特别是自2014年5月中旬以来，"博科圣地"造成的伤亡急剧上升，对尼日利亚国家和社会造成的经济损失更是难以估量。

据统计，"博科圣地"如今已成为仅次于叙利亚和伊拉克"伊斯兰国"的全球最致命的极端和恐怖组织之一。2014年11月，"伊斯兰国"发动了306次恐怖袭击，共造成2206人死亡；而博科圣地仅发动30次恐怖袭击，就造成了801人死亡；阿富汗塔利班发动150次袭击，造成720人死亡，居第三位。[①]"博科圣地"的极端暴力化可见一斑。

2. 与国际恐怖主义勾联及威胁溢出造成的国际化

"博科圣地"的国际化主要表现在两个方面，一是与萨赫勒地区恐怖和极端组织的勾结，二是向喀麦隆、乍得等周边国家扩散。这也从另一个层面反映了萨赫勒地区安全威胁的相互溢出和跨国化。相对于专注于某些国内议题的恐怖组织或分离组织而言，"博科圣地"的国际化反映了国际极端和恐怖势力在北非及萨赫勒地带肆虐的现状。

从对外联系来看，"博科圣地"与"伊斯兰马格里布基地组织"（AQIM）、"伊斯兰卫士"（Ansar Dine）及"西非统一和圣战运动"（MUJAO）关系紧密。2009年夏天以来"博科圣地"的迅速恢复和发展，主要源自它与"伊斯兰马格里布基地组织"建立的联系。在优素福死后，许多"博科圣地"的重要成员逃到了邻国尼日尔和乍得并在那里得到"伊斯兰马格里布基地组织"的资金、武器、人员培训等方面的支持，随后"博科圣地"组织在当年发动大

---

① Peter R. Neumann, "The New Jihadism A Global Snapshot," ICSR, BBC World Service and BBC Monitoring. (http://icsr.info/2014/12/icsr-bbc-publish-global-survey-jihadist-violence/).

规模反叛运动。① 2012 年 1 月，根据被抓获的"博科圣地"高级成员供认，该组织早期主要依赖成员的捐献，但后来它与"伊斯兰马格里布基地组织"建立了联系并得以从沙特及英国的组织中筹集资金。② 此外，自杀式炸弹和路边炸弹的使用除了增强"博科圣地"的残忍性之外，也进一步证实了该组织与"基地"组织之间的联系。③

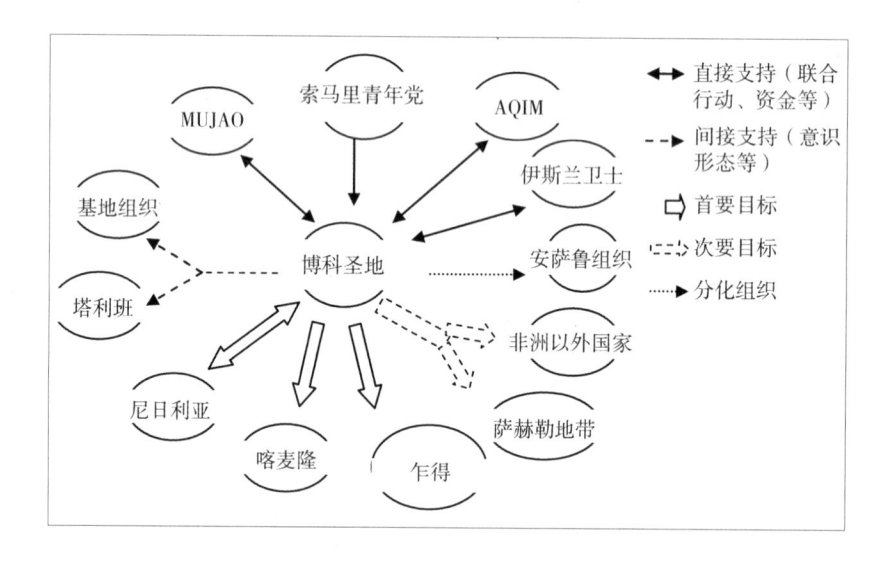

图 3.1　国际极端－恐怖势力在北非及萨赫勒地带的现状

在"伊斯兰马格里布基地组织"的支持和影响下，"博科圣地"近年来频繁策划恐怖袭击，显示出超强的恐怖实力，已成为西北非的暴恐新军，其核心成员已高度国际化。研究显示，"博科

---

① Jonathan N. C. Hill, "Boko Haram and the Prospects for a Negotiated Settlement," *Noree Expert Analysis*, October 2012.

② Agbiboa, D. E., "The Nigerian Burden: Religious Identity, Conflict and the Current Terrorism of Boko Haram," *Conflict, Security and Development*, Vol. 13, No. 1, 2013.

③ Uzodike, U. O. and B. Maiangwa, "Boko Haram terrorism in Nigeria: Causal Factors and Central Problematic," *Africa Renaissance: Terrorism in Africa*, Vol. 9, No. 1, 2012.

圣地"组织围绕三个核心具有明确的指挥官。谢考主要负责通过民粹主义和夺人眼球的活动来重建"博科圣地"在尼日利亚东北部的影响。哈立德（Khalid al-Barnawi）负责"基地"组织式的重大袭击，如汽车炸弹和自杀式袭击。马曼·努尔（Mamman Nur）负责的第三个任务是致力于为"博科圣地"建立一个"基地"组织式的专业核心。在他的指挥下，大量外国恐怖"专家"进入尼日利亚，包括来自乍得的袭击策划专家阿布·马赫吉（Abu-Mahjin）、来自尼日尔的后勤专家阿布巴卡尔·吉拉卡姆（Abubakar Kilakam）、来自苏丹的融资专家毛希丁·阿卜杜拉希（Muhiddin Abdullahi，其具有沙特的融资渠道）等。努尔也和"伊斯兰马格里布基地组织""基地组织阿拉伯分支"（AQAP）"乌伊运"等恐怖组织保持着联系。① 在 2014 年中期，一些具有作战经验的国际恐怖分子开始返回尼日利亚。其中 100 多人返到叙利亚和伊拉克，数十人返到索马里、马里和利比亚。据估计，在 2015 年有 100 余名训练有素的恐怖分子从利比亚的训练营返回尼日利亚。同时，"博科圣地"也在周边国家甚至在叙利亚和伊拉克招募恐怖分子。②

同时，与地区性极端和恐怖组织的勾连以及萨赫勒地区松散的边境管制状况，使得"博科圣地"迅速向周边国家渗透和扩散。尤其是在乍得湖周边地区，由于各国边境管控的不足使得"博科圣地"得以利用这一薄弱环节向外扩张，特别是在瓦扎（Waza）等地设立了活动基地。此外，由于进入旱季，"博科圣地"可以轻易跨越周边地区的河流、沼泽障碍袭击周边国家，特别是军事实力相对较弱的喀麦隆。2014 年年底以来，"博科圣地"已多次向喀麦隆

---

① Yossef Bodan, "The Boko Haram and Nigerian Jihadism," ISPSW, *Strategy Series*, No. 276, June 2014.
② Yossef Bodansky, "Boko Haram: No Longer Just a Threat to the State of Nigeria but to the Entire Continent of Africa and the West," ISPSW, *Strategy Series*, No. 312, January 2015.

发动袭击。此外，离博尔诺州和瓦扎地区不远的乍得某些地区，也是它的活动区域。

3. 在控制区域建立"伊斯兰国"的立国化实践

建立实体国家，是当代极端宗教主义政治运动发展的新阶段。作为一个极端主义驱动下的恐怖组织，"博科圣地"与一般意义上以破坏或驱离"入侵者"为目标的恐怖组织不同，它有明确的建国目标及以沙里亚法为准则的治理行动。而在支持者看来，对疆土的控制是伊斯兰国家权威性的前提条件。自 2014 年以来，随着"博科圣地"在尼北部不断"攻城拔寨"，在军事上与尼日利亚政府割据对抗的同时，开始模仿叙利亚和伊拉克"伊斯兰国"的模式建国。2014 年 8 月 24 日，"博科圣地"首领谢科宣称已在尼日利亚东北部小镇果扎建立了另一个"伊斯兰哈里发"，也就是极端主义"政权"。至 2014 年年底，它一度在阿达马瓦、博尔诺、约博三州占据了至少 25 个城镇约 2 万平方千米的土地。①

自 2014 年 11 月初以来，在"博科圣地"的战略中，越来越重视对领土和基础设施的控制。同时，它还致力于削弱当局的政治统治，并最终将它排除在自身控制区域之外。一方面是极力否定联邦政府的合法性，另一方面是通过发动大规模袭击、显示政府的羸弱等手段离间北部地区的穆斯林民众。

自 2014 年 11 月初开始，"博科圣地"宣布在其控制的城市和乡镇内实现沙里亚法，并将其作为"统治"和审判的唯一指导。博尔诺州东北部战略地位重要并且石油资源丰富，为了维护该地区的经济稳定并缓解和当地民众的紧张关系，"博科圣地"领导层让来自乍得的伊玛目、头领和恐怖分子负责维护沙里亚法的实施和秩序。同时，"博科圣地"建立了一套本地化的埃米尔系统来管制特

---

① "Investigation: Boko Haram Territory Larger than Three States", *Daily Trust*, November 3, 2014. (http://allafrica.com/stories/201411032302.html).

定的区域。① 到 2014 年 11 月中旬，"博科圣地"所控制城镇的正常生产生活有所恢复。"博科圣地"的巡逻队甚至一直鼓励当地民众重新开始日常生活和商业经营。它甚至威胁部分店主，如果不开门营业，将予以没收并分给伊斯兰分子。至当年 11 月底，虽然北部地区的食品供应系统得以恢复，但是许多地区仍面临着食品短缺的威胁。当然，随着该组织在地区反恐合作打击下溃散，此类所谓"治理"亦不复存在。

"博科圣地"虽然并未建立真正意义上的国家，但是在 2014 年下半年至 2015 年年初，它控制了足够的人口和土地并与政府军形成军事对峙，它与伊拉克和叙利亚境内的"伊斯兰国"遥相呼应，对全世界的伊斯兰极端主义形成了重大的示范效应。此外，与"伊斯兰马格里布基地组织"所控制的萨赫勒其他地区不同，"博科圣地"建立的所谓"哈里发国"是拥有交通、电力、通信设施以及水资源和粮食的人口稠密地区。它既有包括熟练技工的城市，也有进行粮食生产的农村地区。因此，对国际恐怖势力而言，"博科圣地"的"控制区域可以成为进入非洲心脏地带的长期而稳定的跳板。②从当前非洲恐怖主义和极端主义发展的整体状况来说，"博科圣地"所导致的地区动荡和治理失序，不可避免地为相关恐怖组织的转移和滋长提供了土壤。

自 2015 年 3 月起，"博科圣地"在西非的军事行动连遭挫败，接连"丢失"了巴加、桑比萨森林等重要据点。为了获取外援，"博科圣地"在 2015 年 4 月宣布改名为"伊斯兰国西非省"。同时，该组织加大了向尼日尔等军事薄弱区域的扩散。在此情况下，"博科圣地"的发展和扩散值得进一步关注。

---

① Yossef Bodan, "The Boko Haram and Nigerian Jihadism," ISPSW, *Strategy Series*, No. 276, June 2014.

② Yossef Bodansky, "Boko Haram: No Longer Just a Threat to the State of Nigeria but to the Entire Continent of Africa and the West," ISPSW, *Strategy Series*, No. 312, January 2015.

第三节 "博科圣地"兴起的背景与动因

"博科圣地"的兴起,主要缘于尼日利亚国内族群、宗教势力的竞争和利用,极端主义的长期渗透,发展的失衡与不平等。自尼日利亚独立以来,国内的族群、宗教矛盾和冲突一直此起彼伏,经济增长虽然迅速,但行业和南北发展失衡问题不断恶化。可以说尼日利亚国内矛盾的累积和爆发催生了"博科圣地"这一极端和恐怖组织。

一 以族群、宗教政治化为基础的南北势力的角力与利用

"博科圣地"虽以极端反对西方文化为名并以残酷的暴力恐怖为手段,但是它本身却是高度政治化的。它的政治主张很明确,即极力宣扬和推广极端主义教法,试图把尼日利亚建设成为一个极端主义的神权国家。[①] "博科圣地"的出现与尼日利亚国内政治有关——地区、民族、宗教的严重极化与政治化及由此引发的对地位、权力和金钱的激烈争夺。

尼日利亚独立后,豪萨—富拉尼族(约占尼总人口的28%)、约鲁巴族(20%)和伊博族(17%)在政治、经济、军事上均拥有雄厚的实力,形成"三足鼎立"的局面。[②] 它们之间的矛盾以及它们同各小部族的矛盾,对尼日利亚的政治局势、经济形势有着举足轻重的影响。一旦族群矛盾激化,轻者酿成地区动乱,重者导致兵戎相见,造成政权更迭,尼日利亚独立后40余年的情况足以说明这一点。在尼日利亚这种群体和地区二元对立的国家中,一旦一

---

① 刘鸿武、杨广生:《尼日利亚"博科圣地"问题探析》,《西亚非洲》2013年第4期。
② Christopher Hewitt and Tom Cheetham, *Encyclopedia of Modern Separatist Movements*, Santa Barbara, CA: ABC-CLIO, 2000, p. 206.

个群体在制度上控制了社会，政府也就失去了应对社会变迁的能力，这必将动摇政权的根基。① 在很长一段时期内，尼日利亚政府和军队由北方控制，这使得南方一直在推动中央权力下放和修宪。但是北方则担心尼日利亚系统的自由化将削弱他们在政治上的统治地位。②

同时，由于三大主要族群在宗教层面的分野与地域界限大体重合，所以南北矛盾有时又以宗教矛盾的形式体现出来（全国人口约47.2%信奉伊斯兰教，34.5%信奉基督教，12.3%信奉传统的原始宗教）。在独立前至20世纪80年代，南北矛盾主要表现为三大族群之间的矛盾和冲突；20世纪80年代以来，特别是自1999年北方12个州开始实施伊斯兰教法以后，穆斯林和基督教徒之间的矛盾和冲突成为南北矛盾的主体，特别是伊斯兰极端主义的出现，严重恶化了两大宗教信众的关系。在尼日利亚，穆斯林和基督教徒首领都把宗教政治化，以进行动员、妖魔化对手并获取权力，因为"宗教为暴力提供了一个合法性的框架"③。因此，在尼日利亚宗教成为一个获取和操纵权力的便捷渠道——为地位和权力争夺而不是发展和分配相关政策和政治平台。④ 另一个值得注意的原因是，宗教口号比起纯粹鼓动种族仇恨的种族标准更具欺骗力，当传统族群组织因为长年冲突造成的血腥后果和政府军的打击而逐渐失去影响力，但野心勃勃的政客们却又创造不出什么新的意识形态和政治组织来动员广大民众时，他们就

---

① Elizabeth Crighton and Martha Abele MacIver, "The Evolution of Protracted Ethnic Conflict," *Comparative Politics*, Vol. 23, January 1991.
② Bevan, David, Paul Collier, and Jan Willem Gunning, *The Political Economy of Poverty, Equity, and Growth: Nigeria and Indonesia*, Oxford, UK: Oxford University Press, 1999, p. 2.
③ Alozieuwa, Simeon H. O., "Beyond the Ethno-Religious Theory of the Jos Conflict," *Africa Peace and Conflict Journal*, Vol. 3, No. 2, 2010.
④ Abdullahi, Salisu A., "Ethnicity and Ethnic Relations in Nigeria: The Case of Religious Conflict in Kano," in Judy Carter, George Irani, and Vamik D. Volkan, eds., *Regional and Ethnic Conflicts: Perspectives from the Front Lines*, Upper Saddle River, NJ: Pearson Prentice Hall, 2009, p. 296.

会转而利用宗教组织和宗教思想这另一种既存的动员机制和意识形态体系。① 在"博科圣地"问题上,许多人怀疑博尔诺州的一些政治精英就曾为"博科圣地"提供资金支持,并凭借优素福的"帮助"赢得了当地2003年和2007年的选举。对于2009年政府和"博科圣地"间关系的全面破裂,有观点认为,某些博尔诺州的政客起初利用该组织以扩大自身影响,当"博科圣地"壮大后感到问题棘手而要求政府对之进行处理。还有人认为,2010年至2014年"博科圣地"强烈的反弹和持续的恐怖袭击,与南北方之间围绕总统合法性的政治竞争有关,② 甚至认为"博科圣地"得到了北方某些政客的支持。

不论"博科圣地"与当地精英之间的勾结是否确实存在,尼日利亚长期存在的地区、族群和宗教矛盾及其政治化却是"博科圣地"得以滋生的土壤。"博科圣地"虽然一再以"圣战"为口号蒙蔽信众和获取外部支持,但是它的核心目标还是高度政治化的地方化诉求。2012年1月,尼日利亚总统指出,"博科圣地"的同情者不仅包括政府的部分行政、立法和司法人员,甚至包括军队中的某些人。③

二 宗教极端主义的长期浸染和历史驱动

"博科圣地"并不是偶然现象,它的产生是伊斯兰极端主义在尼日利亚北部长期渗透直至本土化的结果,也是萨赫勒地区宗教极

---

① Muhammed Tawfig Ladan, "The Role of Youth in Inter–Ethnic and Religious Conflicts: The Kaduna/Kano Case Study," in Ernest E. Uwazie et al., eds., *Inter–Ethnic and Religious Conflict Resolution in Nigeria*, Maryland: Lexington Books, 1999, p. 98.

② 此次全面反扑发生在2010年前总统雅亚拉杜瓦(Yar' Adua)去世后,来自南方的基督教徒乔纳森总统上台,他谋求连任的行为被认为破坏了"总统南北轮换制"的原则。

③ A. Ogbu, "Jonathan: Boko Haram in Government, Threat Worse Than Civil War," *This Day*, January 8, 2012 (http://www.thisdaylive.com/articles/jonathan–boko–haram–in–govt–threat–worse–than–civil–war/106713/).

端主义泛滥的真实写照。尼日利亚的伊斯兰领袖穆莱·拉斯特（Murray Last）曾指出，"博科圣地"的骚乱可追溯到至少200年前的北方地区的模式，并且与之有着逻辑上的关联。①

尼日利亚宗教极端主义的历史土壤前文已有论述，此处不再重复。

三 行业、地区发展失衡与南北不平等导致的暴力宣泄

如前所述，虽然"博科圣地"的最终目标是夺取国家政权并在全国实施"沙里亚法"，但是尼北部的政治腐败、长期贫困和失业青年持续为其充实人员和提供支持。研究表明，"博科圣地"成员长期为发展不足所困扰，如贫困、社会服务及基础设施恶化，教育倒退、年轻人大量失业、农业凋敝，等等。②

首先是行业及地区发展失衡。2013年，尼日利亚凭借石油出口，超过南非成为非洲第一经济强国，③但尼日利亚仍旧是一个高度脆弱的国家。20世纪七八十年代尼日利亚由农业、传统制造业向石油产业转型过程中，农业、传统制造业的衰落及石油收益分配引发的一系列经济问题，成为"博科圣地"等势力滋生的土壤。20世纪60年代尼日利亚商品出口中农业占了61%，农产品成为许多族群的基础产业，④采用传统工艺和当地原料的制造业部门，在70

---

① John Azumah, "Boko Haram in Retrospect," *Islam and Christian‐Muslim Relations*, Vol. 26, No. 1, 2015.

② Isa, M. K., "Militant Islamist Groups in Northern Nigeria", In W. Okumu and A. Ikelegbe, eds., *Militias, Rebels and Islamist Militants: Human Security and State Crises in Africa*, Pretoria: Institute for Security Studies, 2010, pp. 313–340.

③ 根据尼日利亚统计部门公布的数字，尼日利亚2013年的国内生产总值（GDP）总量达到5099亿美元，大幅超过了南非的3703亿美元的GDP总量。另据统计数据估算，2017年，由于国际油价下跌和"博科圣地"恐怖活动的困扰，尼日利亚的国内生产总值将再次被南非超越，失去非洲第一的宝座。

④ Falola, Toyin, *The History of Nigeria*, Westport, CT: Greenwood Press, 1999, p. 112.

年代也占据了 GDP 的 11%。① 但是石油的开采迅速掌控了尼日利亚的经济，到 2011 年石油收入已占尼出口总额的 95% 和国家预算的 80%。② 经济转型对北方的经济和社会关系产生了深远的影响。由于国家经济从农业向严重依赖石油、服务和工业制成品进口的经济结构转型，作为北方经济支柱的商品作物生产受到了强烈冲击。例如，在所有的棉花生产州（在 13 个北方州中占 11 个），棉花生产的急剧下降导致了纺织企业的大量倒闭，农村经济的衰败，大量失业及农村向城市移民的大量出现。③ 联邦政府在 1986 年启动的结构调整计划（Structural Adjustment Programme，SAP），以及在 20 世纪 90 年代采取的其他经济政策，如输入自由主义、缺乏对当地工业的保护等，加剧了农业的破产和乡村的贫困。④ 同时，由于尼日利亚原油主产区主要在南部诸州，其收入只有很少部分惠及北部诸州。在盛产石油的南方迅猛发展的同时，3/4 的北方人每年收入不到 200 美元。本该承担起收入再分配和社会保障职责的尼日利亚中央政府和地方政府，却占有了石油收入的主要部分，很少提供能够真正帮助北方的项目。

其次是贫困和不平等。近年来，虽然尼日利亚的经济发展速度非常快，但是经济发展的成果并未惠及全民。大量的财富聚集在少数人手中，这不可避免地导致不满和怨恨。虽然到 2013 年，GDP 增长率达到 6.2%，但是贫困率仍高达 70%，显示出严重的不平等

---

① Ikpeze, N. I., C. C. Soludo, and N. N. Elekwa, "Nigeria: The Political Economy of the Policy Process, Policy Choice, and Implementation," in Charles Chukwuma Soludo, Michael Osita Ogbu, and Ha – Joon Chang, eds., *The Politics of Trade and Industrial Policy in Africa: Forced Consensus*? Trenton, NJ: Africa World Press, 2004, pp. 341 – 364.

② CIA, "The 2012 World Factbook, 2012 – 2013, Nigeria," (https://www.cia.gov/library/publications/the – world – factbook/geos/ni. html）.

③ Semshak Gompil, "The Textile Industry in Nigeria/Africa – What Hope for Sustainability," *Journal of Agriculture and Food Science*, Vol. 2, No. 2, October 2004.

④ ICG, "Northern Nigeria: Background to Conflict," Crisis Group Africa Report No. 168, December 20, 2010.

问题。① 对于尼日利亚来说，最为危险的是北方地区大范围的贫困呈现出日益恶化的趋势。在北方，72%的人口生活在贫困线以下；而在南方，这一数据为27%。② 在极度贫困的10个州中，8个在远北地区。吉加瓦州（Jigawa）居于首位，其95%的人口生活在贫困线以下。③ 同时，尼日利亚是非洲人口最多的国家，而且其人口结构非常年轻：平均年龄只有19.1岁。在高达23.9%的失业率背景下，越来越多的年轻人却难有就业机会——大概有4000万18—25岁的年轻人处于失业状态。在尼日利亚各种暴力冲突中的一个共同现象是，年轻人在暴力升级中扮演着关键角色。④

第四节 "博科圣地"恐怖主义的影响

近年来，"博科圣地"一再以极端恐怖乃至屠杀方式挑战国际社会的神经。它不仅对尼日利亚的安全与稳定构成了严峻挑战，而且它与国际极端—恐怖组织的勾连将对整个萨赫勒地带形成威胁。

一 对尼日利亚：制造人道灾难与国家危机

自2010年以来，"博科圣地"的恐怖活动已造成上万人死亡，上百万平民流离失所。同时，它的恐怖活动对尼日利亚北部、中部乃至周边国家和地区造成了严重的社会恐慌。如今，"博科圣地"的能力及活动范围有了很大的扩展。在组织纲领上，它的成员已不满足于孤立地践行"沙利亚法"，而是要将整个尼日利亚变为一个

---

① CIA, "The 2012 World Factbook, 2012 – 2013, Nigeria," (https://www.cia.gov/library/publications/the – world – factbook/geos/ni.html).

② US Department of State, "Background note Nigeria," October 20, 2011. (http://www.state.gov/p/af/ci/ni/).

③ Emeka Mamah, "High Poverty is Northern Phenomenon – Soludo," *Vanguard*, July 19, 2008.

④ Ambe – Uva, T. N., "Identity politics and Jos crisis: Evidence, Lessons and Challenges of Good Governance," *African Journal of History and Culture*, Vol. 2, No. 3, 2010.

伊斯兰国家；在袭击目标上，除了军队和警察，它的目标扩大为世俗公立学校的学生、政治人物、社团元老、宗教领袖、任何它认为不符合伊斯兰行为规范的人、基督教徒、外国人、国际组织及平民；在活动范围上，它已成功地在整个北方地区和中部地区发动袭击；在破坏方式上，它可以发动武装对抗、伏击、突袭、劫狱、自杀式炸弹袭击、暗杀等多种攻击。毫无疑问，随着政府军和"博科圣地"间战斗的推进，这种严峻的人道主义灾难将很可能持续较长一段时间。值得注意的是从"博科圣地"分化出来的"安萨鲁"组织。它不仅袭击西方平民目标，而且其外部联系及活动区域已不仅限于尼日利亚国内。虽然目前关于该组织的资料非常有限，但是从其活动来看，这一伊斯兰极端组织已成为新的活跃力量，将对尼日利亚安全和地区稳定造成新的冲击。

相对于直接的人员、物质损害和制造恐慌心理，更深层次的影响是"博科圣地"可能导致的社会矛盾激化，南北矛盾扩大乃至发生内战。当前尼日利亚国内的冲突主要包括：城市骚乱、伊斯兰极端主义武装、公共冲突、尼日尔河三角洲的暴力、比夫拉分裂主义等类型的冲突。其中和南北矛盾直接相关的是城市骚乱、伊斯兰极端主义武装、公共冲突等类型的冲突，这也是当前尼日利亚国内安全与稳定的头号威胁。在北部伊斯兰极端主义武装的暴力方面，它包括高度组织化的"博科圣地"和日益崛起的"安萨鲁"组织。由各种认同群体（如族群或宗教群体）的武装分子、暴民及骚乱者引发的公共暴力，曾经是尼日利亚国内伤亡最大的冲突类型。同时，"博科圣地"等宗教极端势力已深深卷入乔斯等地的公共冲突之中，并日益成为冲突的主要驱动力量。"博科圣地"针对基督教堂及基督教徒的暴力袭击激化了主体宗教间的矛盾和冲突，加剧了国内长期存在的南北矛盾。

二 对萨赫勒地带：威胁溢出与形成恐怖动荡弧

随着北非局势动荡的溢出效应和相关国家治理危机的加剧，萨赫

第三章 "博科圣地"与萨赫勒地带暴力极端主义

勒地带正面临内部分裂和外部分化的双重挑战。一方面是传统意义上北方和南方之间的地区冲突、穆斯林和非穆斯林之间的宗教冲突激化，另一方面随着伊斯兰极端主义和国际恐怖主义的强势介入，萨赫勒地带的冲突不仅更为地区化，而且在烈度和持久度上亦有明显增强。在这个问题上，近年来"博科圣地"发挥着不可低估的影响。

随着"博科圣地"的壮大，它不可避免地利用周边国家的治理真空向外溢出，已严重冲击地区安全与稳定。在吸引周边国家极端分子参加本组织的同时，"博科圣地"多次向周边国家发动进攻。例如，2015年2月3~4日，"博科圣地"分别在喀麦隆和尼日利亚边境、喀麦隆福托科尔镇发动袭击，造成喀麦隆和乍得士兵以及大量平民伤亡。2月6日，"博科圣地"首次对尼日尔发动袭击。在这种情况下，喀麦隆和乍得已视"博科圣地"为本国安全的头号威胁。自2014年7月，喀麦隆宣布向"博科圣地""开战"，先后向北部边境地区部署了6000人以上部队以阻挡"博科圣地"，乍得甚至不得不出兵喀麦隆以对其实施越境打击。

另外，以"伊斯兰马格里布基地组织"为主导、"博科圣地"为支撑，区域内的各种极端恐怖势力抓紧向萨赫勒地带扩散。早在2010年6月中旬，"博科圣地"正式成为"伊斯兰马格里布基地组织"的伙伴。"伊斯兰马格里布基地组织"领袖阿卜杜勒宣布，该组织"准备为儿子（"博科圣地"）提供武器训练，为他们提供一切支持——男人、武器、弹药和物资，使之能够保卫我们在尼日利亚的人民和击退少数'十字军'。"他强调，整个全球"圣战"运动将在撒哈拉以南非洲扩大自身存在和活动，因为它为"圣战"者提供了更广阔的战略纵深。没有在尼日利亚获得一个立足点，这对于"伊斯兰马格里布基地组织"在西非的活动是不可能的，而该地区的领导力量——"博科圣地"则有望提供。[①] 随着地区局势的动

[①] Yossef Bodan, "The Boko Haram and Nigerian Jihadism," ISPSW, Strategy Series, No. 276, June 2014.

荡,"伊斯兰马格里布基地组织""索马里青年党"和"基地组织半岛分支"之间,在新发展恐怖势力和部落武装的串联之下,可能形成一条贯通阿拉伯半岛、东非、西非和北非的"恐怖动荡弧"。2016年5月,美国副国务卿安东尼·布林肯(Anthony Blinken)指出,有情报显示,盘踞在尼日利亚北部的极端组织"博科圣地"派武装人员进入利比亚,与活跃在那里的极端武装"伊斯兰国"勾结,一起作恶。此外,这些恐怖势力与跨国有组织犯罪势力的勾结也越来越紧密,出现协同从事绑架、勒索、走私和贩毒等活动的新动向。

三 对发展冲击:恶化发展环境加剧发展危机

自2010年来,"博科圣地"的恐怖活动不仅造成了数千人死亡,近百万人流离失所,而且破坏了数百所学校和政府建筑,为了打击"博科圣地",尼日利亚不得不持续增加国防开支。其国防预算从2010年的6.25亿美元增加到2011年的60亿美元,2012年至2014年扩大到62.5亿美元。① 虽然尼日利亚经济总量可观,但是考虑到该国严峻的贫困状况和南北经济发展的失衡,国防开支的扩大自然会削减其他的民生开支,这对于整个尼日利亚长期的发展和稳定而言,只会造成消极的影响。特别是自2014年下半年以来,国际原油价格持续下跌,这不可避免地对严重依赖石油财政的尼日利亚造成冲击,"博科圣地"的肆虐无疑使尼日利亚的可持续发展雪上加霜。

对贫困的尼日利亚东北部而言,"博科圣地"的挑战更为严峻。自2010年来"博科圣地"的恐怖活动进一步摧毁了尼日利亚东北部原本已饱受蹂躏的经济。北部地区是尼日利亚重要的进口消费品销售区,北部中心城市卡诺更是西非著名商埠,"博科圣地"的猖

---

① "FG spends N3.38 trn in 4 years on security," Leadership (Abuja), March 10, 2014.

猎和可能爆发的武装冲突，会对这一地区的市场构成冲击。同时，危机倘持续蔓延，北方或连接北方的许多重要基础设施施工项目，可能受到很大影响和波及，进度将不得不耽搁，甚至有些项目可能半途而废。这对于北部地区的长期发展而言，影响和代价不可估量。

此外，"博科圣地"的活动严重恶化了周边国家乃至萨赫勒地带的发展环境，加剧了相关国家和地区的治理危机。2015年年初，该组织突然在博尔诺州及其周边地区发动大规模针对平民的袭击。这意味着它在国际社会的围剿下，加大了恐怖攻势。他们的第一轮攻势始于2015年1月3日，目标是博尔诺州以商业中心巴加为中心的至少16个村镇，这些村镇大部分分布在乍得湖西岸，临近尼日利亚、喀麦隆、乍得和尼日尔"四不管"地带。1月21日和2月1日，该组织大举进攻麦杜古里（博尔诺州首府），这其实也是它有意释放恐慌信息的结果。当前，"博科圣地"正在以恐怖手段不断袭扰尼日利亚北部及周边国家，这种治理危机也将日趋严重。

第五节 宗教极端主义与中部冲突及南北的潜在分裂

当前，研究尼日利亚国内的族群和宗教矛盾不能仅仅关注"博科圣地"的暴力威胁本身，而应放在整个尼日利亚南北关系的宏观背景下来考虑。一方面，南北之间的族群宗教矛盾近十余年来一直呈扩大之势，这也是整个萨赫勒地带族群宗教矛盾乃至"文明断裂和冲突"的真实写照；另一方面，以"博科圣地"为首的伊斯兰极端势力对尼日利亚原有南北矛盾的冲击和利用，不可避免地扩大族群宗教间的固有裂痕和冲突。从根本上来说，尼日利亚南北之间对立的加深乃至于潜在的分裂趋势，才是该国统一和国家安全的最大威胁。

一 北方化与伊斯兰化政策

1960—1966年第一共和国时期,尼日利亚各地区充满了激烈的争论和竞争。北方一方面希望维持自身的宗教和文化认同,另一方面希望加强对较为发达的南方的影响。所以,执政党试图通过强化北部的宗教和文化认同并以此作为一个整体,维持北方在全国事务中的绝对影响。

阿哈马杜·贝洛(Ahmadu Bello)提出了"同一个北方,同一个命运"(One North, One Destiny)的口号,推行有利于北方人在就业和地方管理的"北方化"政策。这一政策的主要背景,在于北方担忧来自南方的移民,由于在西式教育中的优势,可能在地方管理和经济中继续领先。所以,这一政策主要为了"在地区和省级公共服务中,以北方人取代非北方雇员"①。从不同宗教成员之间的关系而言,这项政策有利于团结北方的所有居民。北方的天主教少数群体由于受教育水平较高(主要接受传教士学校的教育)而受益良多,这项政策给予了他们某种归属感。所以,当前很多人将20世纪60年代视为大北方联合时期,宗教之间的差异得到缩小。但是,在这一时期,政府并未针对北方地区少数族群的长期担忧及自治诉求进行任何重要的改革。

阿哈马杜·贝洛和北方领导人的第二个优先政策是扶植伊斯兰,将其作为一项统一的制度和维系地区文化认同的手段。1962年,贝洛建立了"伊斯兰胜利"组织(Jama'atu Nasril Islam, JNI, "Victory for Islam"),将其作为联合穆斯林各教派、宣传伊斯兰和为自身政党提供意识形态支持的伞状组织。

从尼日利亚国家认同的长期构建与国家统一的维系角度来看,北

---

① Isaac O. Albert, "The Sociocultural Politics of Ethnic and Religious Conflicts," in Ernest E. Uwazie, Isaac Olawale Albert and G. N. Uzoigwe, eds., *Inter - Ethnic and Religious Conflict Resolution in Nigeria*, Maryland: Lexington, 1999, p. 73.

方化和伊斯兰化政策的影响是消极的。它在某种程度上强化了南北之间的地域认同及宗教矛盾,特别是伊斯兰化政策不仅是北方原本已存在的伊斯兰政治化的强化,而且成为南北宗教关系不断恶化的基础。

二 伊斯兰化的宗教政治发展及其消极后果

在尼日利亚,穆斯林和基督教徒首领都把宗教政治化,以进行动员、妖魔化对手并获取权力,因为"宗教为暴力提供了一个合法性的框架"①。因此,在尼日利亚宗教成为一个获取和操纵权力的便捷渠道——为地位和权力争夺而不是发展和分配相关政策和政治平台。② 这样,数十年来宗教暴力成为争夺经济和政治好处——包括公共资源分配、以宗教为导向的框架等的武器。③ 为了政治原因动员发起宗教运动常常可以使得社会边缘群体认为自身得到了某种授权。考虑到尼日利亚人对自身境遇的普遍不满,这种方法较其他政策和计划更加简单和迅速。这可以解释为什么宗教信仰被视为暴力的原因而非其工具了。④

虽然穆斯林和伊斯兰团体遍布尼日利亚全国,但主要集中于北部19州,宗教亦高度政治化。伊斯兰认同不仅孕育了北部的地区团结,而且维系了精英的特权,特别是通过实施沙里亚法。⑤ 这种伊斯兰信念不仅拒绝政教分离的世俗主义,而且自9世纪伊斯兰教到达今天的尼日利亚以来,它就成为本地统治者广泛证明自身统治

---

① Ostebo, Terje, "Islamic Militancy in Africa," *Africa Security Brief*, No. 23, November 2012; Alozieuwa, Simeon H. O., "Beyond the Ethno - Religious Theory of the Jos Conflict," *Africa Peace and Conflict Journal*, Vol. 3, No. 2, 2010.

② Abdullahi, Salisu A., "Ethnicity and Ethnic Relations in Nigeria: The Case of Religious Conflict in Kano," in Judy Carter, George Irani, and Vamik D. Volkan, eds., *Regional and Ethnic Conflicts: Perspectives from the Front Lines*, ed. Upper Saddle River, NJ: Pearson Prentice Hall, 2009, p. 296.

③ ICG, *Lessons from Nigeria's 2011 Elections*, Africa Briefing 81, 2011.

④ ICG, *Northern Nigeria: Background to Conflict*, p. ii.

⑤ Ibid., p. 22.

合法性的基础。①

宗教政治不仅违反了尼日利亚宪法规定的政教分离原则，而且它同样是一个危险的政治游戏，除了在短期内会给操纵宗教政治的政客带来一定的利益，从长远来说只会引起两败俱伤的局面。尼日利亚近年来宗教冲突的不断加剧使人们越来越担心尼日利亚会因为宗教问题分裂成两个国家，成为另一个黎巴嫩。

三 宗教极端主义与南北分裂危机

宗教极端主义的代表"博科圣地"的系列袭击加剧了尼日利亚长期以来的南北分裂。有观点认为，"博科圣地"的出现与尼日利亚国内政治有关——南北的分裂及由此引发的对地位、权力和金钱的激烈争夺。事实上，乔纳森总统就曾警告政府及安全部门内部出现的"博科圣地"的支持者。在尼日利亚，一些大人物一直通过操纵暴力不满来实现自身的政治目的。

相对于经济损失，更深层次的影响是"博科圣地"所带来的恐慌心理和社会矛盾的激化，引发了该国政府对内战和矛盾激化的担忧。"博科圣地"针对基督教堂暴力袭击激化了主体宗教间的矛盾和冲突，加剧了国内长期存在的南北矛盾。

就目前的形势来看，"博科圣地"将继续攻击尼日利亚北部的软性目标，而不是尼日利亚国内外的国际目标。同时，它会继续卷入乔斯危机并袭击乔斯北部的基督教徒并强迫其迁走。"博科圣地"的这种趋势将进一步威胁到国家的稳定和统一。如果"博科圣地"加大对尼日利亚北部基督教徒的袭击并扩大高原州的冲突，其结果将严重威胁尼日利亚的统一。虽然尼日利亚总统已向美国和英国寻求支持以打

---

① Abdullahi, Salisu A., "Ethnicity and Ethnic Relations in Nigeria: The Case of Religious Conflict in Kano," in Judy Carter, George Irani, and Vamik D. Volkan, eds., *Regional and Ethnic Conflicts: Perspectives from the Front Lines*, ed. Upper Saddle River, NJ: Pearson Prentice Hall, 2009, p. 292; Falola, Toyin, *Culture and Customs of Nigeria*, Westport, CT: Greenwood Press, 2001, pp. 19 – 28.

击"博科圣地",但是务必非常谨慎,因为稍有不当就可能扩大原本已存在的南北裂痕。

对贫困的尼日利亚东北部而言,"博科圣地"的挑战更为严峻。自2010年以来"博科圣地"的恐怖活动进一步摧毁了尼日利亚东北部原本已饱受蹂躏的经济。北部地区是尼日利亚重要的进口消费品销售区,北部中心城市卡诺更是西非著名商埠,"博科圣地"的猖獗和可能爆发的武装冲突,会对这一地区的市场构成冲击。同时,危机倘若持续蔓延,北方或连接北方的许多重要基础设施施工项目,可能受到很大影响和波及,进度将不得不耽搁,甚至有些项目可能半途而废。这对于北部地区的长期发展而言,影响和代价不可估量。考虑到尼日利亚原本已比较严重的南北发展失衡状况,"博科圣地"的肆虐将进一步恶化北部的贫困,对南北关系仍会进一步产生消极影响。

第六节 "博科圣地"威胁的应对

"博科圣地"恐怖主义的肆虐对尼日利亚及周边国家的安全与发展已构成了严峻的挑战,不仅显示出相关国家稳定形势的脆弱和治理危机,也反映了西非地区及萨赫勒地带反恐合作的不足。为了应对"博科圣地"恐怖主义的威胁,除了加强地区及国际反恐合作,相关国家还需实施综合性的治理战略。

一 加强地区反恐合作与国际支持

2012年1月,尼日利亚总统乔纳森就指出:"我们面对的并不仅仅是武装或犯罪分子,而是恐怖组织发起的叛乱,这将严重威胁国家统一和领土完整。"[①] 为了打击"博科圣地",尼日利亚不得不

---

① "Boko Haram timeline: From preachers to slave raiders," BBC News, May 15, 2013. (http://www.bbc.com/news/world-africa-22538888).

持续增加国防开支。其国防预算从2010年的6.25亿美元增加到2011年的60亿美元，2012年至2014年扩大到62.5亿美元。① 但是从近两年的战况来看，尼日利亚显然已无力单独应对"博科圣地"咄咄逼人的攻势。同时，随着"博科圣地"地区化、国际化进程的加速，它已成为一个地区性安全挑战。整体而言，在前期与"博科圣地"的武装对抗中，尼日利亚力不从心，而周边国家单打独斗，以无法对"博科圣地"实施有效打击和遏制。2016年6月初以来，"博科圣地"在乍得湖地区接连发动袭击，并一度攻占尼日尔东南部博索镇，造成当地重大人员伤亡，5万名当地居民逃离家园，引发严重的人道主义危机。同时，在喀麦隆极北大区，"博科圣地"在沉寂了一段时间后又开始袭击村庄，杀害和绑架村民。在这种情况下，喀麦隆和乍得已视"博科圣地"为本国安全的头号威胁。

因此，尼日利亚需要与西非国家及国际社会进行有效的双边和多边合作，以应对"博科圣地"及类似组织的挑战。尼日利亚一方面要加强与乍得湖沿岸国的关系，同时还需要建立与喀麦隆、乍得、尼日尔、马里、毛里塔尼亚等国的安全联系及网络。具体的安全合作应包括确保边界安全、打击恐怖分子、打击毒品和人口贩运、共享情报、武器管控等。从当前联合打击实践来看，西非四国的反恐措施，包括联合巡逻、打击跨国训练营地、切断后勤和兵源补充等，已明显触及"博科圣地"的软肋。2015年1月29日—31日，非洲联盟专门召开会议，讨论联合对付"博科圣地"恐怖组织的问题。此次会议通过决议，授权部署一支7500人（迄今已达8500人）的多国联合部队以共同打击"博科圣地"，这无疑有利于该地区的反恐战争。

对国际社会而言，寻求非盟的帮助事实上表明，尼日利亚政府最终承认仅凭一己之力无法打败"博科圣地"。但是历史经验表

---

① "FG spends N3.38 trn in 4 Years on Security", *Leadership* (Abuja), March 10, 2014.

明，非盟也很难胜任应对非洲主要安全挑战的重任，最后还是在联合国或特别的授权下求助于西方国家。这包括塞拉利昂、索马里、马里、中非共和国等案例。鉴于尼日利亚和相关国家的孱弱和互信的不足，国际社会对于西非国家打击"博科圣地"和治理地区发展及问题的相关战略必须予以大力的支持和援助，[①] 毕竟以"博科圣地"为代表的安全挑战如今已不仅仅是尼日利亚或萨赫勒地区的问题，如管控不力，它甚至会危及国际社会的安全。2016年5月，尼日利亚、喀麦隆、尼日尔、乍得、贝宁等非洲国家及部分西方国家领导人在尼日利亚首都阿布贾举行乍得湖地区安全会议，商讨应对极端组织"博科圣地"及其他恐怖主义行为。欧盟表示愿意提供5000万欧元的援助资金，支持教育、减贫等方面的项目，以此瓦解极端组织毒瘤滋生的社会土壤。而美国和英国也开始准备向尼日利亚军队提供武器和培训支持。

二 制定和实施全面的治理战略

尼日利亚政府多年来对"博科圣地"进行了多次打压，但多是"头疼医头"，缺乏持久的治控战略，国内贫穷、失业、不平等这些深层次问题又未能解决，经济、社会、宗教等多因素交织，为恐怖主义发展提供了土壤。除加强国际反恐合作外，尼日利亚亟须建立全面的治理战略，具体包括：

在政治层面，对尼日利亚联邦政府而言，根本性的措施是改进政府治理能力和杜绝系统性腐败，否则其他措施将难以为继。同时，联邦政府特别是军事和安全机构，必须尽力获得当地居民特别

---

① 西方国家对帮助西非国家打击"博科圣地"的积极性参差不齐：法国较积极，不仅牵头组织了几次协调会，还许诺提供一些援助，但由于在马里等地投入巨大，显得力不从心。"查理事件"爆发后，部分非洲国家的穆斯林社会出现了对法国的抗议活动，尼日尔等国甚至出现了骚乱，"博科圣地"也利用此事进行煽动，这使得法国有所顾忌。西非并非美国的战略重点区域，加上对"博科圣地"的实力严重低估，美国一直不积极，不愿意向尼日利亚提供杀伤性军援，这引起了尼日利亚的不满。

是东北部居民的人心。事实表明，虽然一些北部地区的穆斯林民众亦赞同"博科圣地"对政府的批评，但支持其暴力行为的仅仅是少数。2014年皮尤中心做的一项调查显示，尼日利亚80%的穆斯林不支持"博科圣地"①。但我们也要看到，"博科圣地"的产生在尼日利亚乃至周边国家有着深厚的政治土壤，欲根除这一势力，尼日利亚及周边国家必须调整和完善本国的治理体系，提升治理能力。

在经济层面，正如许多北部地区的知识分子、官员和宗教领袖所言，应对"博科圣地"的战略必须着眼于远北地区极高的贫困率和失业率。尼政府必须着眼于根治伊斯兰极端主义和族群暴力的土壤，充分调动国家资源以解决东北部地区经济停滞、发展不平衡及基础设施欠缺等问题。可考虑建立类似于"尼日尔河三角洲发展委员会"的"远北发展委员会"，授权其在远北地区协调荒漠治理运动，发展大规模灌溉设施、农业、电力、道路计划，扶植有利于青年就业的中小企业等。

在宗教层面，对于尼日利亚北方的地方政府而言，当务之急是联合当地的政治、部落和宗教精英，对"博科圣地"参与者进行解除武装、去极端化并使其最终重新融入社会。同时，尼日利亚和相关当事国必须在经济发展中建立一套行之有效的社会和政治参与体系，以此消除宗教政治化的土壤。从长远来看，如何通过鼓励对话与交流，消除宗教偏见、逐步降低伊斯兰极端主义的吸引力等，都是值得思考的问题。

最后，我们要看到的是，"博科圣地"一度建立了一个"割据"式的分裂政权，并控制着相当大的一块"领土"和数量庞大的人口。这是极端主义驱动下的分裂主义在尼日利亚重要的"建国"实践。

---

① Pew Research Global Attitudes Project, "Concerns about Islamic extremism on the rise in Middle East: negative opinions of al Qaeda, Hamas and Hezbollah widespread," 2014. (http://www.pewglobal.org/2014/07/01/concerns – aboutislamic – extremism – on – the – rise – in – middle – east/) .

国际社会对"博科圣地"的关注,主要是恐怖主义,而对它在分裂国家方面的影响和作用却关注不多。如前文所述,"博科圣地"的兴起既是尼日利亚国内地区、族群和宗教关系不断恶化的产物,它反过来又在持续加剧地区、族群和宗教矛盾,从而陷入恶性循环。从反分裂的角度来看,"博科圣地"最大的威胁在于以"伊斯兰国"的方式,把穆斯林聚集的北部地区从尼日利亚分裂出去。这种状况自它建立"割据"式极端政治实体后已持续一年有余,即使"博科圣地"最终被剿灭,只要伊斯兰极端主义"建国"的思想土壤存在,仍会有类似的组织效仿这一做法。所以,如何应对极端和分裂势力的挑战,将是尼日利亚政府的一项长期而艰巨的重任。

第四章 "伊斯兰国"与东南亚恐怖主义的发展趋势

2014年6月29日,"伊斯兰国"在伊拉克境内宣布建立"哈里发国",标志着国际恐怖主义和极端主义的发展达到了一个新的水平。随着"伊斯兰国"势力的崛起与发展,其活动范围逐渐跨出了伊拉克、叙利亚等中东地区。在中东之外,"伊斯兰国"的扩张速度明显加快,北非、欧洲、东南亚等地的恐怖活动与其遥相呼应。① 在此背景下,国际恐怖主义逐渐进入了新一轮的快速发展期,恐怖主义的新生态势正在逐渐形成,国际反恐形势面临严峻挑战。② 东南亚尽管并非恐怖主义的重灾区,但由于其地缘、宗教、历史等原因,极易受国际恐怖势力的影响,尤其是伊斯兰极端主义等。而且,在"伊斯兰国"肆虐全球的背景下,其公开招募、渗透等影响可能会对东南亚伊斯兰极端势力的复兴产生催化作用,甚至注入新的"动力"。那么,"伊斯兰国"的出现究竟会对东南亚恐怖主义的发展带来何种影响?未来东南亚恐怖主义的发展又会呈现何种趋势?本章试图解答这一问题。基于此,本章的结构安排大致如下:首先,对当前东南亚恐怖主义活动的现状进行梳理,并就东南

---

① 李伟:《伊斯兰国正在开辟域外战线》,《世界知识》2015年第5期。
② 严帅:《当前国际恐怖主义的新特征及其发展趋势》,《现代国际关系》2015年第1期。

第四章 "伊斯兰国"与东南亚恐怖主义的发展趋势

亚各国反恐的基本态度进行大体评估;其次,以恐怖主义的国际化、区域化、本土化为视角,阐明东南亚易受"伊斯兰国"影响的先天条件,并对"伊斯兰国"在东南亚的影响与渗透进行评析;最后,对未来东南亚恐怖主义可能的发展趋势进行分析。

本章认为,自正式建国以来,"伊斯兰国"通过招募、社交网络宣传等手段不断向东南亚进行渗透,以圣战分子回流、与本土恐怖组织联动等方式,对东南亚的安全形势形成了新的威胁与挑战。受恐怖主义国际化、区域化、本土化三者联动的影响,未来东南亚恐怖主义的发展可能会呈现出以下特征:第一,东南亚的区域化、本土化恐怖主义与国际恐怖主义之间的联动性增强,双方互为支撑、共同发展;第二,尽管并不是恐怖主义的重灾区,但东南亚是国际恐怖主义进行宣传、招募的重要区域;第三,东南亚恐怖主义威胁的区域化特征将日益显著。因此,面对"伊斯兰国"的渗透与影响,东南亚地区的恐怖主义威胁可能将日益严峻,而应对这种挑战需要东南亚各国及其邻国之间的积极参与与协调,建立更为常态化的反恐合作机制。

第一节 东南亚恐怖主义活动与研究现状

2001年"9·11"事件发生之后,随即2002年东南亚发生了举世震惊的巴厘岛恐怖袭击事件,这种时间上的相继性可能并非偶然。一方面,"9·11"事件后美国加紧了对"基地组织"等恐怖组织的打击,这客观上加速了恐怖分子向世界其他地区的流动,东南亚亦是其重要的目的地之一;另一方面,东南亚本就存在诸多本土恐怖组织,这为不同区域间恐怖势力的融合提供了条件。这两个方面的叠加效应,既加速了东南亚恐怖组织的发展,也是造成21

世纪前十年东南亚恐怖活动频发的重要原因之一。由此可见，重视东南亚本区域恐怖组织与其他恐怖势力之间的关联与相互影响，是分析地区恐怖主义形势发展的重要视角。

  作为伊斯兰世界的重要组成部分，东南亚穆斯林人数众多，易成为"伊斯兰国"扩张、渗透的目标。据悉，早在2014年"伊斯兰国"就在叙利亚组建了以马来西亚、印度尼西亚（下称"印尼"）武装分子为核心的"马来群岛单位"（名称为Katibah Nusantara Lid Daulah Islamiyyah）；而且，"伊斯兰国"还曾向东南亚的伊斯兰国家发出过"紧急征兵令"①。2015年8月，"伊斯兰国"通过社交媒体向印尼的穆斯林民众发出了呼吁：一张带有婴儿、AK-47步枪和榴弹的照片，并附有文字"叔叔、阿姨们，无论你们在哪，来叙利亚参加圣战吧"。对此，兰德公司的反恐专家科林·克拉克（Colin Clarke）分析：在中东站稳脚跟之后，"伊斯兰国"在北非也获得了一定的发展，其逻辑上的下一个目标地点可能是东南亚。②基于此，本章将首先对当前东南亚地区的恐怖主义活动进行梳理，并对东南亚各国政府的反恐态度进行大致评估，为后文的论述提供基础。

一 东南亚恐怖主义活动现状

  2016年1月14日，印尼首都雅加达发生多起爆炸、枪击事件，造成7死19伤，爆炸地点位于市中心的一间星巴克和一家商场附近的警察亭；14日晚，"伊斯兰国"承认策划了此次袭击，并表示，袭击的目标是外国人和保安部队。雅加达警察局长蒂托·卡尔

---

① 齐欢：《2014年东南亚政治、安全和外交形势综述》，《东南亚南亚研究》2015年第1期。
② Jay Akbar, "The terrifying rise of ISIS in East: Terror horde recruits tens of thousands to its sick cause in south-east Asia," August 13, 2015, Mail Online News. (http://www.dailymail.co.uk/news/article-3193971/The-terrifying-rise-ISIS-East-Terror-horde-recruits-tens-thousands-sick-cause-south-east-Asia.html).

第四章 "伊斯兰国"与东南亚恐怖主义的发展趋势 ◆◆◆

那维安在记者会上表示,印尼男子巴伦·纳伊姆(Bahrun Naim)①组织策划了此次袭击。另外,发生爆炸的区域还有多国的领事馆、联合国办事处等国际机构,这更加凸显了此次事件的国际化影响。因此,雅加达恐怖袭击事件的影响可能将超出印尼、东南亚地区,甚至一定程度上将外溢至国际社会,对整个国际反恐形势形成冲击。

自 2009 年 7 月 17 日雅加达南区的万豪酒店和丽思·卡尔顿酒店恐怖袭击事件至今,印尼政府一直致力于打击本土化的伊斯兰极端组织网络,但此次恐怖事件的发生打破了印尼 6 年来的平静。同时,此次事件也证实了东南亚各国政府此前的担忧:一些从中东返回的"伊斯兰国"成员已经开始在本国组织、实施恐怖袭击活动,就像之前在欧洲所发生的那样。② 恐怖事件发生后,印尼总统佐科(Joko)强烈谴责了恐怖分子破坏社会安定的行为,并表示:印尼人民永远不会被恐怖袭击吓倒,希望印尼民众保持冷静。此外,2015 年年底就有消息称,"伊斯兰国"将印尼作为圣诞节、新年期间恐怖袭击的对象,对此印尼执法部门加强了对公共场所的安保等级。2015 年圣诞节前,印尼警方在爪哇岛逮捕了十几名试图在圣诞节、新年期间实施袭击的疑似恐怖分子。据这些恐怖分子交代,他们得到了巴伦·纳伊姆的资助与支持。③ 由此可见,随着"伊斯兰国"的扩张与崛起,印尼的安全形势正在越来越多地受到威胁与挑战。

除印尼之外,泰国、新加坡、马来西亚、菲律宾、缅甸等国也或多或少受到了恐怖主义的威胁与影响。与东南亚其他国家不同,

---

① 巴伦·纳伊姆,2010 年因非法持有大量炸药,曾被印尼警方逮捕,但并未被以恐怖分子的罪名起诉,而是以违反"枪支弹药条例"的罪名,被法院判处 2 年监禁。出狱后,纳伊姆加入了"伊斯兰国",目前藏匿在叙利亚境内。
② 指 2015 年 11 月的巴黎恐怖袭击事件。
③ "How well-organized is ISIS in Southeast Asia," January 14, 2016, PBS Newshour. (http://www.pbs.org/newshour/bb/how-well-organized-is-isis-in-southeast-asia/).

泰国南部的冲突并不带有明显的宗教性质，而是受到了激进思想、社会经济等问题的驱动而产生的分裂行为或独立运动。2015年8月17日，泰国曼谷市著名旅游区四面佛附近发生爆炸，造成20余人遇难。尽管9月28日泰国警察总署宣布曼谷爆炸案告破，称犯罪分子来自人口走私集团，爆炸案也是对泰政府打击人口走私后实施的报复行为，①但在"伊斯兰国"向全球穆斯林发起"圣战"号召的背景下，泰国南部暴力冲突的突发还是增强了民众对暴力恐怖活动的恐惧与担忧。②

在新加坡，2016年1月20日安全部门依照国内安全法案（the Internal Security Act，ISA）逮捕了27名孟加拉籍的疑似圣战恐怖分子。据调查，该团体从2013年起，便不断集会并支持宣扬武装圣战的恐怖组织，如"基地组织"或"伊斯兰国"等；尽管它们并未试图在新加坡发动恐怖袭击，但其存在却对新加坡国内的安全形成了严重威胁。此外，警方还在被捕人员的住处发现了诸多激进的、与极端主义相关的材料，如书籍、视频等，其中包含恐怖分子在训练营接受训练的场景。③目前，这27人中的26人已经被遣返回孟加拉国，1人因在被遣返前试图通过非法方式逃离新加坡而被判处了相关的刑罚，其将在接受相关刑罚之后被遣返。需要注意的是，这是新加坡国内首次发现外籍极端主义人员，同时也证明了即便是包容性较强的新加坡，也已经受到了国际恐怖主义扩张的影响。

在马来西亚，2015年4月警方破获了一起试图在吉隆坡制造恐

---

① "泰国警方宣布曼谷爆炸案告破 嫌犯来自偷渡集团"，2015年9月28日，网易新闻（http：//news.163.com/15/0928/15/B4K2PQ910001121M.html？baike）。

② Nyshka Chandran, "The Terror Groups on Southeast Asia's Doorstep," November 19, 2015, CNBC. (http：//www.cnbc.com/2015/11/19/paris-attacks-malaysian-killing-puts-focus-on-southeast-asian-terror-groups.html).

③ "27 Radicalised Bangladdeshis Arrested in Singapore under Internal Security Act: MHA," January 20, 2016, The Straits Times. (http：//www.straitstimes.com/singapore/courts-crime/27-radicalised-bangladeshis-arrested-in-singapore-under-internal-security-act).

怖袭击的案件，逮捕了与恐怖组织相关的 12 名嫌疑人，并且查获了 20 公斤的硝铵、20 公斤硝酸钾、2 公升煤油、2 个控制器、电池等制造爆炸物的物品。过去两年，马来西亚官方已经拘留了超过 150 名与"伊斯兰国"有关的疑似恐怖分子，其中部分人员涉嫌在吉隆坡策划实施恐怖行动。① 此外，"伊斯兰国"还曾经通过社交媒体分享过一个视频，视频中两名马来西亚青年正在接受武器训练，且二人都承认他们都已在叙利亚实施过单独的斩首行动。经过马来西亚反恐警察的甄别，确认了二人的身份：一名是 20 岁的穆德·法里斯·安努亚（Mohd Faris Anuar），一名是 25 岁的穆罕默德·杰蒂（Muhamad Jedi）。这个视频不仅表明了暴力极端主义在马来西亚的渗透，也证明了马来西亚国内也受到了"伊斯兰国"扩张的影响。

在菲律宾，2015 年 5 月，臭名昭著的"阿布沙耶夫"组织在南部的苏禄省杀害了马来西亚沙巴州的一名工程师，原因是收到的赎金比之前宣称的少。② 2013 年 7—8 月，菲律宾的黑色旗帜运动（Black Flag Movement，又称 the Khalifa Islamiah Mindanao）在南部先后制造了多起汽车爆炸案，造成多人伤亡。同时，该组织已经宣布支持并效忠"伊斯兰国"。2017 年 5—10 月，以"穆特组织"和"阿布沙耶夫"组织为首的恐怖势力占据了菲律宾南部省份南拉瑙省首府马拉维市，与政府军展开了长达五个月的武装对抗，造成了严重的人员伤亡和生命财产损失。此事件不仅是近年来东南亚规模最大、影响最为恶劣的恐怖事件，同时也标志着在"伊斯兰国"影

---

① Tom Batchelor, "Terror in Southeast Asia: How Sick ISIS Ideology is a Growing Threat to British Tourists," January 14, 2016, Home of the Daily and Sunday Express. (http://www.express.co.uk/news/world/634672/Islamic – State – southeast – Asia – emerging – terror – Thailand – Philippines – Indonesia).

② Nyshka Chandran, "The Terror Groups on Southeast Asia's Doorstep," November 19, 2015, CNBC. (http://www.cnbc.com/2015/11/19/paris – attacks – malaysian – killing – puts – focus – on – southeast – asian – terror – groups.html).

响下东南亚恐怖主义的升级。

而在缅甸，一个名为"罗新亚"的穆斯林社区也遭受到了恐怖主义袭击的威胁与影响。据悉，"伊斯兰国"正在为这个社区的穆斯林提供训练机会，以在此制造恐怖袭击，很多民众正在试图逃离这个区域。由此可见：当前，东南亚各国普遍受到了国际恐怖主义扩张的威胁与影响，新一轮恐怖组织的复兴或恐怖威胁的增强正在出现或发生。

二 各国反应与研究现状

通过上文对东南亚各国恐怖活动现状的分析可知，随着"伊斯兰国"在中东的做大做强，东南亚的恐怖主义活动呈现出了新的特征：首先，恐怖活动再次进入多发期，"伊斯兰国"与东南亚本土恐怖组织之间的呼应逐渐增多，彼此互为影响、互为支持；其次，近期东南亚恐怖活动呈现出微型化、团伙化的特征，各国发生恐怖活动多以此类为主；再次，"伊斯兰国"的影响与渗透与东南亚的区域化、本土化恐怖主义基础密切相关，是东南亚恐怖主义复兴的催化剂或动力。基于东南亚新一轮恐怖主义的盛行，面对日益恶化的安全威胁与挑战，东南亚各国普遍表达了深切的担忧。

毫无疑问，发生在东南亚的未遂或既遂恐怖袭击事件，加剧了本地区安全形势的恶化，同时也对东南亚政府的反恐认知敲响了警钟。2015年4月，新加坡一名19岁青年准备加入"伊斯兰国"，曾策划以"独狼式（指单独进行）"手段在新加坡发动袭击，甚至刺杀总理李显龙和总统陈庆炎，但事前暴露被捕。[①] 之后，新加坡总理李显龙表达了对东南亚安全局势的担忧：东南亚已经成为"伊

---

① "19 - year - old Detained for Planning to Join ISIS had Planned to Kill President and PM Lee," May 29, 2015, The Straits Times. (http：//www.straitstimes.com/singapore/19 - year - old - detained - for - planning - to - join - isis - had - planned - to - kill - president - and - pm - lee).

斯兰国"招募成员的重要地区，逾500名印尼人及数十名马来西亚人已加入"伊斯兰国"①。2015年8月，菲律宾总理古纳拉特纳在一次采访中也承认，"伊斯兰国"在东南亚的势力被远远低估了：目前，东南亚的"伊斯兰国"势力增长迅速，已经有至少22个团体宣誓效忠巴格达迪或表示支持"伊斯兰国"在东南亚的行动。正如兰德公司学者乔纳·布兰克（Jonah Blank）对东南亚恐怖组织的评论：2011年以后，东南亚最大的恐怖组织"伊斯兰祈祷团"逐渐归于沉寂，而现在"伊斯兰国"正在试图接管"伊斯兰祈祷团"在东南亚的恐怖网络。②

尽管东南亚反恐形势再度出现恶化的趋势，且各国政府也表达了深切的担忧，但学术界对"伊斯兰国"兴起后东南亚恐怖主义的研究还略显不足。目前，国内关于"伊斯兰国"在东南亚活动的学术研究并不多，③ 更多的仍集中于新闻报道、时事评论等，或零星地散落于对"伊斯兰国"组织的综合研究之中，④ 关于"伊斯兰国"在东南亚的研究，系统化与关注度等并不高。相对于国内，近期国外对东南亚恐怖主义发展的研究较多，但仍主要集中于"伊斯

---

① Prashanth Parameswaran, "Singapore Warns of Islamic State Base in Southeast Asia," May 30, 2015, The Diplomat. (http：//thediplomat.com/2015/05/singapore-warns-of-islamic-state-base-in-southeast-asia/).

② Nyshka Chandran, "Southeast Asia at Risk as ISIS Sets its Sights Globally," January 14, 2016, CNBC. (http：//www.cnbc.com/2016/01/14/jakarta-attacks-highlight-danger-posed-to-southeast-asia-by-isis.html).

③ 国内关于此问题的相关研究，可参见：王文俊：《试析伊斯兰国对东南亚地区的影响、原因及对策》，《云南社会科学》2016年第1期；杨凯：《伊斯兰国与基地组织在东南亚、南亚的扩张比较》，《东南亚研讨》2015年第5期；李伟：《南亚和东南亚：恐怖局势或再度同步恶化》，《世界知识》2014年第22期。

④ 张金平：《伊斯兰国武装活动特点及其走向》，《国际论坛》2015年第2期；王晋：《伊斯兰国与恐怖主义的变形》，《外交评论》2015年第2期；朱泉钢：《伊斯兰国组织的全球野心及其对中国的影响》，《国际关系研究》2015年第6期；周鑫宇、石江：《伊斯兰国最新发展趋势探析》，《现代国际关系》2015年第5期。

兰国"与东南亚恐怖活动的关系①、"伊斯兰国"对单个国家的影响及其反恐应对②、东南亚伊斯兰激进主义的新发展③等诸多问题上。尽管有些学者也对东南亚恐怖主义未来的发展前景作出了一定判断，但仍缺少对东南亚恐怖势力与"伊斯兰国"为代表的国际恐怖主义之间关系较为翔实的研究。基于此，本书即在对东南亚恐怖活动进行归纳阐述的基础之上，试图厘清"伊斯兰国"（国际恐怖主义的代表）与东南亚（区域化、本土化恐怖主义）之间相互渗透与影响的关系，进而分析东南亚恐怖主义未来可能呈现的发展趋势与特征。

第二节 "伊斯兰国"在东南亚的渗透与影响

2014 年是有记录以来，世界恐怖主义活动最为猖狂、造成伤亡最为惨重的一年。④ 2015 年国际社会也发生了很多重大的恐怖事件，如巴黎恐怖袭击案等；但总体来看，世界恐怖主义形势相对 2014 年稍有缓和。尽管如此，这并不代表恐怖主义威胁程度的降低。相反，随着恐怖主义发展的国际化趋势逐渐增强，尽管 2015 年美国、俄罗斯、法国等国相继加入了国际反恐阵营，但另一方面也促使"伊斯兰国"的势力开始向地区外扩散，回流的"圣战"

---

① Ahmed S. Hashim, "The Impact of the Islamic State in Asia," S. Rajaratnam School of Internayional Studies, Nanyang Technological University, *Policy Report*, February 2015; Peter Chalk, "Black Flag Rising: ISIL in Southeast Asia and Australia," *Australia Strategy Policy Institute (ASPI)*, December 2015.

② Gwenael Njoto‐Feillard, "Responses to the Challenge of ISIS in Indonesia," *Researchers at Singapore Institute of Southeast Studied*, October 2014; IPAC Report, "The Evolution of ISIS in Indonesia", No. 13, September 2014.

③ Cherian George, "Islamic Radicalisation: Qyestioning the Security Lens," *Media Asia*, Vol. 42, 2015; Acharya, Arabinda, Alex Rued and Mengjia Wan, "Political Violence and Terrorism in Southeast Asia: An Interview with Arabinda Acharya," *Journal of Asian Affairs*, Spring/Summer 2015.

④ 张家栋：《2015 年世界恐怖主义与反恐形势》，《中国党政干部论坛》2016 年第 2 期。

分子等反而加快了恐怖主义的国际化进程。因此，下文将首先以恐怖主义的发展方向为视角，梳理当前恐怖主义发展过程中国际化、区域化和本土化的特征；其次，分析"伊斯兰国"选择东南亚作为影响、渗透目标的先天条件；最后，以恐怖主义的国际化、区域化、本土化为视角，对"伊斯兰国"在东南亚渗透、影响的体现进行评述。

一 恐怖主义的国际化、区域化、本土化及其关系

随着区域化、本土化恐怖组织的不断出现，经过较长时间的发酵，当前恐怖主义的发展已经越来越多地显现出了国际化的趋势；而且，在认识恐怖主义发展的进程时，需要更多地将三者结合起来，任何单一的、片面的理解都可能造成对恐怖主义的错误认知，从而影响反恐政策的制定与效果。目前，关于恐怖主义理论的研究，主要集中于恐怖主义的概念、类型、产生原因[①]等方面，而关于恐怖主义发展方向上的国际化、区域化、本土化的研究较少且未成系统。而厘清地区性恐怖主义与国际恐怖主义之间的联系，又需要恐怖主义国际化、区域化、本土化及其相互关系的理论视角。在此背景下，对恐怖主义的国际化、区域化和本土化进行相对清晰的概念界定，无疑是十分必要的。

笔者借鉴陈衍德关于东南亚民族问题的分析思路，试图对恐怖主义的国际化、区域化、本土化概念进行初步的界定，以为后文对

---

① 部分相关研究参见 BL Lindauer, "Rational Choice, Grounded Theory, and Their Applicability to Terrorism," *The Heinz Journal*, Vol. 9, No. 2, 2012; Omar Lizardo, "Defining and Theorizing Terrorism: A Global Actor – Centred Approach," *Journal of World – Systems Research*, Vol. XIV, No. 2, 2015; Charles Tilly, "Terror, Terrorism, Terrorists," *Sociological Theory*, Vol. 22, No. 1, 2014; Ishrat Abbasi and Mukesh Kumar Khatwani, "An Overview of the Political Theories of Terrorism," *IOSR Journal Of Humanities And Social Science*, Vol. 19, No. 8, 2014; 张家栋：《恐怖主义的概念分析》，《世界经济与政治》2003 年第 3 期；李少军：《论恐怖主义》，《世界经济与政治》1996 年第 7 期；黄海涛：《关于恐怖主义界定问题的分析》，《世界经济与政治论坛》2007 年第 2 期。

"伊斯兰国"在东南亚的渗透与影响提供基本的分析视角。关于东南亚的民族问题，厦门大学陈衍德教授对此理解颇深，他认为：第一，东南亚的民族主义可以分为外来的民族主义、国家层次上的民族主义和部族的民族主义三种，而且从两两之间的关系入手，可以分为四种不同的作用和影响模式；① 第二，受民族文化的历史进程和民族间互动的社会环境影响，东南亚的民族问题开始从国际化向全球化转型，即超越国家范围的民族问题，在全球化时代到来之前，一般被定义为民族问题的国际化，而全球化是国际化的最终结果；② 第三；当代东南亚穆斯林具有双重的性格，印尼穆斯林因其世俗性与宗教性共生的文化，形成了聚合型和离散型并存的民族主义，而马来西亚穆斯林则表现出的是独尊本族与兼容他族的双重性格。③

基于此，借鉴其分析问题的思路与逻辑，笔者认为以恐怖主义的发展方向为视角，恐怖主义的发展具有以下三个显著特征：国际化、区域化、本土化。恐怖主义的国际化侧重于恐怖分子的国际流动、外来（指除该恐怖组织所在地区的其他地区）恐怖分子与具有国际影响力的恐怖组织（如"基地组织""伊斯兰国"）之间的相互渗透与支持，是全球层次上的恐怖势力或恐怖分子之间的流动；恐怖主义的区域化侧重于某地区恐怖势力之间的整合与具有区域影响力的恐怖组织（如"伊斯兰祈祷团""博科圣地"等）在跨国区域内的活动，是超越一国范围的、但又难以形成全球影响的地区性恐怖势力或恐怖组织之间的整合与活动；恐怖主义的本土化主要指

---

① 陈衍德：《东南亚的民族文化与民族主义》，《东南亚研究》2004年第4期；陈衍德：《再论东南亚的民族文化与民族主义》，《东南亚研究》2004年第5期。
② 陈衍德：《从国际化到全球化：东南亚民族问题的时代转型》，《东南亚研究》2006年第1期；陈衍德：《全球化、现代化与东南亚少数民族的边缘化》，《南洋问题研究》2006年第1期。
③ 陈衍德：《试论东南亚的穆斯林文化与伊斯兰民族主义》，《当代亚太》2006年第9期。

受国际恐怖主义思潮与先进的通信、网络的影响,在本国社会、经济、政治等因素的综合作用下,成长于"本土"的、带有恐怖主义倾向或分裂主义倾向的极端化、激进化活动或势力(如"阿布沙耶夫"组织等),是一国范围之内的恐怖活动或恐怖思潮,但其存在并非是孤立的,往往与其他恐怖主义势力之间有千丝万缕的联系。

此外,恐怖主义的国际化、区域化、本土化之间的发展并非是孤立存在的,三者之间关系十分复杂,既相互联系又相互影响。简单来说,一方面,恐怖主义的区域化、本土化是国际化的基础,而恐怖主义的国际化发展反过来又会促进趋于沉寂的区域化、本土化恐怖势力的复兴与活跃;另一方面,区域化、本土化恐怖势力的议题与局限性一定程度上又将限制恐怖主义的国际化发展,因为并不是每个区域或国家都具备建立"哈里发国"条件。因此,在应对三者带来的影响时,并不能以国际化、区域化、本土化的范围来界定反恐的责任与义务,因为就某一特定的恐怖组织而言,恐怖活动与反恐责任往往并非一一对应的,需要具体问题具体分析。例如,"博科圣地"位于尼日利亚,从其活动范围上看,其属于区域性(中非地区)的恐怖组织,但其影响已经远远超越了区域的范围。根据全球恐怖主义 2014 年度的报告,2013 年全球造成伤亡最严重的 20 起恐怖事件中,"博科圣地"组织实施了 3 起,伤亡人数与残暴程度都列全球恐怖组织前列。[①] 因此,打击"博科圣地"并不能单纯依靠尼日利亚政府的力量,而应号召全球力量共同应对,如此才能有效打击其嚣张气焰。然而,现实情况并非如此。目前,以美国为首的反恐联盟只关注威胁其利益或对其造成直接影响的恐怖势力"伊斯兰国"和"基地组织",而对"博科圣地"则并未给予过多关注、帮助与支持,这与西方世界在反恐问题上的双重标准密切相关,也是造成全球反恐领域"越反越恐"不利形势的重要缘由之

---

① "Global Terrorism Index 2014: Measuring and Understanding the Impact of Terrorism," Institute For Economics & Peace, pp. 10 – 11.

一。因此，在分析东南亚的恐怖形势时，需要摒弃区域性偏见与利益性偏见，将国际视角与地区视角相结合，才能得出更加全面、正确的认知，为各国政府反恐政策的制定提供有益参考。

二 "伊斯兰国"在东南亚进行渗透与影响的先天条件

自 2015 年上半年以来，尽管"伊斯兰国"遭受到了以美国为首的国际联军的空袭，但仍以较快的速度不断发展壮大着："伊斯兰国"不仅在伊拉克、叙利亚等中东国家进行扩张，还加紧在北非、中亚、南亚、东南亚等地区建立分支或结交同盟。随着该组织在国际联合打击下溃散，上述进程并未停止。因为在意识形态上，"伊斯兰国"主张并已宣布建立了一个"哈里发国"，即伊斯兰帝国，它打着振兴伊斯兰世界的旗号，具有较大的迷惑性。此外，"伊斯兰国"以瓦哈比主义或萨拉菲主义为渗透载体，对于逊尼派穆斯林有着异乎寻常的号召力。[①] 作为伊斯兰世界的重要组成部分，东南亚成为"伊斯兰国"渗透与影响的目标，有着得天独厚的优势。

首先，东南亚是伊斯兰教流传的重要区域之一，穆斯林人数众多，且较为集中。总体而言，东南亚的穆斯林相对集中：印尼、马来西亚、文莱人口的多数，菲律宾、泰国、新加坡、缅甸人口的少数（但占到了一定比例）都是穆斯林，其他国家（柬埔寨、老挝、越南）的穆斯林人口较少。就单个国家来看：印尼穆斯林总数超过 2 亿，是世界上穆斯林人口最多的国家，占到了印尼总人口的近 90%；马来西亚穆斯林总人数尽管不如印尼，但仍占到了总人口的 60% 以上；菲律宾、泰国等国南部也有大量的穆斯林存在，占到了各国人口的 10% 左右。[②] 而且东南亚的穆斯林多数都为逊尼派且较为集中，这为"伊斯兰国"进行宣传、渗透、招募等提供了优越的

[①] 拱振喜：《伊斯兰国的政治主张和意识形态》，《南方杂志》2015 年第 15 期。
[②] 统计数据来源"穆斯林人口网"，参见 http://www.muslimpopulation.com/asia/。

先天条件。尽管有些学者指出:由于独特的地理环境和本土文化,印尼的伊斯兰教呈现出的是一种十分独特的面相,称之为"群岛伊斯兰"或"印尼式的伊斯兰教",并不会成为"伊斯兰国"的"第二战场"①。虽然印尼是一个温和、宽容和多元的伊斯兰国家,但其数量庞大的穆斯林群体无疑是一种客观存在。从这个角度看,"伊斯兰国"对东南亚进行渗透与影响是十分便利的。此外,"伊斯兰国"的萨拉菲主义主张也对东南亚恐怖主义有着极强的吸引力。圣战派萨拉菲主义是"伊斯兰国"最显著的标签之一,主张通过"圣战"方式建立以伊斯兰教法为基础的伊斯兰政权。在理念上,圣战派萨拉菲主义主张发动"圣战"打击那些没有按照真主的意志进行统治的异端统治体制,恢复伊斯兰的纯洁性。②"伊斯兰国"的这些主张或理念与东南亚本土恐怖组织的主张十分相似,而且在叙事结构上更为完整与系统,再加上东南亚的恐怖组织本身是受到了伊斯兰极端主义思想的影响而不断发展起来的。因此,东南亚成为"伊斯兰国"扩张选择的目的地之一就显得十分合理。

其次,东南亚本身具有浓厚的恐怖主义基础,区域化、本土化的恐怖活动一度十分猖獗。自2002年巴厘岛恐怖袭击案至今,东南亚出现了一大批恐怖主义组织,如印尼的"伊斯兰祈祷团"和"自由亚齐运动"、菲律宾"阿布沙耶夫"组织和"摩洛自由战士"、马来西亚的"马来西亚圣战组织"、柬埔寨的"柬埔寨自由战士"、泰国的"北大年联合解放阵线"等。大量恐怖组织的存在一度对东南亚的安全局势形成了严重困扰,威胁着各国国内安全与地区安全。据统计,2001—2009年东南亚恐怖主义活动造成的死亡人数呈现出波浪式上升趋势,2005—2009年致伤人数均在1100

---

① 周少青,"IS在印尼开辟第二战场",2016年1月19日,中国民族宗教网(http://www.mzb.com.cn/html/report/1604220242-1.htm)。
② 李捷、杨恕:《伊斯兰国的意识形态:叙事结构及其影响》,《世界经济与政治》2015年第12期。

人以上。① 此后，东南亚各国普遍加大了打击恐怖主义的强度，制定了更多的反恐政策与措施，一定程度上限制与打压了恐怖组织的活动空间，维护了区域与本国的安全与稳定。然而，随着"伊斯兰国"在全球范围内的崛起，东南亚原有的恐怖主义基础无疑成为"伊斯兰国"进行渗透、影响的"沃土"，一旦时机成熟，此前沉寂的恐怖组织非常有可能在"伊斯兰国"的鼓励与支持下得到再度发展。

再次，东南亚社交媒体的普及率不断提升，为极端思想的宣传与传播创造了空间。据估计，2016 年印尼、马来西亚、新加坡、泰国、越南等国的社交媒体（主要指 Facebook 和 Twitter）使用人数总和将超过美国。② 毫无疑问，社交媒体的开放性③将为"伊斯兰国"在东南亚的渗透提供便利，也将为"伊斯兰国"与东南亚本土恐怖组织之间的交流提供空间与机会。这是东南亚得天独厚的舆论宣传优势，也是很多其他地区所不具备的。

基于此，"伊斯兰国"自成立之初便持续不断地对东南亚进行着渗透与影响，尤其是对东南亚穆斯林相对聚集的国家或地区。这种渗透与影响的形成，与恐怖主义国际化、区域化、本土化三者之间的联动发展密切相关。具体来说，笔者认为：首先，世界进入全球化时代后，恐怖主义国际化将成为恐怖主义发展的显著特征，单纯的本土化、区域化恐怖主义的存在与影响都十分有限，恐怖主义将更多地呈现出国际化、区域化、本土化共同发展的新特征；④ 其

---

① 贺磊、孙倩：《东南亚恐怖主义存在和发展的原因探析》，《社会科学》2011 年第 5 期。

② Steve Mollman, "Southeast Asia is about to pass the US in Facebook and Twitter users," November 26, 2015. (http://qz.com/560326/southeast-asia-is-about-to-pass-the-us-in-facebook-and-twitter-users/).

③ 东南亚的社交媒体在"伊斯兰国"宣传、招募中的作用，参见：Fergus Hanson, "Countering ISIS in Southeast Asia: The Case for an ICT Offensive," February 2015, Perth USAsia Centre Strategic Insight Series. (http://perthusasia.edu.au/usac/assets/media/docs/publications/FINAL_F_Hanson_ISIS_ICT.pdf).

④ 王伟华：《恐怖主义国际化及其对地区安全的影响》，《理论界》2014 年第 6 期。

次，三者中任何一方的强大或崛起都可能成为其他两者复兴与发展的催化剂或动力；再次，本土化、区域化的恐怖主义基础是恐怖主义国际化发展的重要方面与组成部分，三者相互支持、互为支撑、共同发展。

三 "伊斯兰国"对东南亚渗透与影响的体现

结合东南亚恐怖活动的既有实践，"伊斯兰国"在东南亚的渗透与影响主要体现在以下三个方面：第一，东南亚是"伊斯兰国"成员招募、中转与回流的重要基地——恐怖主义（"伊斯兰国"）国际化对东南亚地区安全影响的体现；第二，东南亚恐怖活动的暴恐对象与手法逐渐向"伊斯兰国"靠拢，同时微型化、团伙化的暴恐特征显著——恐怖主义国际化、区域化、本土化三者联动、相互影响的体现；第三，东南亚本土恐怖组织出现了新一轮的复兴，新生的恐怖组织不断增多——本土化、区域化恐怖组织受恐怖主义国际化迅猛发展的催化体现，也是三者相互支持、互为支撑、共同发展的证明。

1. 招募、中转与回流——恐怖主义国际化对东南亚地区安全的影响

东南亚已经成为"伊斯兰国"在全球招募圣战分子的重要地区之一。早在2014年9月，东南亚就出现了一个地下的极端分子网络"努桑塔拉"（Katibah Nusantara，又称 Malay Archipelago Combat Unity）。据反恐专家推测，这一网络形成的初衷是为在叙利亚和伊拉克的"伊斯兰国"招募与输送外国恐怖主义战斗人员。[1] 在过去的几年间，"伊斯兰国"在全球的招募人数增加了两倍，达到了3

---

[1] Rsis, "Luring Southeast Asian Fighters To Islamic State: The Case Of Former GAM Fighters – Analysis," July 25, 2015, Eurasia Review. (http://www.eurasiareview.com/25072015-luring-southeast-asian-fighters-to-islamic-state-the-case-of-former-gam-fighters-analysis/).

万人之多,这一数字已经超过了"基地组织"在阿富汗战争之后的招募人数。其中印尼至少有 500 人已经加入了叙利亚、伊拉克的战斗之中。"伊斯兰国"的招募策略十分清晰,它鼓励整个家庭追求神圣的伊斯兰文化,这与"基地组织"的招募有着本质的区别。①此外,东南亚还有很多人是通过"伊斯兰国"的社交媒体宣传或其他途径的宣传而加入"伊斯兰国"的。如马来西亚就有超过 200 人是通过"伊斯兰国"社交媒体的宣传或本土穆斯林领袖的呼吁而加入的。②据统计,"伊斯兰国"在东南亚的招募主要集中于印尼和马来西亚,印尼已经加入"伊斯兰国"的人数约 500—700 人,马来西亚大约有 200 人,其中还有约 120 人在前往"伊斯兰国"前就被捕了。③

印尼、马来西亚不仅是"伊斯兰国"在东南亚招募的主要国家,还是其他国家公民前往中东"效忠""伊斯兰国"的重要中转地。例如,来自中国的一些恐怖主义嫌疑人就经过东南亚国家(缅甸、泰国等),辗转到达印尼、马来西亚,再伺机前往中东,抑或在印尼、马来西亚实施暴恐袭击。究其原因,印尼的反恐专家托德·艾略特(Todd Elliott)认为,"一些中国籍恐怖主义嫌疑人将印尼视为比土耳其、叙利亚更易进入的地区,因此,他们会千方百计地通过各种走私渠道或当地的人员输送网络前往这些地区,以伺机前往中东"。④然而,随着"伊斯兰国"威胁的增加,东南亚国家也逐渐加强了对人口走私的打击,这导致了很多试图前往中东的

---

① Eliza King, "If Not Now, When: The ISIS Threat in Southeast Asia," October 30, 2015, International Policy Digest. (http://intpolicydigest.org/2015/10/30/if-not-now-when-the-isis-threat-in-southeast-asia/).

② Ibid..

③ Scott Edwards, "Is ISIS' presence in South-East Asia overstated," January 15, 2016, CNN. (http://edition.cnn.com/2016/01/15/asia/indonesia-isis-south-east-asia/index.html).

④ Randy Fabi and Agustinus Beo Da Costa, "Indonesia Turns to China as Ethnic Uyghurs Join would-be Jihadis," January 6, 2016, Asia Times. (http://atimes.com/2016/01/indonesia-turns-to-china-as-ethnic-uyghurs-join-would-be-jihadis/).

第四章 "伊斯兰国"与东南亚恐怖主义的发展趋势 ◆ ◆ ◆

人员长期滞留在东南亚,有些成员甚至开始在当地制造恐怖威胁。如 2015 年 12 月 24 日,印尼警方破获了一起针对政府部门的自杀式爆炸案,其嫌犯就是外国籍恐怖分子阿力。① 美国堪萨斯州的国外军事研究办公室(The Army's Foreign Military Studies Office)的一份研究报告也显示:印尼已经成为招募国内人员和外国"圣战"分子前往叙利亚的双重根源地。

此外,"伊斯兰国"中的东南亚籍恐怖分子已经开始向母国回流。很多在中东参加过"伊斯兰国"训练、战斗的人员选择重回母国,以期完成"伊斯兰国"建立全球性"伊斯兰帝国"的目标。据美国的苏凡组织(Soufan Group)统计,约 500—700 印尼人通过旅游等方式加入了"伊斯兰国",且有相当数量的人员已经返回。② 这些回流的恐怖分子数量并不庞大,且他们不是大批次返回的,而是以个体的形式返回,尽管他们力量有限,但其头脑中的极端思想足以促使他们在回国后制造恐怖袭击。③ 正如皮特·查尔克(Peter Chalk)所言,"数据显示,21 世纪以来,很小一部分的激进武装人员就能造成巨大的破坏力"。④ 这些回流的恐怖分子一方面既能吸引更多的狂热穆斯林加入"伊斯兰国",是"伊斯兰国"在东南亚扩大招募的重要资源;另一方面,他们还能在母国制造恐怖袭击,而且这种情况在东南亚是有先例的。20 世纪 80 年代,东南亚

---

① Yenni Kwok, "Is There a Uighur Terrorist Buildup Taking Place in Southeast Asia," December 28, 2015. (http://time.com/4161906/uighur - terrorism - indonesia - thailand - islam - isis/).

② "ISIL Bombers and Gunmen Kill Two in Jakarta," January 14, 2016, The National. (http://www.thenational.ae/world/southeast - asia/isil - bombers - and - gunmen - kill - two - in - jakarta).

③ John McBeth, "Jakarta Attack Raises Questions about Nature of ISIL Threat," January 15, 2016, The National. (http://www.thenational.ae/world/southeast - asia/jakarta - attack - raises - questions - about - nature - of - isil - threat).

④ "The Terrifying Rises of ISIS in East: Terror Horde Recruits tens of thousands to its Sick Cause in South - East Asia," August 13, 2015, Mail Online. (http://www.dailymail.co.uk/news/article - 3193971/The - terrifying - rise - ISIS - East - Terror - horde - recruits - tens - thousands - sick - cause - south - east - Asia.html).

很多年轻的穆斯林前往巴基斯坦，以支持阿富汗所谓的对抗苏联的"圣战"；很多年之后，这些被招募的人，在接受了"基地组织"的暴力意识形态后，又重新回到东南亚，并建立了自己的恐怖组织，如"伊斯兰祈祷团"等。①

由此可见，"伊斯兰国"的影响已经远远超出了中东之界，其影响已经超出区域，外溢至全球。东南亚籍恐怖主义战斗人员积极前往中东，参与叙利亚、伊拉克的恐怖活动，其影响也已经超出了东南亚区域化或本土化的恐怖主义范畴，转而成为恐怖主义国际化发展的重要组成部分。因此，对当前东南亚恐怖主义活动的分析与关注需要超越区域化、本土化的视角，将其放在恐怖主义国际化、区域化、本土化三者联动的视角下，才能更加全面地理解东南亚严峻的安全形势。

2. 暴恐对象、手法的变化及微型化、团伙化的特征——恐怖主义国际化、区域化、本土化的相互影响

在暴恐对象上，东南亚的恐怖活动由之前对旅游景区、酒店、广场等人员聚集区实施暴恐行动逐渐转向对政府部门（尤其是警察系统）、西方文化的代表等实施暴恐行动。2010年之前，东南亚发生的几起重大暴恐事件，主要由本土恐怖组织"伊斯兰祈祷团"策划实施的，目标针对的多为人流聚集区的旅游景区、酒店等，尽管这类袭击也包含对西方世界的不满，但更多的仍是宣泄对本国政府政策的不满。2010年之后，随着"伊斯兰国"的兴起，东南亚的恐怖袭击对象逐渐转向了政府系统以及西方文明的代表。如2016年1月，雅加达市中心的爆炸、枪击案中，两处爆炸地点分别是商场附近的一处警察亭和一家星巴克咖啡店（见表4.1）。对警察亭实施袭击表明，恐怖组织意在对近些年政府严厉打击恐怖主义实施

---

① Joseph Chinyong Liow, "ISIS Goes to Asia: Extremism in the Middle East Isn't Only Spreading West," September 19, 2014, Foreign Affairs. (https://www.foreignaffairs.com/articles/east–asia/2014–09–19/isis–goes–asia)

报复；对星巴克咖啡店实施袭击一是表达东南亚恐怖组织对"伊斯兰国"被空袭的声援，二是为了达到分散国际反恐联盟注意力的目的。因此，正如亚当·芬东（Adam Fenton）等的分析：过去五年，印尼的恐怖组织在袭击对象上由对大使馆、酒店、旅游景点的袭击逐渐转变为对警察系统的袭击，主要原因可能是对印尼政府反恐政策的回击与复仇，[①] 而且对西方文化代表的袭击也从侧面证明了东南亚区域化、本土化的恐怖组织与国际化恐怖组织"伊斯兰国"之间关联的密切性。

表4.1　　　　印尼重大恐怖活动一览表（2002—2016）

时间		地点	伤亡人数	袭击目标
2002年10月		巴厘岛	202人死亡	两家夜间俱乐部
2005年	5月	苏拉威西省	22人死亡	丁直那镇闹市
	10月	巴厘岛	20人死亡	3个旅游广场
2009年7月		雅加达	7人死亡，40人受伤	丽思·卡尔顿酒店与万豪酒店
2016年1月		雅加达	7人死亡，19人受伤	警察亭、星巴克咖啡馆

来源：作者自制。

此外，受"伊斯兰国"的影响，东南亚的恐怖袭击手法也出现了新的变化，恐怖袭击活动也逐渐呈现出了微型化、团伙化的特征。2015年11月13日，法国巴黎发生恐怖袭击事件，造成至少132人死亡，其中巴塔克兰音乐厅至少120人死亡，为本次袭击伤亡最惨重的地点。次日，"伊斯兰国"宣布对此次袭击事件负责，并叫嚣"伦敦将是下一个目标，罗马与华盛顿也在劫难逃"。与此相似，2016年1月14日发生在雅加达的恐怖事件，事件的袭击手

[①] Adam Fenton, Hery Firmansyah and David Price, "Terror Tactics: Shootings of Indonesian Police and the Definition of Terror," 2014, *International Indonesia Forum*, Working Paper Series 7.

法"异曲同工"：首先，恐怖分子会在人群聚集区制造恐慌；然后，在人流集中的出口处对人群进行扫射，造成大面积的人员伤亡，手法十分凶残。尽管手法凶残，但通过对近年来印尼恐怖活动伤亡人数的分析，可以发现：恐怖活动正在逐渐向微型化方向发展，且团伙性作案特征较为显著。近期，东南亚各国破获或已经发生的恐怖活动等都证明了微型化、团伙化趋势的存在。① 手法上的转变，一方面能缓解"伊斯兰国"在中东面临的压力，达到分化、分散国际反恐联盟注意力的目的；另一方面还具有易于招募、组织、操作、实施且不易被发现、防范等优点。

由此可见，在恐怖主义国际化发展的影响之下，东南亚的区域化、本土化恐怖活动出现了与国际恐怖主义势力"合流"的趋势。几次恐怖事件在暴恐手法与对象上的接近并非偶然，而是恐怖主义国际化、区域化、本土化三者相互影响、形成联动的重要体现。而且，雅加达恐怖事件发生的时间节点也具有重要意义，一方面此次事件转移了国际社会对中东的注意力，缓解了"伊斯兰国"面临的巨大压力；另一方面在声势、宣传等方面的联动影响，也为"伊斯兰国"在东南亚的进一步渗透与影响奠定了基础。因此，未来东南亚各国在应对恐怖主义复兴的挑战与威胁时，需要在恐怖主义国际化、区域化、本土化三者相互影响的框架内，结合东南亚地区的实际，如此才能更加准确地把握东南亚恐怖主义发展的趋势，制定出更加有效的措施。

3. 东南亚恐怖组织的复兴与发展——恐怖主义本土化、区域化、国际化的共同发展

在各国严厉的打击政策之下，东南亚最大的恐怖组织"伊斯兰祈祷团"一度陷于沉寂，2009年后一直处于休眠状态。2008年，"伊斯兰祈祷团"的分支JAT（Jemaah Anshorut Tauhid）出现，

---

① 文章第一部分对近期东南亚各国发生的恐怖袭击事件进行了阐述，从其手法与规模上可以明显发现其微型化、团伙化的特征。故此处不再详述。

第四章 "伊斯兰国"与东南亚恐怖主义的发展趋势

2014年JAT又分裂为JAS（Jamaah Ansharusy Syariah），目前该组织已宣布效忠"伊斯兰国"。此外，"伊斯兰祈祷团"的领袖阿布·巴希尔（Abu Bakr Bashir）和精神导师阿曼（Aman Abdurrahman）尽管都身处监狱，但仍宣称效忠巴格达迪与"伊斯兰国"，并号召东南亚的穆斯林加入"圣战"，这对于东南亚恐怖组织的复兴意义重大。在菲律宾，"邦萨摩洛伊斯兰自由战士"（Bangsamoro Islamic Freedom Fighters，BIFF）和"阿布沙耶夫"组织等在政府的打击下，也一度销声匿迹；但在"伊斯兰国"的影响之下，近期这两个组织又开始重新活跃起来。2016年1月4日，一个伊斯兰"圣战"论坛传出一段视频，视频中"阿布沙耶夫"组织首领之一的伊斯尼龙·哈皮龙（Isnilon Hapilon），与其他三位来自菲律宾苏禄群岛和巴西兰岛的极端组织头目一起，在菲律宾野外"行军"，并用阿拉伯语高喊极端主义口号，宣称要联合起来。① 在马来西亚，"大马圣战组织"（The Kumpulan Mujahidin Malaysia）、沙巴州的"伊斯兰之乡"等恐怖组织也渐趋活跃，后者与菲律宾的"阿布沙耶夫"组织联系密切，而且这三个组织在形式上已经开始接受"伊斯兰国"的领导。② 对此，新加坡南洋理工大学安全研究所专家罗翰·古纳拉特纳（Rohan Gunaratna）认为，"尽管东南亚的一些恐怖组织遭受到了打击，但它们仍然在各国有限制地存在着。而且，与其他地区一样，东南亚的恐怖组织多是'伊斯兰国'的同情者或支持者。其中，最令人担忧的就是马来西亚、菲律宾与印尼的恐怖组织，这3个国家中已有大大小小30多个恐怖组织宣布效忠'伊斯

---

① John Binder, "ISIS Is About To Declare A Province In This New Country Outside Of The Middle-East," January 10, 2016, Right Wing News. (http://rightwingnews.com/top-news/isis-is-about-to-declare-a-province-in-this-new-country-outside-of-the-middle-east/).

② Nyshka Chandran, "The Terror Groups on Southeast Asia's Doorstep," November 19, 2015, CNBC. (http://www.cnbc.com/2015/11/19/paris-attacks-malaysian-killing-puts-focus-on-southeast-asian-terror-groups.html).

兰国'首领巴格达迪了"。①

除原有的恐怖组织出现复兴的趋势外，在"伊斯兰国"的渗透与影响下，东南亚还新建立了一批新的恐怖组织，如 FAKSI（the Forum of Islamic Law Activist）、FPDI（the Forum Pendukung Daulah Islamiyah）等。FAKSI② 成立于 2013 年年初，是印尼境内新成立的恐怖组织，以阿曼为精神领袖，它们宣称"伊斯兰国"不仅仅是一个组织，还是一个有领土控制权的国家。另一个新成立的恐怖组织是 FPDI，成立于 2014 年 7 月 15 日，与 FAKSI 一样，曾组织了多次的公共集会，以表达对巴格达迪及其事业的支持。据报道，有超过 500 人参加了 FPDI 在印尼梭罗（Solo）附近的一个名为"白图·马克穆尔"（Baitu Makmur）清真寺的集会，在此期间，该组织公开宣称支持"伊斯兰国"在中东建立"哈里发"国家。③ 此外，印尼还有两个新建立的、与"伊斯兰国"联系紧密的恐怖组织。一个是 Anshar ul Khilafah，成立于 2014 年 8 月，主要活动的区域是中爪哇岛；很多当地的媒体报道称，当地很多穆斯林就是通过该组织宣誓效忠"伊斯兰国"的。另一个是 Tasikmalaya 组织，乌斯塔·丹妮（Ustaz Dani）和阿敏·穆德（Amin Mude）是该组织的领导人。据称，该组织中有一个审查委员会，专门负责审查那些前往伊拉克、叙利亚参与国际恐怖组织的印尼人。④ 值得注意的是，除印尼之外，菲律宾、马来西亚等国亦存在诸多类似组织。

由此可见，在"伊斯兰国"扩张的催化之下，东南亚既有的区域化、本土化恐怖组织不仅得到了复兴，而且重新出现了一批新生

---

① Nyshka Chandran, "Is Southeast Asia at Risk of Becoming a Terror Hotbed," November 19, 2015, CNBC. (http://www.cnbc.com/2015/11/18/southeast-asia-not-at-risk-of-paris-style-attack-experts-say.html).

② 关于 FAKSI 与"伊斯兰国"之间的联系，参见 IPAC Report, "The Evolution of ISIS in Indonesia," No. 13, September 2014.

③ Peter Chalk, "Black Flag Rising: ISIL in Southeast Asia and Australia," *Australia Strategy Policy Institute (ASPI)*, December 2015.

④ Ibid..

的恐怖组织。"伊斯兰国"逐渐加大在东南亚进行成员招募、思想宣传的力度，招募与本土化、区域化恐怖组织有关联的激进分子，实施暴恐活动等，一方面可能造成东南亚安全形势的再度恶化；另一方面也体现了国际化、区域化、本土化恐怖主义三者联动的影响。这主要是因为，东南亚本土的恐怖组织向"伊斯兰国"效忠，不仅能得到"伊斯兰国"在舆论宣传上的支持，同时也能为自身的壮大提供合法化基础，从而为提升其在东南亚的影响力奠定基础。种种实践证明，恐怖主义国际化、区域化、本土化三者之间共同影响、联动发展的趋势正在逐渐增强。因此，应对恐怖主义发展的新趋势需要广泛地联合各方反恐力量，共同应对，最终才能战胜或遏制恐怖主义发展的强劲势头。

第三节　东南亚恐怖主义的发展趋势

近年来，"伊斯兰国"肆虐全球导致国际恐怖主义泛滥，对国际社会的稳定、安全等造成了严重的冲击与破坏；尽管美国等国家组建了反恐联盟，联合应对"伊斯兰国"的挑战，但因其力量分散，效果不佳；受此影响，近期东南亚的恐怖组织也出现了复苏迹象。因此，在恐怖主义国际化、区域化、本土化三者相结合的视角之下，未来东南亚恐怖主义的发展趋势可能会呈现以下特征：

一　国际恐怖势力与东南亚本土恐怖势力之间的联动性增强，双方互为支持

过去，东南亚的恐怖组织主要依靠自身的力量制造恐怖袭击，但雅加达恐怖事件表明，他们现在得到了来自"伊斯兰国"的支持。据悉，在印尼苏拉威西岛的一个名为波索（Poso）的村庄，一度出现了"伊斯兰国"的训练基地；同时，菲律宾南部的棉兰老岛地区也出现了类似情况。对此，南洋理工大学国际政治暴力与恐怖

主义研究中心（the International Centre for Political Violence and Terrorism Research）的专家分析："伊斯兰国"可能已经向东南亚派遣了招募、爆破、战术指导等人员，因为这不仅能支持东南亚本土的恐怖组织实施恐怖活动，还能吸引来自其他国家的恐怖分子。① 此外，马来西亚、印尼、菲律宾等国的本土恐怖组织等都试图建立"伊斯兰国"在东南亚的分支机构。其中，马来西亚人马哈茂德（Mahmud）就是其中的一分子。他曾是"阿布沙耶夫"组织的成员，但现在他已经不满足于此，而是试图整合东南亚的恐怖组织，建立"伊斯兰国"在东南亚的分支。② 究其原因：一旦他获得了"伊斯兰国"在东南亚分支的领导地位，不仅将获得资金、人员、技术等方面的支持，还能在东南亚产生巨大的号召力，凝聚更多的"圣战"者。基于此，东南亚本土的恐怖组织大都极力向"伊斯兰国"靠拢，以图再掀"波澜"、提升声望。然而，需要说明的是，并不是所有的东南亚恐怖组织都对"伊斯兰国"表示认同，也存在因身份认同等原因而反对"伊斯兰国"的恐怖组织，但数量并不多。③

东南亚籍恐怖主义战斗人员是"伊斯兰国"内外国恐怖主义战斗人员的重要组成部分。据报道，在"伊斯兰国"的外籍恐怖分子中，已经形成了一个马来语的作战单位。究其原因，很多分析人士

---

① Nyshka Chandran, "Southeast Asia at Risk as ISIS Sets its Sights Globally", January 14, 2016, CNBC. (http://www.cnbc.com/2016/01/14/jakarta - attacks - highlight - danger - posed - to - southeast - asia - by - isis. html) .

② Eunice Au, "Malaysian Militants Plan to Start ISIS Faction in South - East Asia", November 15, 2015, The Straits Times. (http://www.straitstimes.com/asia/se - asia/malaysian - militants - plan - to - start - isis - faction - in - south - east - asia) . 此外，巴伦·纳伊姆（Bahrun Naim）也想成为"伊斯兰国"在东南亚的领导人。据报道，雅加达爆炸案就是其为争夺领导权而组织实施的。

③ 有关东南亚部分恐怖组织对"伊斯兰国"的态度，参见 USAID（United States Agency of Internayional Development），"Indonesian and Malayaian Support for the Islamic State（Final Report），" January 6, 2016; Gwenael Njoto - Feillard, "Response to the Challenge of ISIS in Indonesia," October 7, 2014. (https://www.academia.edu/8756810/Responses_ to_ the_ Challenge_ of_ ISIS_ in_ Indonesia) .

认为，由于语言等不利因素，很多东南亚籍恐怖分子很难融入阿拉伯语或英语的作战单位，由此便产生了马来语作战单位。根据雅加达的冲突政策分析研究所（Institute for Policy Analysis of Conflict）的估计，该单位至少包含22名成员。这些参与中东恐怖组织的外籍人员与此前接受"基地组织"训练的恐怖分子有着本质区别。西德尼·琼斯（Sidney Jones）就认为，与之前在巴基斯坦或阿富汗接受"基地组织"训练的"伊斯兰祈祷团"成员不同，在"伊斯兰国"的外籍恐怖主义战斗人员直接接受了战争的洗礼。① 除了独立的作战单位外，东南亚籍恐怖主义战斗人员还在中东的自杀式爆炸袭击中扮演了重要角色。据路透社2016年1月16日报道：2015年12月29日，马来西亚籍男子拉希姆（Mohd Amirul Ahmad Rahim）在叙利亚境内实施了汽车炸弹爆炸袭击事件，造成21名库尔德武装人员丧生。② 由此可见，尽管东南亚籍恐怖主义战斗人员的力量并不强大，但仍在中东战场上为"伊斯兰国"提供了一定的支持。

二 东南亚成为"伊斯兰国"的重点扩散区域

与中东相比，在各国政府严厉打击恐怖主义的政策之下，东南亚可能并不会成为恐怖主义的重灾区，但仍是"伊斯兰国"分散国际反恐力量的重要区域，也是"伊斯兰国"进行宣传、招募的重要阵地之一。自2002年10月巴厘岛恐怖袭击案之后，东南亚各国逐渐开始重视恐怖主义与反恐问题，纷纷制定措施、建立反恐单位等，以图遏制恐怖主义的发展。面对"伊斯兰国"在东南亚的威胁与渗透，东南亚各国表达了担忧，基于前期反恐经

---

① "ISIS Fighters from Malaysia, Indonesia from Military Unit," September 26, 2014, The Star Online. (http://www.thestar.com.my/news/nation/2014/09/26/militant-malaysia-indonesia/).

② "Malaysian Duo Kill 33 in Syria, Iraq Suicide Attacks, Says Report," January 11, 2016, The Malaysian Insider. (http://www.themalaysianinsider.com/malaysia/article/malaysian-duo-kill-33-in-syria-iraq-suicide-attacks-says-report).

验、情报搜集等的经验,各国在破获恐怖袭击、侦破恐怖案件方面取得了一定的成效,如破获了一些尚未发生的恐怖袭击事件等,并未造成"伊斯兰国"在东南亚大范围的渗透与活动。而且,从地缘政治视角来看,东南亚并不是"伊斯兰国"的核心区,不大可能成为恐怖主义的重灾区:一方面,东南亚地缘位置较远,"伊斯兰国"很难直接向东南亚的本土恐怖组织提供军事、后勤等方面的支持,发动恐怖袭击只能依靠本土恐怖组织的力量;另一方面,与欧洲相比,地缘距离上的"远"可能也会成为"伊斯兰国"在全球发动袭击的次优选择,而不是优先选择。因此,正如悉尼大学贾斯汀·海斯廷斯(Justin Hastings)所言,尽管随着"伊斯兰国"的崛起,可能会使东南亚处于巨大的风险之中,但由于地缘位置、军事与后勤保障等方面的原因,东南亚很难成为恐怖主义大规模滋生的温床。①

尽管不是恐怖主义的重灾区,但东南亚仍是"伊斯兰国"进行招募、宣传的重要阵地之一,也是分散国际反恐联盟力量的重要地区。数量巨大的穆斯林群体的存在是"伊斯兰国"对东南亚进行招募、宣传的基础。也正因如此,东南亚成为"伊斯兰国"招募外籍恐怖主义战斗人员的重要地区。据一个地区情报机构的统计:到2015年中期,大约有超过500名的印尼人和超过50人的马来西亚人已经加入了"伊斯兰国",其中包括妇女与儿童,大多数人员是通过极端组织"努桑塔拉"被输送到中东。② 除了部分激进、极端分子之外,东南亚还存在大量对"伊斯兰国"持同情、支持态度的温和穆斯林,这些都是"伊斯兰国"进行宣传、传播的温床与恐怖

---

① Nyshka Chandran, "Is Southeast Asia at Risk of Becoming a Terror Hotbed," November 19, 2015, CNBC. (http://www.cnbc.com/2015/11/18/southeast-asia-not-at-risk-of-paris-style-attack-experts-say.html).

② Maria A. Ressa, "ISIS' Global Ambitions and Plans for Southeast Asia," November 18, 2015, Rappler. (http://www.rappler.com/thought-leaders/112914-isis-global-ambitions-paris-southeast-asia).

组织滋生的土壤。① 此外，东南亚社交媒体的开放性以及监狱管理方面的混乱等也给"伊斯兰国"的宣传、招募提供了便利。据报道，"伊斯兰国"中包含大量的社交媒体高手，他们在"伊斯兰国"的宣传、招募工作中发挥了重要作用。2015年"伊斯兰国"就曾发布过一个宣传、招募视频：视频中展示的是正在"伊斯兰国"领土上接受武器训练的、讲马来西亚语的儿童。② 2015年9月美国国际开发署（USAID）的一份报告也显示，尽管印尼的监狱系统努力将恐怖分子与一般罪犯隔离关押，但是由于过度的拥挤和资源的有限……许多罪犯还是受到了在押恐怖分子的影响，而且在被释放后转变成了伊斯兰极端主义分子。监狱监管问题的持久存在成为"伊斯兰国"思想传播的土壤，监狱也成为东南亚恐怖分子滋生的重要来源地。

三 区域化扩散的趋势

东南亚恐怖主义的区域化趋势增强，恐怖主义威胁超出了一国范围，成为本区域面临的重要安全课题之一。之前，东南亚各恐怖组织之间往往各自为战，彼此之间的联系与交流很少，安全威胁也主要存在于恐怖组织所在国，各国的反恐政策往往也更倾向于国内的安全与稳定，区域安全问题很少被重视。然而，在"伊斯兰国"的影响下，随着各恐怖组织纷纷向"伊斯兰国"宣誓效忠，东南亚恐怖主义威胁的区域化逐步增强，而且越来越成为整个地区的重要安全课题。如新加坡国防部长黄永宏（Ng Eng Hen）就曾表示，过去三年"伊斯兰国"在东南亚的吸引力已经超过了"基地组织"过去10年的吸引力，而且随着"阿布沙耶夫"组织、"伊斯兰祈

---

① Ahmed S. Hashim, "The Impact of the Islamic State in Asia," S. Rajaratnam School of Internayional Studies, Nanyang Technological University, *Policy Report*, February 2015.
② Maria A. Ressa, "ISIS' Global Ambitions and Plans for Southeast Asia," November 18, 2015, Rappler. (http://www.rappler.com/thought-leaders/112914-isis-global-ambitions-paris-southeast-asia).

祷团"等向"伊斯兰国"宣誓效忠,东南亚区域安全的威胁正在增强。① 此外,在 2015 年 11 月 16 日 APEC 马尼拉峰会前夕,"伊斯兰国"曾在 Facebook 上发布了一个视频,宣称将对此次峰会进行袭击。此后,菲律宾国家反恐部门发言人帕蒂利亚(Padilla)多次在公开场合表示:菲律宾是安全的,希望大家不要相信视频,也不要进行传播。最终,尽管 APEC 峰会顺利进行,但此次事件却证明了:受到了恐怖主义国际化和本土恐怖组织复兴的影响,东南亚恐怖主义的区域化程度正在不断增强。

因此,在"伊斯兰国"的宣传、招募攻势下,应对恐怖主义需要东南亚各国在更大范围内加强交流与合作,建立地区反恐机制,如此才能有效遏制恐怖主义在东南亚的进一步发展,同时也为国际反恐斗争作出贡献。2014 年 10 月,马来西亚国防部长就曾指出:目前,美国主导之下的国际反恐联盟在中东的行动是无效的,应该考虑新的应对措施;并且呼吁东南亚国家应该在应对"伊斯兰国"的渗透与影响上进行合作,不能彼此孤立应对。② 南洋理工大学反恐专家辛格(Singh)也认为:现在,"伊斯兰国"在东南亚的问题已经变得比较清晰了,那些回流恐怖分子的威胁是现实存在的,破除"伊斯兰国"在东南亚的威胁必须依靠东盟国家之间的广泛合作。③ 由此可见,打击恐怖主义是一场长期的战争,需要在恐怖主义国际化、区域化、本土化的视角之下,在更广泛的范围内加强国际社会在政治、经济、安全、情报等方面的合作,以期建立更加长

---

① "Singapore Defense Minister: ISIS Drawing more Ollers in South – East Asia," December 9, 2015, The Gruardian. (http://www.theguardian.com/world/2015/dec/09/singapore – defense – minister – isis – followers – south – east – asia).

② Kuala Lumpur, "Malaysia Calls for Southeast Asian Cooperation on ISIS Threat," October 14, 2014, Al Arabya English. (http://english.alarabiya.net/en/News/asia/2014/10/17/Malaysia – calls – for – Southeast – Asian – cooperation – on – ISIS – threat.html).

③ Frances Mangosing, "Analyst: Southeast Asian Fighters of ISIS may Regroup in PH," January 20, 2016, Inquaer.net. (http://globalnation.inquirer.net/135309/analyst – southeast – asian – fighters – of – isis – may – regroup – in – ph).

期、覆盖更大范围的反恐有效机制，标本兼治、共同合作，才能最终铲除恐怖主义产生的根源和土壤。

结　　语

本章以恐怖主义发展进程中的国际化、区域化、本土化为视角，分别对东南亚恐怖主义活动的现状、"伊斯兰国"对东南亚的渗透与影响、未来东南亚恐怖主义的发展趋势等进行了论述，指出了当前东南亚恐怖主义面临的困境：国际社会的无政府状态、世界主要国家的反恐利益选择等导致了全球反恐问题上"集体行动的逻辑"，联盟内部难以形成合力，各国之间的合作往往是零星的、分散的，根本上导致恐怖主义难以根除。而且，国际反恐联盟集中力量对中东的"伊斯兰国"进行集中打击的同时，很容易忽视对其他地区的监管与控制，可能将造成在中东的东南亚籍恐怖分子回流加速，促使国际恐怖主义势力与地区性恐怖主义势力出现了"合流"之势。① 随着"伊斯兰国"渗透与影响的增强，东南亚也正在面临这种挑战，反恐的复杂性与难度逐渐增大。

面对全球恐怖主义形势的恶化，中国也很难独善其身。"东突"等恐怖势力与国际恐怖势力的勾结日趋紧密，他们在境内外实施的多起暴力恐怖活动，造成了大量民众伤亡、财产的损失，这也折射出了我国加强与周边国家的反恐合作的必要性。当前，恐怖主义活动并不仅仅局限于一国之内，越来越具有跨国性、跨地区性与国际性，反恐行动已不是一国之力所能胜任的，需要多国的参与与合作才能实现或接近反恐的目标。中国在地缘上与东南亚国家毗邻，且都是恐怖主义的受害国。因此，加强双方在反恐问题上合作，共同应对恐怖主义的威胁十分必要。

---

① "东南亚暴恐最新消息：连环爆折射东南亚反恐生态"，2016年1月15日，中国社会科学网（http://www.cssn.cn/gj/gj_gwshkx/gj_zhyj/201601/t20160115_2828495.shtml）。

日前，面对日益严峻的反恐形势，西方国家相继对马来西亚、泰国等东南亚国家发布了旅游警告或提升了恐怖袭击风险，东南亚各国也普遍提升了本国的反恐与安保等级。随着2016年1月雅加达恐怖袭击事件的发生，印尼警方加大了在全国范围内对恐怖组织的追查，并准备着手实施更加强硬的反恐法，以打击日益抬头的恐怖势力。同样，在马拉维对峙事件后，菲律宾的反恐工作一直保持高度紧张的态势。面临东南亚恐怖主义势力的抬头，中国亦是恐怖主义活动的潜在发生地之一，中国的部分极端、激进分子往往以东南亚为跳板前往中东参与国际恐怖主义。基于此，中国加强与东南亚国家的反恐合作势在必行。之前，中国与东南亚国家的反恐合作主要体现在一些原则性的框架协议或宣言上，抑或是在国际组织框架下的情报信息交换。当下，仅仅原则性或宣言性的合作已不能满足双方反恐的需要，需要进一步推进与东南亚相关国家的实质性反恐合作。迄今为止，中国已经与东南亚、南亚、中亚等十多个国家建立了反恐合作机制，在涉恐情报交流、线索核查、个案合作等领域展开了实质性合作。[①] 未来，中国应加强与东南亚国家的日常安保与反恐合作，制订相关的应急方案，展开有针对性的联合军事行动或准军事行动，真正将反恐落到实处，为维护地区安全与全球反恐作出贡献。

---

① "中国已经与十多个国家建立了反恐合作机制"，2015年3月2日，东方网（http://news.eastday.com/eastday/13news/auto/news/china/u7ai3543917_K4.html）。

第五章 "丝绸之路经济带"安全场域中外国恐怖主义作战人员威胁探析

自2011年以来,中东局势的剧变特别是"伊斯兰国"的兴起,吸引了数万名外国恐怖主义作战人员奔赴伊拉克和叙利亚参与战事。随着"伊斯兰国"的日渐溃败,此波规模空前的外国恐怖主义作战人员的流动与回返,将对国际安全造成深远的影响。仅从这些人员个体性的角度,难以全面评估此类安全威胁。应在"伊斯兰国"全球战略布局、本土组织结合当地议题的发展与重组,以及外国恐怖主义作战人员活动网络的联结三个层面对其进行研究。在这三个层面的表现中,俄罗斯和中亚地区面临着日趋严峻的安全风险。而在南亚,巴基斯坦本土恐怖组织亦可能对作为"丝绸之路经济带"的旗舰项目——中巴经济走廊构成现实的威胁。因此,如何应对外国恐怖主义作战人员的流动和扩散,进而阻止暴力极端主义的渗透和蔓延,应成为维护"丝绸之路经济带"建设安全及国际反恐合作的重要内容。

第一节 外国恐怖主义作战人员威胁的相关研究

一 研究意义

推进"丝绸之路经济带"和"21世纪海上丝绸之路"建设，是以习近平为总书记的党中央统筹国内国际两个大局，顺应地区和全球合作潮流，契合沿线国家和地区发展需要，立足当前、着眼长远提出的重大倡议和构想。"一带一路"发展战略构想提出四年来，现已进入从愿景到行动的实施阶段，如何推进及落实这一重大战略无疑是重要的时代课题。2016年8月17日，习近平总书记出席推进"一带一路"建设工作座谈会并提出了八项要求，指示要切实推进安全保障，完善安全风险评估、监测预警、应急处置，建立健全工作机制，细化工作方案，确保有关部署和举措落实到每个部门、每个项目执行单位和企业。可见，安全与稳定是推进"一带一路"建设的前提和保障，对国际特别是"一带一路"沿线地区的安全形势及风险进行深入研究和评估无疑是一项紧迫的任务。

近年来，全球安全形势日趋复杂和动荡，国际反恐压力不断增大。随着中东局势的剧烈变化，以"伊斯兰国"为首的国际恐怖势力掀起了新一轮的恐怖主义浪潮，并导致了规模空前的参与人员的全球流动。联合国安理会在2014年9月24日通过第2178（2014）号决议，明确指出外国恐怖主义作战人员（Foreign Terrorist Fighters，FTF）对国际安全与稳定构成了日益严重的威胁。安理会反恐怖局指出，需将应对外国恐怖主义战队人员的威胁置于国际反恐的优先议题之中。[①]至2016年年底，在肆虐中东等地的恐怖组织中，仅"伊斯兰国"

---

① 联合国安理会：《受外国恐怖主义作战人员影响的国家执行安理会第2178（2014）号决议的情况》，s/2015/975（https://www.un.org/sc/ctc/blog/document/s2015975-en/）。

就有来自上百个国家的 2 万—3 万名外国恐怖主义作战人员,其规模和流动率为历史之最。据相关研究机构评估,来自俄罗斯和中亚地区的 FTF 增长迅速,自 2014 年 6 月至 2015 年 12 月,赴叙利亚和伊拉克的人数增长了近 300%。① 这些人员的转移和回流,② 对俄罗斯和中亚地区的安全与稳定造成了严重威胁,需要予以密切关注。

此波 FTF 逆流的聚集和扩张在时间和空间上,与"丝绸之路经济带"的推进高度重合,它不可避免地对沿线地区和国家的安全与稳定构成诸多消极的影响,值得密切关注和研究。因此,对"丝绸之路经济带"沿线地区国际恐怖主义及 FTF 现状及流向进行研判,进而评估其安全威胁,是"丝绸之路经济带"安全保障及风险应对工作的重要内容。

二 研究综述

1. 外国恐怖主义作战人员的威胁研究

自此次 FTF 现象产生以来,西方学界特别是国际反恐研究中心(International Center for Count - Terrorism,ICCT)、伦敦大学国王学院国际激进主义研究中心(the International Centre for the Study of Radicalisation and Political Violence,ICSR)、苏凡集团(The Soufan Group)等研究机构进行了较为深入的研究。③ 相关研究主要体现在

---

① "Foreign Fighters: An Updated Assessment of the Flow of Foreign Fighters into Syria and Iraq," December 8, 2015, *The Soufan Group*. (http://soufangroup.com/wp - content/uploads/2015/12/TSG_ ForeignFightersUpdate_ FINAL3. pdf).

② 转移,是指外国恐怖主义作战人员向流入国外的第三国转移;回流,是指外国恐怖主义作战人员秘密返回原籍。

③ D. Malet, *Foreign Fighters: Transnational Identities in Foreign Conflicts*, Oxford: University Press, 2013; Jeanine de Roy van Zuijdewijn, "The Foreign Fighters' Threat: What History Can (not) Tell Us," *Perspectives on Terrorism*, Vol. 8, No. 5, October 2014; Jeanine de Roy van Zuijdewijn and Edwin Bakker, "Returning Western Foreign Fighters: The Case of Afghanistan, Bosnia and Somalia," June 2014, ICCT. (https://www.icct.nl/download/file/ICCT -

三个领域，一是对阿富汗、波黑、索马里和车臣等案例的历史分析，梳理 FTF 现象的历史轨迹并总结经验；二是 FTF 现状研究，涉及分国别的数量、在原籍国状况、极端化和流入中东的过程等①；三是回流的结果及对策研究，包括回流者的威胁评估，军队、司法、网络及社会层面的应对，等等。

　　整体而言，除了对 FTF 历史现象的梳理和归纳，国际学界关注的重点和政策的落脚点集中于西方国家内部，特别是随着巴黎恐怖袭击事件的发生，对西欧 FTF 回流人员威胁的研究成为主题。② 当前 FTF 来自全球 100 多个国家，除了中东、北非及西欧外，前苏东

De‐Roy‐van‐Zuijdewijn‐Bakker‐Returning‐Western‐Foreign‐Fighters‐June‐2014. pdf）；Dr. Alex P. Schmid, "Foreign (Terrorist) Fighter Estimates: Conceptual and Data Issues," October 2015, *ICCT*. （https://www.icct.nl/wp‐content/uploads/2015/10/ICCT‐Schmid‐Foreign‐Terrorist‐Fighter‐Estimates‐Conceptual‐and‐Data‐Issues‐October20152.pdf）；Thomas Hegghammer, "Should I Stay or Should I Go? Explaining Variation in Western Jihadists' Choice between Domestic and Foreign Fighting," *American Political Science Review*, Vol. 107, No. 1, February 2013；D. Malet, "Foreign Fighter Mobilization and Persistence in a Global Context," *Terrorism and Political Violence*, Vol. 27, No. 3, May 2015；Richard Barrett, "Foreign Fighters in Syria," June 2014, *The Soufan Group* （http://www.soufangroup.com/foreign‐fighters‐in‐syria/）；Brian Dodwell, Daniel Milton and Don Rassler, "The Caliphate's Global Workforce: An Inside Look at the Islamic State's Foreign Fighter Paper Trail," April 2016, *Combating Terrorism Center at West Point*. （https://www.ctc.usma.edu/posts/the‐caliphates‐global‐workforce‐an‐inside‐look‐at‐the‐islamic‐states‐foreign‐fighter‐paper‐trail）.

① ICCT、ICSR 和 The Sufan Group 等机构对 FTF 现状的研究不仅较为权威，也广被引用。对于 FTF 来源及身份等最直接的材料，来自从 IS 流出的 4600 份 FTF 文件情报的解密和分析，详见 Brian Dodwell, Daniel Milton and Don Rassler, "The Caliphate's Global Workforce: An Inside Look at the Islamic State's Foreign Fighter Paper Trail," April 2016, *Combating Terrorism Center at West Point*. （https://www.ctc.usma.edu/posts/the‐caliphates‐global‐workforce‐an‐inside‐look‐at‐the‐islamic‐states‐foreign‐fighter‐paper‐trail）.

② 如 Charles Lister, "Returning Foreign Fighters: Criminalization or Reintegration?" 2015, *Brookings Institution*. （https://www.brookings.edu/research/papers/2015/08/13‐foreign‐fighters‐reintegration‐lister? rssid = terrorism&utm_source = feedblitz&utm_medium = FeedBlitzRss&utm_campaign = brookingsrss/topics/terrorism）；Andrea de Guttry, Francesca Capone and Christophe Paulussen, eds., *Foreign Fighters under International Law and Beyond*, Hague: T. M. C. Asser Press, 2016 等。

国家、南亚地区等均是集中的来源地，其流动的规律可能并不完全与西欧相同，而且对地区和平与稳定的威胁更大。简言之，前苏东、南亚地区与欧美等国在FTF形成及回流问题上最明显的不同，在于组织性和个体性之间的差异。西方国家FTF形成的原因以移民二代的认同危机、个人冒险主义及自我激进化等个体性因素为主，由于缺乏强有力的本土极端和恐怖组织的依托，其回流造成的威胁以国际恐怖组织的指令性袭击（此类袭击象征意义更明显）或"独狼式"恐怖主义为主。与西方不同的是，前苏东和南亚地区FTF现象存在深刻的组织性背景，在形成和回流问题背后均有组织支持。一方面是"伊斯兰国"已在这些区域建立了分支作为扩张的据点，另一方面则是当地原有的极端和恐怖组织效忠或支持"伊斯兰国"[1]。因此，这些区域在某种程度上已经构建出"伊斯兰国"—本土组织—FTF的联接网络，其安全威胁随着国际恐怖主义的扩散而剧增。

随着中东局势的剧变及"伊斯兰国"在国际联合打击之下的转型，恐怖主义威胁已变得更加扩散。一方面，尽管"伊斯兰国"最近出现了军事挫折，该组织或许正在向一个新的阶段发展，即提升它的分支机构的作用，试图将国际聚焦点从当前的冲突地区转移出来，并增加复杂、多波和国际性质的攻击。另一方面，聚集在中东地区的数万名FTF正在自发或遵循组织命令转移或回流，这种扩散意味着国际恐怖主义新一轮的渗透和威胁。此外，无论是北高加索、中亚还是南亚的恐怖组织，均在近年恐怖主义的浪潮中不断发展壮大，它们国际化的程度亦不断提升。在这一背景下，无论是自发抑或有组织的FTF的回流及聚集，都可能对欧亚大陆的安全环境造成消极的影响。

---

[1] 除了意识形态的吸引作用外，作为最富有的国际恐怖组织，"伊斯兰国"对外部的恐怖活动给予了大量的资金支持，这同时也是其他地域性的恐怖组织投机性地宣布向其投靠的一个因素。

2. "丝绸之路经济带"安全研究

由于"丝绸之路经济带"沿线安全形势错综复杂，故自这一战略命题提出以来，与之相关的安全分析及风险防范研究不断涌现。[①]如赵明昊指出，"一带一路"建设并非以安全为导向，但面临被"安全化"的突出难题，客观上也存在诸多安全风险挑战。"一带一路"建设的安全保障，其核心挑战在于统筹发展、安全两件大事，处理好"发展—安全相互联结"的难题。[②]近年来，随着"伊斯兰国"的发展及扩散，许多学者敏锐地察觉到它对"丝绸之路经济带"建设的现实威胁。如张金平认为，2015年9月以来，国际恐怖活动出现了战略性变化，特别是东向转移对"一带一路"的影响最为突出。[③]但是，此波FTF浪潮的回流是国际恐怖主义激变的产物，学术界尚未能及时对这一"丝绸之路经济带"安全的全新挑战做出分析。

同时，需要指出的是，简单地把"伊斯兰国"视作一个整体性的组织而评估其威胁是不准确的，也是不全面的。"伊斯兰国"的成员主要分为三拨：第一拨是该组织的核心团体，由伊拉克人和少量叙利亚人组成，他们曾是伊拉克基地组织的成员或合作者。第二拨是2011年后加入的外国恐怖主义作战人员，来自全球100多个国家。第三拨包括新的当地依附者，与"伊斯兰国"结成战术联盟

[①] 例如，《"一带一路"沿线国家安全风险评估》编委会：《"一带一路"沿线国家安全风险评估》，中国发展出版社2016年版；曹卫东主编：《中国"一带一路"投资安全报告（2015—2016）》，社会科学文献出版社2016年版；王义桅：《"一带一路"：机遇与挑战》，人民出版社2015年版；陈向阳：《绸缪"一带一路"建设外部安全风险》，《瞭望》2014年第15期；刘海泉：《"一带一路"战略的安全挑战与中国的选择》，《太平洋学报》2015年第2期；马丽蓉：《中国"一带一路"战略安全环境中"疆独"问题影响评估》，《国际观察》2015年第3期；张洁主编：《中国周边安全形势评估（2016）——"一带一路"：战略对接与安全风险》，社会科学文献出版社2016年版；周平：《"一带一路"面临的地缘政治风险及其管控》，《探索与争鸣》2016年第1期等。

[②] 赵明昊：《"一带一路"建设的安全保障问题刍议》，《国际论坛》2016年第2期。

[③] 张金平：《国际恐怖势力战略"东向"对"一带一路"的威胁》，载张洁《中国周边安全形势评估（2016）——"一带一路"：战略对接与安全风险》，社会科学文献出版社2016年版，第197—209页。

第五章 "丝绸之路经济带"安全场域中外国恐怖主义作战人员威胁探析

的当地武装、前复兴党人，还有被其占领当地的被迫应招者。研究"伊斯兰国"扩散对"丝绸之路经济带"造成的安全风险，既需要考虑到其核心团体的战略考量，也要注意FTF回流的分散性特征，更要注意与"伊斯兰国"存在联系的本土组织的当地议题。

三 研究的现实性与可行性

根据《一带一路愿景》，"丝绸之路经济带"涵盖三条重点畅通路线：中国经中亚、俄罗斯至欧洲（波罗的海）；中国经中亚、西亚至波斯湾、地中海；中国至东南亚、南亚、印度洋。可以看到，中亚、南亚和俄罗斯均是经济带途经的重点区域。结合目前的国际和平与安全形势，上述地区不容乐观。随着中东局势的剧变及"伊斯兰国"在国际联合打击之下的转型，恐怖主义威胁已变得更加扩散。

2016年8月30日，中国驻吉尔吉斯斯坦大使馆遭到汽车炸弹袭击，造成使馆3名人员受伤，馆舍受损，自杀式袭击者在爆炸中丧生。吉尔吉斯斯坦国家安全委员会表示，这是一起由叙利亚境内国际恐怖组织"征服阵线"指挥策划、"东伊运"实施的恐怖袭击。[①] 在此次事件中，国际恐怖组织"征服阵线"是指挥者，投靠它的"东伊运"组织了袭击行为，袭击的直接参与者，既有曾赴中东作战的中亚籍FTF（如自杀式袭击者就曾随"东伊运"赴叙利亚培训和作战），也有国际及本地的配合网络（如为袭击者提供资金和假护照等）。可以看到，在国际恐怖组织—本土组织—FTF网络的联动下，在国际化的背景下，恐怖主义本地性的威胁已大大增加。此次事件为"丝绸之路经济带"的建设敲响了安全警钟。

---

① 另有研究指出：此事件的策划组织为Sirojiddin Mukhtarov领导的"统一圣战组织"（Tavhid va Jihod），Mukhtarov曾为卡拉苏市纳日曼清真寺的助理伊玛目，在叙利亚接受宗教教育后回国，后来赴叙利亚参战。该组织旗下有维吾尔人组成的分支，实力较弱。另外，吉尔吉斯斯坦内有官员认为该组织在意识形态上可能更倾向"乌兹别克伊斯兰运动"和"伊斯兰国"。详见ICG,"Kyrgyzstan: State Fragility and Radicalisation," October 3, 2016.

第二节　当前外国恐怖主义战斗人员现象的形成及演进

2011 年以来中东形势的剧烈变动、特别是"伊斯兰国"等恐怖势力的崛起,导致了如今这一规模空前的 FTF 现象。在暴力极端主义等各类因素的鼓动下,数万名 FTF 进入伊拉克和叙利亚。在严重破坏流入国安全与稳定的同时,FTF 及其网络的转移和回流也对原籍国和第三国的安全构成潜在的威胁。

一　FTF 的界定与现状

几个世纪以来,以雇佣军、志愿者或恐怖分子的身份参与和原籍国无关的冲突并不是一种罕见的现象,此类人员常常被称为"外国作战人员"(Foreign Fighter)。对于"外国作战人员",有学者简洁地将其界定为:内战中加入反叛武装的非冲突国公民。[1] 其要素主要包括:(1)参与并在反叛组织内活动;(2)非冲突国公民并与反叛组织方面无亲缘关系;(3)与官方军事部门无关;(4)非雇佣军。[2] 但是这些界定侧重于"外国"的因素,并未强调当前这一现象的恐怖主义性质。

根据安理会 2178〔2014〕号决议,外国恐怖主义作战人员指的是前往其居住国或国籍国之外的另一国家,以实施、筹划、筹备或参与恐怖行为,或提供或接受恐怖主义训练,包括因此参与武装

---

[1] D. Malet, *Foreign Fighters*: *Transnational Identities in Foreign Conflicts*, Oxford: University Press, 2013, p. 9.

[2] T. Hegghammer, "The Rise of Muslim Foreign Fighters," *International Security*, Vol. 35, No. 3, Winter 2010; S. Gates, S. Podder, "Social Media, Recruitment, Allegiance and the Islamic State," *Perspectives on Terrorism*, Vol. 9, No. 4, August 2015.

第五章 "丝绸之路经济带"安全场域中外国恐怖主义作战人员威胁探析

冲突的个人。① 安理会对 FTF 的界定突出了其中的"恐怖主义"色彩,直接表明了他们的非法性,这也是 FTF 成为当前世界公害并需要对其进行防治和打击的法理基础。所以,对于这一现象首先需要研判其恐怖主义色彩造成的潜在安全风险。

整体而言,FTF 增加了冲突的强度以及解决冲突的难度,并可能严重威胁原籍国、过境国和目的地国及其活跃地区的邻近国家;他们甚至对世界各国的和平与安全构成了威胁,而且他们正在用极端主义意识形态来煽动恐怖主义。在第三国的冲突中,由于与当地民众的关联有限,他们可能更为残暴。同时,他们也给恐怖团伙增加了人力资源,包括作战人员、自杀炸弹手、警卫、宣传、技术人员和炸弹制造者,等等。此外,FTF 作为潜在的威胁可能会持续相当的时间。例如,2001 年"9·11"事件的攻击者之一哈利德·阿米达(Khalidal-Mihdhar)就曾作为 FTF 前往波黑、阿富汗和俄罗斯参战。

FTF 的现象由来已久。20 世纪 80 年代的阿富汗战争常常被视作 FTF 的发源地,其后在阿尔及利亚、索马里、塔吉克斯坦和前南斯拉夫均有数量不等的 FTF 参与战斗。据统计,在 2011 年"阿拉伯之春"爆发之前,约有 3 万名 FTF 参与到全球 18 起重要冲突之中。② 2011 年以来,大量 FTF 陆续从世界各地前往伊拉克和叙利亚加入"伊斯兰国""胜利阵线"等恐怖组织并参战。这一数据从 2011 年的不足 1000 人,迅速增长到 2015 年 9 月的 25000 人以

---

① United Nations Security Council, *Resolution* 2178 (2014): *Adopted by the Security Council at its* 7272*nd meeting, on* 24 *September* 2014, S/RES/2178. (http://www.un.org/en/sc/documents/resolutions/2014/shtml).

② J. E. Arasli, *Archipelago SYRAQ. Jihadist Foreign Fighters from A to Z. 200 Essential Facts You Need to Know about Jihadist Expeditionary Warfare in the Middle East*, Baku: Teknur, 2015, p. 69.

上。① 至 2016 年年底,"伊斯兰国"在该地区共号令着大约 30000 名作战人员(除 FTF 之外,该数字也包括叙利亚和伊拉克公民)。追随"伊斯兰国"的 FTF 大多来自北非、中东和中亚,欧洲、南亚和东南亚亦是重要的来源地。进入 2017 年,随着"伊斯兰国"在军事、财政等领域面临的压力不断增大及国际反恐合作的加强,FTF 流入中东的数量明显下降,但是这一现象造成的威胁将长期存在。

二 当前 FTF 现象的形成

关于此波 FTF 现象形成的解释多种多样,相互间有时甚至是矛盾的。有些人在极端主义意识形态的鼓动下出国参与国际恐怖主义,如在英国和比利时的极端组织征募网络成为两国 FTF 形成的重要推手。在欧洲的其他一些国家,有些人似乎更多的是因边缘化和百无聊赖,而不是意识形态。② 在某些国家,如法国和奥地利,FTF 常常具有犯罪记录背景。所以,仅从 FTF 个体的角度来探寻这一现象的出现也许并不能概其全貌,对其规律的把握需要相对广阔的视野。

1. 暴力极端主义的推动和拉动因素

首先需要指出的是,此波 FTF 现象的形成,从根本上源自暴力极端主义的影响和驱动。学界从推动(push)和拉动(pull)两种因素的角度对暴力极端主义的研究有利于我们理解 FTF 的形成。推动因素一般包括:(1) 对暴力创伤经验的回应;(2) 基于羞辱、歧视或不公遭遇而引发的愤怒,群体或个体的报复欲望;(3) 因

---

① Dr. Alex P. Schmid,"Foreign (Terrorist) Fighter Estimates: Conceptual and Data Issues," October 2015, *ICCT*. (https://icct.nl/publication/foreign-terrorist-fighter-estimates-conceptual-and-data-issues/).

② "The Foreign Fighters Phenomenon in the European Union: Profiles, Threats & Policies," *ICCT*, April 2016. https://icct.nl/publication/report-the-foreign-fighters-phenomenon-in-the-eu-profiles-threats-policies/.

难民或离散者身份与主流社会疏远,经济边缘化、相对剥夺或政治排斥导致的愤懑;(4)个体认同危机,个体寻求生活的意义,理想的挫折,逃离现实,寻求救赎;(5)政治冲突的持续及对国家解决方案的失望等。

暴力极端主义的拉动因素主要缘于:(1)极端主义意识形态对外群体攻击行为的合理化;(2)魅力型首领将不满煽动为"圣战";(3)当地存在志趣相投的武装团体强化了个体成为FTF的倾向;(4)社会媒体、广告对圣战作战人员英雄形象的渲染;(5)对成功的恐怖袭击模式的模仿;(6)个体对勇士和英雄形象的憧憬和热望;(7)极端和恐怖主义对现世及天堂的许诺等。①

当然,在解释FTF的形成问题上,仍需要进行具体分析。就核心因素而言,本章认为,对极端主义意识形态的认同和内化是促使一些人出国参与国际恐怖主义的重要原因。驱动此次FTF向中东聚集的极端主义意识形态中,圣战派萨拉菲主义、"重建哈里发"及"迁徙圣战"等极端思想是其主要内容。在创伤、怨恨或认同危机等心理背景下,一些人容易被极端主义的宣传所蛊惑,在对极端主义意识形态认同和内化的情形下,进而付诸行动,走上出国"圣战"道路。特别是对于高加索、中南亚及东南亚等地的恐怖组织而言,在"9·11"事件以来本身已实现了在组织层面对极端主义意识形态的内化,自然成为接纳和转送FTF的平台。

2. 极端恐怖势力的因素

在当前暴力极端主义及FTF浪潮的形成过程中,国际恐怖组织的拉力发挥着关键性的作用。对于冲突中的反叛势力而言,当它试图扩大冲突的规模以壮大自身的支持及提高胜算时,自然利用各种

---

① A. P. Schmid, *The Routledge Handbook of Terrorism Research*, London and New York: Routledge, 2011, pp. 272 – 279; R. Coolsaet, *What Drives Europeans to Syria, and to IS?*, Ghent/Brussels: Academia Press, 2015, pp. 10 – 14; J. Stern and J. M. Berger, *ISIS: The State of Terror*, New York: Ecco/HarperCollins Publishers, 2015, pp. 82 – 83.

手段进行国际招募，[1] 当今的国际恐怖势力亦不例外。有学者通过历史研究指出，对 FTF 招募的成效主要取决于三个因素：加入冲突的便利程度、组织的内聚力或团结度、成功的可能性。[2]（见表5.1）

表 5.1　　　　　　历史上数次 FTF 现象及影响因素

国家 因素	阿富汗 1978— 1992	波斯尼亚 1992— 1995	索马里 1993— 2014	车臣 1994— 2009	阿富汗 2001— 2014	伊拉克 2003— 2014	叙利亚 2011— 2014
FTF规模	5000—10000	1000—3000	250—450	200—700	1000—1500	4000—6000	1.2万—3万
便利度	宽松（各类阿拉伯国家）	宽松（波斯尼亚）	阻塞（埃塞俄比亚）	阻塞（俄罗斯）	阻塞（美国）	宽松（美国、叙利亚、沙特）	宽松（土耳其）
胜算	较大	较大	有限	有限	有限	较大	较大
内聚力	有限	较强	有限	有限	有限	有限	有限

数据来源：Dr. Isabelle Duyvesteyn and Bram Peeters, "Fickle Foreign Fighters? A Cross-Case Analysis of Seven Muslim Foreign Fighter Mobilisations (1980 – 2015)," October 2015, ICCT (https：//icct. nl/publication/fickle – foreign – fighters – a – cross – case – analysis – of – seven – muslim – foreign – fighter – mobilisations – 1980 – 2015/).

表 5.1 显示，便利度、胜算及组织的内聚力对于招募规模有着直接的影响。在上述案例中，三者均有不同的表现。在便利度因素

---

[1]　D. Malet, *Foreign Fighters：Transnational Identity in Civil Conflicts*, New York：Oxford University Press, 2013.

[2]　Dr. Isabelle Duyvesteyn and Bram Peeters, "Fickle Foreign Fighters? A Cross – Case A-nalysis of Seven Muslim Foreign Fighter Mobilisations (1980 – 2015)," *ICCT*, October 2015. https：//icct. nl/publication/fickle – foreign – fighters – a – cross – case – analysis – of – seven – muslim – foreign – fighter – mobilisations – 1980 – 2015/.

第五章 "丝绸之路经济带"安全场域中外国恐怖主义作战人员威胁探析 ◆ ◆ ◆

上,相关国家特别是当事国及邻国边界封锁的程度,直接限定了恐怖分子的流入;在所谓"胜算"层面,事发国分崩离析或是治理失败,以及当地恐怖势力的坐大,都直接影响FTF的参与预期;恐怖组织的内聚力或团结度,关系到外来者即FTF的整合问题,亦直接影响它对FTF的吸引力。当然,这仅是反映了FTF规模的客观性影响因素,决定国际恐怖势力招募规模的核心因素在于其意识形态及宣传的吸引力。

"伊斯兰国"蛊惑人心的意识形态和相对高效的宣传机制对此波FTF全球浪潮的形成起到了重要的拉动作用。在内容方面,"伊斯兰国"有效地将圣战萨拉菲主义的意识形态、区域议程和所谓的"哈里发"项目整合在一起。它的三重宣传运动——理想化社会、介入叙利亚这一极为公开的冲突、注重当下即行动——吸引了许多被招募者。它的信息集中宣扬一个意志坚定人士及其家人组成的新社会,以及通过接受训练和参加战斗使百无聊赖者和心怀不满者得以"新生"和实现成就的过程,这种意识形态对于许多青年具有吸引力。

在宣传策略上,"伊斯兰国"把政治、社会及个人三个层面的因素高度综合起来:它利用了对社会经济的不满情绪以及遭遇排斥、边缘化、歧视或迫害的认知,再加上潜在或实际缺乏善政、不平等、不公正和缺乏机会等因素推波助澜。它假装为潜在应征者提供获取"社会地位"、亲情、认同感和归属感、履行宗教责任和实现政治目的的机会(不仅反叛腐败的现行政治秩序,消除伊拉克和叙利亚之间的人为边界,而且要重建"哈里发")。虽然极力借用宗教的寓意,但其理念是基于一种歪曲伊斯兰教的解释,并夸张地建构出教派间、穆斯林与外部世界之间的历史宿怨。

综上所述,FTF的形成是多种因素共同作用的结果。在宏观和中观层面,地区局势的动荡、相关国家的治理危机、经济社会发展的滞后等都与FTF的形成有直接的关系;在微观层面,个体的认同危机、不满及怨恨情绪等都可能促使某些人出国参与国际恐怖主义；在 FTF 规模方面，相关国家的安全真空、边界缺乏管控、国际恐怖组织内部的团结等均是客观影响因素。但是，当前 FTF 现象的特质在于恐怖主义色彩，其背后的核心因素在于极端主义的意识形态。因此，国际恐怖组织对这种意识形态的宣传和鼓动，以及受众对这一意识形态的认同和内化，成为最主要的原因。

3. FTF 的地域性差异

在成为 FTF 的原因问题上，不能忽视地域性的差异。对于来自欧洲地区的 FTF，相关研究指出，个人因素要大于政治因素。[①] 如欧洲许多第二代穆斯林移民的边缘化、认同危机及冒险冲动，成为许多青年出国参与恐怖组织的重要原因，而这些人以前并没有参与恐怖组织的背景。但是，相对于西方国家 FTF 较为明显的个体性特征，俄罗斯、中亚及北非等地 FTF 形成及流动过程，本土性恐怖组织却成为重要的载体。这些组织与"伊斯兰国"在意识形态层面上的对接，或是寻求其支持等动机，推动了它们向"伊斯兰国"的靠拢。也就是说，欧洲的 FTF 缺乏组织基础和依托，但是其他地区的"高加索酋长国""东伊运""乌伊运"和"巴基斯坦塔利班"等本土势力却成为 FTF 招募与流动过程中重要的组织基础。

这些差异，除了表现在出国参与恐怖组织的原因上，可能也将进一步表现在其回流的可能性上。西方 FTF 较为浓重个人主义的色彩，使其流动更有自发性，而亚洲 FTF 的地域性和族群性则更明显。亚洲地区 FTF 的组织性、穆斯林群体的少数地位、分离主义与极端主义结合等因素，使他们不可能完全脱离其原有的分裂主义、反叛武装的色彩。也就是说，此类 FTF 回流必然与本土议题及势力相结合，导致当地安全形势的恶化。

[①] "Foreign Fighters: An Updated Assessment of the Flow of Foreign Fighters into Syria and Iraq," December 8, 2015, *The Soufan Group*. (http://soufangroup.com/wp-content/uploads/2015/12/TSG_ForeignFightersUpdate1.pdf).

三 FTF 转移与回流的可能性及威胁

FTF 在叙利亚和伊拉克的规模性聚集不可能持续,随着"伊斯兰国"等国际恐怖组织在武装对抗和割据中逐步处于劣势,他们的走向不得不引起各方的密切关注。以欧洲为例,据统计,在 2014 年 9 月至 2015 年 9 月间,约有 3922—4294 名欧盟居民赴伊拉克和叙利亚而成为 FTF,其中确认死亡者占 14%,至少有 47% 仍在国外,回返者则占 30%。[①] ICCT 等研究机构对 FTF 的走向,描绘出了详细的路线图,如图 5.1 所示:

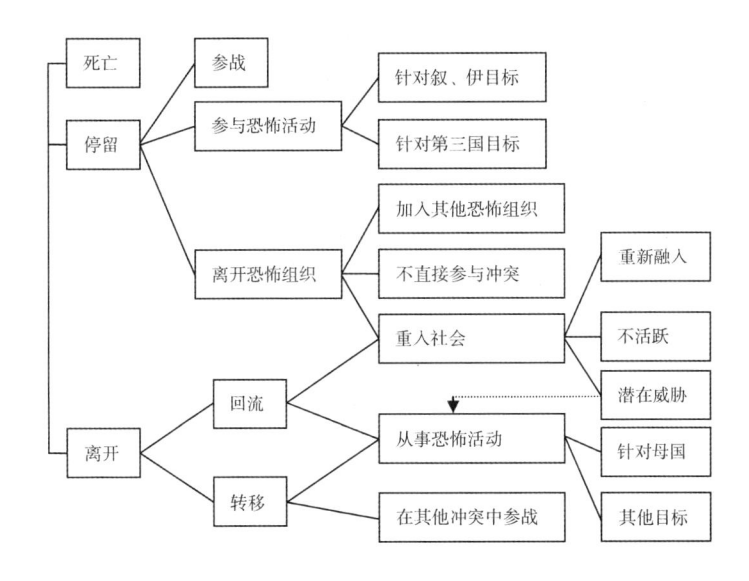

图 5.1 FTF 流向可能性分析

图片资料参考来源:Alastair Reed, Jeanine de Roy van Zuijdewijn and Edwin Bakker, "Pathways of Foreign Fighters: Policy Options and Their (Un) Intended Consequences," April 2015, ICCT Policy Brief.

[①] "The Foreign Fighters Phenomenon in the European Union: Profiles, Threats & Policies," April 2016, *ICCT*. (https://icct.nl/publication/report – the – foreign – fighters – phenomenon – in – the – eu – profiles – threats – policies/).

当前西方学界在研判 FTF 下一步的趋向时，重点关注个体性回流的动向及威胁。但是考虑到上文所述 FTF 的地域性差异，这种分析并不全面，不能准确研判 FTF 流向对国际安全的影响和冲击。本章认为，FTF 的转移和回流存在两种情况：一种是个体性的行为；另一种是组织性的行为，即随着"伊斯兰国"的渗透扩张，向亚非两地有组织性地转移或回流。后者的安全威胁无疑更大，亦更为严峻。

1. IS 的全球扩张战略

对 FTF 威胁的整体评估，首先需要放在"伊斯兰国"的全球战略中进行考察："伊斯兰国"的全球战略可划分为内环、近环与外环三个单元。① 内环主要是阿萨姆地区，以伊拉克和叙利亚为中心；近环包括中东的其他地区、北非，向东扩展到阿富汗和巴基斯坦等所谓"前哈里发的土地"。在这些区域，"伊斯兰国"已通过组织扩散，特别是设立"省"（wilayat②）或地方主管的方式进行扩张；外环包括世界的其他地区，特别是欧洲、美国和亚洲。在其全球战略中，三个区域是环环相扣的。在内环受损的情况下，各"省"可为它提供空间弹性，同时也为该组织提供中长期扩张的条件。通过内环与近环的联动，"伊斯兰国"试图针对其对手造成地区失序的最大化，以有利于自身扩张。同时，内环与外环的互动主要表现在，"伊斯兰国"在外环的潜伏分子一方面为内环的反叛招募武装分子，另一方面则策划对外环的恐怖袭击。"伊斯兰国"恐怖分子与本土性恐怖网络的联结、意识形态宣传对"独狼"恐怖分子的吸引力，都试图造成全球性的破坏。而以恐怖袭击为手段制造恐慌、分化穆斯林社会又可以为自身的长期招募创造条件（见图 5.2）。

---

① Harleen Gambhir, "ISIS's Global Startegy: a War Game", Institute for the Study of War, July 2015.

② 在"伊斯兰国"所谓的全球哈里发"治理"机构中，Wilayats 即省是基本的"行政"单元。至 2016 年 6 月，"伊斯兰国"共在"境内"建立了二十余个 Wilayat，其中叙利亚 12 个，伊拉克 11 个。

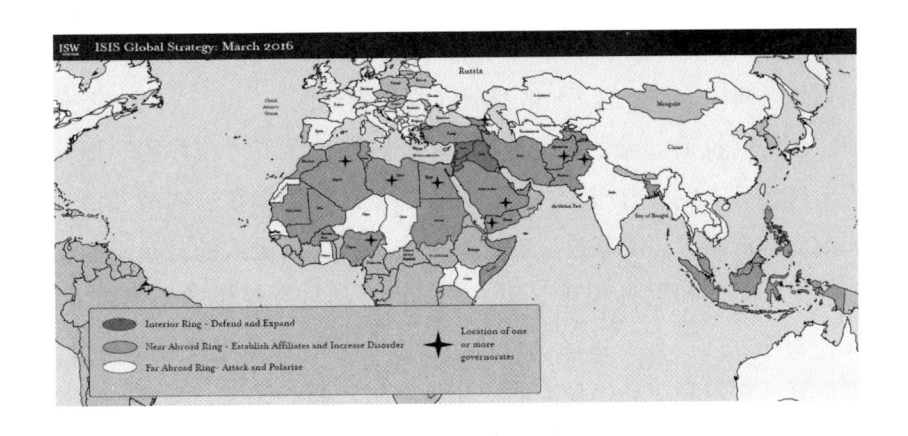

图 5.2　IS 全球战略分布图

图片来源：Harleen Gambhir, "ISIS's Global Startegy: a War Game," July 2015, Institute for the Study of War.

近年来，"伊斯兰国"在内环遭受了越来越大的压力。至 2016 年 7 月，"伊斯兰国"在国际联合打击之下，其控制的领土大幅缩减，其中在伊拉克缩减了 47%，在叙利亚缩减了 20%。[1] 在这种情况下，加快近环的发展而实现全球转移和扩张成为"伊斯兰国"重要的战略。一方面是分散国际打击的目标，另一方面是弥补在内环核心区域的损失。至 2016 年 7 月，"伊斯兰国"宣称已在尼日利亚等国建立了 8 个分支。同时，它还宣布计划在突尼斯、索马里、埃及本土、黎巴嫩、孟加拉、印尼和菲律宾建立分支。[2] 随着"伊斯兰国"分支及网络的扩张，在巴尔干、中亚、印度和马尔代夫等地区和国家均可能出现其附属机构。

至 2016 年 7 月，"伊斯兰国"在利比亚（巴格，菲赞和的黎波

---

[1] Schmitt, Eric, "As ISIS Loses Land, It Gains Ground in OverseasTerror," *The New York Times*, July 10, 2016.

[2] Rahmani Bardia, Tanco Andrea, "ISIS's Growing Caliphate: Profiles of Affiliates," July 1, 2016, *The Wilson Center*. (https://www.wilsoncenter.org/article/isiss-growing-caliphate-profiles-affiliates).

里三地)、埃及(西奈半岛)、尼日利亚(北部省区)、阿富汗和巴基斯坦(两国边境地区)、俄罗斯(高加索地区)、也门、阿尔及利亚、沙特阿拉伯(希贾兹等地区)9个国家建立了"域外省"即分支。这些分支主要分布于冲突区域,当地政治的动荡、内战及治理失败为其渗透提供了条件。在这些分支中,影响最大的分布于利比亚、西奈半岛和尼日利亚三地。它们均发动过大规模的恐怖袭击。在"伊斯兰国"核心区域及外部分支中,FTF均是重要组成部分。据估算,在叙利亚和伊拉克的"伊斯兰国"核心区域,巅峰时期约有3.3万名FTF,在外部分支FTF的人数亦高达2.48万人。[①] 外部分支成为参战人员的庇护所,也大量招募无法进入叙利亚和伊拉克的参战人员。

"伊斯兰国"的全球扩张战略,在加速FTF全球聚集和流动的同时,也大大提升了各地暴力极端主义和恐怖主义的威胁。例如,东南亚恐怖主义的威胁曾一度减弱,但是随着伊斯兰国的崛起,特别是由东南亚籍FTF组成的"马来群岛作战单位"(Katibah Nusantara)与经验丰富的回流者之间的联系加剧了恐怖主义威胁。同时,东南亚当地的许多恐怖团伙也图谋成为"伊斯兰国"的附庸,以获得当地极端—恐怖主义发展的主导权及来自"伊斯兰国"的资金援助。因此,中东地区国际恐怖主义组织性的转移和扩张,已造成了东南亚、南亚、高加索等地极端—恐怖主义的复苏,全球反恐形势更为复杂和严峻。

2. 随组织扩张而集体性转移

1998年,基地组织通过宣布成立"世界伊斯兰反犹太人和'十字军'圣战阵线",在此为外国恐怖主义作战人员构建了意识形态上和组织上的框架,并容留了数千名外国恐怖主义作战人员。

[①] R Rahmani Bardia, Tanco Andrea, "ISIS's Growing Caliphate: Profiles of Affiliates," July 1, 2016, *The Wilson Center*. (https://www.wilsoncenter.org/article/isiss-growing-caliphate-profiles-affiliates).

第五章 "丝绸之路经济带"安全场域中外国恐怖主义作战人员威胁探析

2001年年底阿富汗"塔利班"政权倒台，阿富汗境内的基地组织网络被摧毁，导致第一批基地组织关联人员回返。在某些情况下，这些"阿富汗老兵"构成未来与基地组织有关的实体（如"伊斯兰祈祷团"、青年党等）的核心。① 就理论上而言，FTF的回流，本身也意味着其从被征召者到招募者的身份转换，全球圣战动员也由此成为其回归的副产品之一。有研究据此建立了一个"五步"模型，用以描述圣战者从决定"迁徙"、接受培训、实际作战到回归作战并动员招募的整个过程。②

整体而言，因对"伊斯兰国"表现及战况失望而逃离冲突的FTF毕竟是少数，鉴于圣战派萨拉菲主义意识形态的顽固性，"伊斯兰国"核心区域内的FTF除了负隅顽抗外，还可能配合该组织的战略向外转移和扩散。

就目前FTF组织性转移的态势而言，情况表明，有些恐怖团体似乎受国外指示，也有些回返者迁往其他冲突地区，以便加入"伊斯兰国"的附属组织，或根据"伊斯兰国"的意识形态建立新的附属组织，或在"伊斯兰国"的战略框架内建立供资渠道，以扩大其全球足迹。不管如何，FTF组织性的转移，都可能成为国际恐怖主义扩张的载体。

在这方面，一个较为明显的案例是"伊斯兰国"向利比亚的扩张。在"伊斯兰国"首领巴格达迪看来，利比亚是建立新据点的有利地点。因为对"伊斯兰国"来说，利比亚具有重要的战略地位，控制该地可进一步影响北非和萨赫勒地区的各类冲突，也获得了影响欧洲安全的跳板，而且还可在中东控制之外的领土上得到一个新的枢纽地。自2013年以来，利比亚经历了几波利比亚籍FTF回返潮，从中也形成了利比亚境内"伊斯兰国"的骨干，同时它也不断

---

① Thomas Hegghammer, "The Rise of Muslim Foreign Fighters: Islam and the Globalization of Jihad," *International Security*, Vol. 35, No. 3, Winter 2010.

② Ibid..

吸引来自北非的大量 FTF 进入。经过数年的流动，利比亚各地可能已聚集了 5000—7000 名"伊斯兰国"分子。外国恐怖主义作战人员对该区域的威胁是多样的，它是因"伊斯兰国"在利比亚的存在而产生的，也是基地组织关联团体利用该国被削弱的治理结构的结果。利比亚境内的"伊斯兰国"作战人员包括三个主要群体：（1）从伊拉克和叙利亚返回的利比亚籍作战人员中的核心成员；"伊斯兰国"利比亚分支自成立以来极大地受益于新的作战人员的流入。"伊斯兰国"领导层派遣了一个约有 800 名利比亚作战人员的团体返回利比亚，以加强分支的实力。（2）外国恐怖主义作战人员，主要来自北非和萨赫勒地区，一支规模较大的队伍由来自马格里布的作战人员组成；（3）脱离利比亚当地团体的人员，其数量亦颇为可观。整体而言，"伊斯兰国"利比亚分支的主体，来自"伊斯兰国"核心区域中利比亚籍 FTF 的回返者。虽然利比亚分支在该国"武装割据"的竞争前景如何仍有待观察，但是 FTF 随"伊斯兰国"等国际恐怖主义的扩张而有组织地进行转移，必然构成地区及国际安全的新挑战。这种转移不同于历史上 FTF 自发性地向新的冲突热点聚集，带有更强的组织性，威胁自然也就更大。

　　同时，在"伊斯兰国""征服阵线"等极端和恐怖势力的发展过程中，对其表示效忠或支持的本土性恐怖势力，可能得以趁机壮大。据统计，截至 2015 年年底，从非洲的马里、阿尔及利亚，到中东的埃及、也门，再到南亚的巴基斯坦、印度，再到东南亚的印度尼西亚、菲律宾，目前已经有超过 17 个国家 34 个组织宣布效忠"伊斯兰国"，包括尼日利亚的"博科圣地"（甚至直接更名为"伊斯兰国西非省"）、利比亚的"伊斯兰青年舒拉委员会"、突尼斯的"圣战者和哈里发支持者组织""乌伊运"、巴基斯坦的"哈里发运动"、菲律宾的"哈里发支持者组织"等。这些本土性恐怖组织一方面成为伊斯兰国招募和输送当地 FTF 的幕后势力，另一方面也将成为 FTF 回流和转移的主要吸纳方。

3. 回返者的威胁

从恐怖主义分散化的角度来看，在军事上击败在叙利亚和伊拉克境内的"伊斯兰国"（这从中期看来并非不可能），可能在无意间造成将暴力性的外国恐怖主义作战人员驱散到全世界的结果，应付起来愈加棘手。

FTF的威胁除了表现在流出阶段外，更将持续到返回自己的国家或抵达第三国后开展的活动中。许多作战人员离开本国时并不打算回国，其离开的目的是开始新生活，建设一个新"国家"或以死殉道。然而，并非所有的人在回返时都已成为恐怖分子，许多人回返是因为他们幻想破灭，不愿再参与武装冲突。然而，那些最终回返的人可能受到极端暴力影响、接受了严格培训并拥有作战经验。因此，少数回返的外国恐怖主义作战人员对国际和平与安全构成非常严重的威胁。

对于FTF回返者参与恐怖活动的可能性，有学者持乐观态度，认为不到11%。[1] 这种基于历史分析得出的数据，能否适用于当前暴力极端主义发展的新形势尚存疑问。即使是数量不多的危险回返者，在当前的恐怖主义环境中，他们所导致的安全风险却不可低估。最主要的因素在于他们返回时可能会带回各种危险技能、信念和人际关系：他们可能已经学会如何使用武器、制造炸弹以及策划可靠的攻击计划；他们可能因其经历而更加激进，甚至受到创伤；许多人建立了紧密的社会团体（值得注意的是，在中东的FTF之间，乌兹别克斯坦、北高加索、中国和东南亚等地的武装人员更倾向于以族群为单位行动），发展联系网络，互表忠心，这些都可能成为未来自发的、跨国恐怖团体的基础。[2] 从本质上讲，新一代外

---

[1] Thomasf Hegghammer, "Should I Stay or should I Go? Explaining Variation in Western Jihadists' Choice between Domestic and Foreign Fighting," *American Political Science Review*, Vol. 107, No. 1, 2013.

[2] Kristin M. Bakke, "Help Wanted?: The Mixed Record of Foreign Fighters in Domestic Insurgencies," *International Security*, Vol. 38, No. 5, 2014.

国恐怖主义作战人员的中期威胁是，他们能把全球不同社区的各种外国恐怖主义作战人员串联起来，从而为策划未来的袭击提供"即插即用"的社交网络。① 新出现的外来作战人员还提供了一个广博的人才库，"基地"组织核心和"伊斯兰国"领导人可以从中挑选人员，增加了能力更强的恐怖分子参与未来袭击策划的风险。同时，"伊斯兰国"鼓动从袭击游客到残忍杀戮的"独狼"行动，使得在新一波相互关联不大的袭击中，意识形态顽固的外国恐怖主义作战人员成为急先锋的风险增大。

2015 年 11 月对巴黎和 2016 年 3 月对布鲁塞尔的袭击显示，"伊斯兰国"有能力发动连续、复杂的袭击浪潮。而协调实施袭击的正是从"伊斯兰国"返回欧洲的外国恐怖主义作战人员。在某种程度上，这些袭击小组受"伊斯兰国"领导层指挥，为其提供支持和协助的是原先已参与过犯罪（包括参与"基地"组织附属恐怖团体）的各类个人和团体。这表明"伊斯兰国"回返者有能力迅速建立相互联系，并利用既有的激进网络和"伊斯兰国"支持者，在各方配合下发动袭击。目前此类袭击可能会成为新的模式：据《纽约时报》披露，"伊斯兰国"现已建立了一个"多层级特工处"，以在全球策划恐怖袭击。② 这一部门主要负责联系有发动袭击意向的新皈依者或"清白"的招募者，为其提供指导或宣传支

---

① 尽管"基地"组织和"伊斯兰国"在恐怖主义战略层面存在相互竞争、在阿富汗和叙利亚等地因资源和地盘等时常爆发冲突，但是这并不妨碍恐怖分子间在个人层面建立私人关系。这表明，恐怖分子个体之间个人关系的重要性可能高于对某种激进意识形态的共同信念。例如，在 2015 年 11 月的巴黎袭击和 2016 年 3 月的布鲁塞尔袭击中，"伊斯兰国"的恐怖分子就依靠私人关系得到了"基地"组织个人的支持。同样，因为个人联系，"伊斯兰国"的个人协助基地组织行动人员策划了 2015 年在肯尼亚的未遂袭击。在也门，"半岛'基地'组织"和"伊斯兰国"作战人员在行动层面上甚至是相互支持的。因此，外国恐怖主义作战人员离开其所在冲突区前往其母国或在其他冲突区实施袭击的情况特别令人关切，因为这些人有可能利用一系列恐怖组织的支持网络，无论是基于私人关系还是组织背景的。

② Rukimi Callimachi, "How a Secretive Branch of ISIS Built a Global Network of Killers," August 3, 2016, *The New York Times*. (http://www.nytimes.com/2016/08/04/world/middleeast/isis-german-recruit-interview.html?_r=0).

持。这可能导致新的袭击模式：受"伊斯兰国""鼓励"的个人发动低技术含量的袭击；在"清白"征募者配合下，由"伊斯兰国"特工或前FTF策划或实施的更为复杂的袭击。

由于"伊斯兰国"目前在伊拉克和阿拉伯叙利亚共和国遭遇军事压力，导致更多外国恐怖主义作战人员回返，其部分带有明显的袭击意图。而相关国家内部个体激进化的案例不断增多，这对全球安全提出了日益严重的挑战。自2016年上半年以来，"伊斯兰国"活跃小组相对更频繁地在世界各地被拘捕，显示这一风险日趋严重。

第三节 "丝绸之路经济带"沿线FTF的分布与威胁

根据《一带一路愿景》，共建"一带一路"旨在促进经济要素有序自由流动、资源高效配置和市场深度融合。自"丝绸之路经济带"建设全面推进以来，我国及各方正全力打造"六廊六路多国多港"的主骨架，推动中蒙俄、中国—中南半岛、新亚欧大陆桥、中国—中亚—西亚、中巴和孟中印缅经济走廊建设。

需要注意的是，"丝绸之路经济带"的推进与FTF的扩散是一个反向与对冲的路径。自2014年起，我国与沿线国家开始了"丝绸之路经济带"共同建设的进程。与此同时，以伊拉克、叙利亚为中心，中东局势的剧烈变化对地区及国际安全产生了重大影响。当前，一方面是我国与俄罗斯、中亚、南亚等沿线国全面推进"丝绸之路经济带"建设；另一方面则是FTF浪潮自中东向上述地区扩散，这种反向路径的对冲结合当地原有的矛盾和冲突，形成了显著的"安全赤字"与风险。

一 沿线地区FTF分析

"丝绸之路经济带"覆盖欧亚大陆多个地区，从目前我国及各方全力打造的"六廊六路多国多港"主骨架来看，中亚、南亚和俄罗斯无疑是建设的重点区域。但是从国际安全的角度来看，上述区域和国家在当前国际恐怖主义扩张及 FTF 扩散的形态下，安全风险加大。一方面是"伊斯兰国"的扩张。迄今全球已有数十个极端组织向"伊斯兰国"宣誓效忠，如俄罗斯的车臣反政府武装"高加索酋长国""巴基斯坦塔利班"、部分阿富汗塔利班和"基地"组织分子、"乌兹别克斯坦伊斯兰运动"、印尼的"伊斯兰祈祷团"、菲律宾的"阿布沙耶夫"组织等。上述三个区域都有"伊斯兰国"的效忠组织，在北高加索和南亚甚至建立了分支。另一方面，上述三个区域和国家的 FTF 数量众多，其回返及转移意图增大。粗略估算，三地 FTF 的总规模在 5000 人以上，将成为地区乃至国际安全的重大威胁。

1. 中亚地区

自冷战结束以来，中亚地区一直深受"三股势力"的渗透和威胁，本次以中东地区为中心的全球恐怖主义浪潮亦使该地区受到较大影响。结合当前中亚地区政治稳定的潜在变动、伊斯兰极端主义的土壤及相对困难的经济形势，"丝绸之路经济带"在中亚的建设和推进不可忽视潜在的安全风险。其中，FTF 的回返和聚集可能直接威胁"丝绸之路经济带"建设项目。

（1）规模。对于来自中亚地区 FTF 的人数，官方和学术机构的统计数据差异不大。智库苏凡集团的报告认为，中亚五国共有 FTF 约 2000 人赴中东参战。[①] 官方公布的数据显示，各国 FTF 的人数平均为 300 人左右（土库曼斯坦无官方数据）。[②] 国际反恐研究

---

① "Foreign Fighters: An Updated Assessment of the Flow of Foreign Fighters into Syria and Iraq," December 8, 2015, *The Soufan Group*. (http://soufangroup.com/wp–content/uploads/2015/12/TSG_ ForeignFightersUpdate_ FINAL3. pdf)

② 安理会：《受外国恐怖主义作战人员影响的国家执行安理会第 2178（2014）号决议的情况（第三次报告）》，s/2015/975.（https://www.un.org/sc/ctc/blog/document/s2015975–en/）.

中心综合各方的统计得出的大致数据为：哈萨克斯坦300人，吉尔吉斯斯坦100人（人数低于官方数据），塔吉克斯坦386人，乌兹别克斯坦500人，土库曼斯坦360人。①

根据吉尔吉斯斯坦总检察院的资料，吉国出境加入"伊斯兰国"的人员多数来自吉国南部的奥什、巴特肯、贾拉拉巴德州。平均年龄为22—28岁，最小的16岁，最大的39岁。② 整体而言，包括吉国在内，中亚妇女参与FTF的比例明显高于其他地区。同时，在中亚FTF群体中，赴俄罗斯务工的群体常常成为重要的招募对象。他们通常处于社会底层，受挫感强，抵制金钱诱惑的能力相对较弱，宗教意识相对浓厚，容易被说服。③ 此现象在吉国南部尤为严重。2012年奥什市的暴力事件导致不少当地乌兹别克人远走他乡，在中亚和俄罗斯经济不景气的冲击下，许多人被招募成为FTF。如前所述，暴力极端主义的形成过程中，个体的经济、社会境遇常常被极端势力的宣传所利用，以此为基础进行极端化的鼓动。从中亚籍FTF成员的社会阶层状况而言，此类现象较为明显。特别是来自国内欠发达地区的出国务工群体，由于经济和社会等方面相对边缘化的境遇，他们常常在宗教的范畴中寻求认同和慰藉。这又使得他们极易受极端势力的蛊惑乃至裹挟，特别是在经济状况恶化的背景下。虽然在中亚乌兹别克斯坦伊斯兰运动或阿富汗"塔利班"早就存在，但那些原本并未考虑加入这些组织的人，却因深感压抑与被排挤而认同"伊斯兰国"是一个新颖而神圣的政治秩序。

---

① Alex P. Schmid, Judith Tinnes, "Foreign (Terrorist) Fighters with IS: A European Perspective," December 2015, *ICCT*. (https://www.icct.nl/wp-content/uploads/2015/12/ICCT-Schmid-Foreign-Terrorist-Fighters-with-IS-A-European-Perspective-December2015.pdf).

② Айганыш Абдыраева, Что толкает граждан к религиозному экстремизму? (http://www.knews.kg/society/72072_chto_tolkaet_grajdan_k_religioznomu_ekstremizmu_/).

③ 张宁、马文玮：《IS在中国西部周边的发展态势》，《俄罗斯学刊》2016年第1期。

在中亚国家公民参与"伊斯兰国"的过程中,影响最大的莫过于2015年5月塔吉克斯坦精锐警察部队高级指挥官哈里莫夫叛逃加入"伊斯兰国"事件。该事件表明,除了社会底层外,中亚籍FTF不乏精英力量。也正是如此,来自中亚的作战人员与俄罗斯的车臣族裔一道,常常位居"伊斯兰国"和"征服阵线"高级指挥官之列。这是研判FTF回流当地过程时不可忽视的因素。

国际恐怖组织在中亚的招募活动主要由"乌伊运"负责。据报道,中亚籍FTF大多经由土耳其前往叙利亚;一部分跨越阿富汗和巴基斯坦边界参加北瓦济里斯坦的训练营,然后被送往阿富汗或叙利亚参战。同时,"卡吉巴特-伊玛目-布哈里"(Катибат аль—Имам Бухари)和"让纳特-奥什科拉里"(Жаннат Ошиклари)是活跃在乌兹别克斯坦、吉尔吉斯斯坦以及哈萨克斯坦南部的两个极端组织,它们主要为位于北巴基斯坦的"塔利班米拉姆沙赫密谋活动"(Мирамшахской шуры Талибана)和位于叙利亚的"叙利亚战线"(Фронта ан—Нусра)组织效力。近年来,这两个组织招募了数百名吉尔吉斯斯坦、乌兹别克斯坦以及塔吉克斯坦年轻人前往境外加入极端组织。①

(2)转移和回流的威胁。现实情况表明,通过"伊斯兰国"接受战斗训练并逐步晋升入指挥层的中亚人的数量不断上升,他们所参与的恐怖主义网络也在不断壮大。虽然大部分中亚人被根据种族和语言分成不同的小组,但这些小组又联合形成了更大的地区性FTF网络,包括了来自苏联、阿富汗、巴基斯坦和中国新疆地区的FTF。这种网络很有可能在中亚加速发展并且形成自身目标,而本来就缺乏能力应对此类安全威胁的中亚各国政府必将受到严重挑战。

2014年"伊斯兰国"与"埃努斯拉"阵线分裂后,中亚籍

---

① Аналитический доклад, Сирийская война и безопасность стран Центральной Азии. (http://www.stanradar.com/news/full/18791 - analiticheskij - doklad - sirijskaja - vojna - i - bezopasnost - stran - tsentralnoj - azii.html).

FTF 在"埃努斯拉"阵线（现更名"征服阵线"）中建立了自己的组织。包括"伊玛目布哈里扎马特组织"（Imam Bukhari Jamaat）、"巩固和圣战手册"（Katibat Tavhid wal Jihad）两个乌兹别克团体，以及"突厥斯坦伊斯兰党"（Turkistan Islamic Party）叙利亚分支。如今这三个组织均处在最兴盛的时期。① 同时，以"乌伊运"等组织为依托，部分中亚籍 FTF 选择支持"伊斯兰国"。就短期而言，在中东的中亚 FTF 武装将以叙利亚为活动中心，在阿富汗的亦继续以当地为基地。但是，随着"伊斯兰国"等中东恐怖组织可能被击垮，他们将往外扩散。其威胁路径包括：

一是借由语言方面的便利向土耳其、北高加索等地转移和活动。2016 年 2 月，俄罗斯安全部队破获了一个由塔吉克斯坦籍 FTF 组成的恐怖团伙，缴获一批炸药、用于制造简易爆炸装置的雷管及武器弹药，他们在外部的支持下试图在叶卡捷琳堡发动袭击。2016 年 6 月 28 日，"伊斯兰国"对伊斯坦布尔阿塔图尔克国际机场的袭击中，袭击者包括来自乌兹别克斯坦、吉尔吉斯斯坦和俄罗斯车臣的 FTF。这表明，中亚籍 FTF 正不断向叙利亚以外地区活动，并成为国际恐怖组织的重要人员组成。

二是在中东经历了战火的洗礼后回流本土，成为国际恐怖主义渗透的载体。在"伊斯兰国"的全球战略中，中亚地区特别是费尔干纳盆地是其渗透的重要目标。吉尔吉斯斯坦"宗教、权力和政治"中心主任马利科夫 2015 年 2 月向媒体透露，"伊斯兰国"已向其中亚分支组织"马维兰纳赫尔"拨款 7000 万美元，令其在费尔干纳地区策划恐怖袭击。② 同时，回流的 FTF 不断与当地极端—恐怖势力勾结并响应"伊斯兰国"等国际恐怖势力的指令发动袭击，

---

① Jacob Zenn, "Istanbul and Aktobe Attacks Highlight Central Asians' Role in Transnational Terrorist Networks," *Eurasia Daily Monitor*, Vol. 13, Issue. 119, July 2016. (https://us.makemefeed.com/2016/07/02/istanbul-and-aktobe-attacks-highlight-central-asians-role-in-transnational-terrorist-networks-1559521.html).

② 张宁、马文玲：《IS 在中国西部周边的发展态势》，《俄罗斯学刊》2016 年第 1 期。

危害当地的安全与稳定。塔吉克斯坦内务部长拉希姆卓达透露，2014年塔安全部门共抓获53名在中东参战的恐怖分子，其中12人为"伊斯兰国"作战的回流人员。① 据哈萨克斯坦国家安全委员会的资料，在2014年1月至2015年9月一年半时间内，哈已制止了2起从中东参战返哈人员计划在哈实施暴恐活动的阴谋。② 2015年7月，吉尔吉斯斯坦特种部队在首都比什凯克消灭了一伙"伊斯兰国"武装分子。他们原计划于7月17日开斋节期间在比什凯克发动一系列恐怖袭击，并攻击俄罗斯驻吉坎特空军基地。2016年6月5日，哈萨克斯坦阿克托别市发生严重暴恐事件，共造成17人死亡。此次事件亦被认为是中亚恐怖组织对"伊斯兰国""斋月袭击"指令的响应。③

从目前的情况来看，中亚籍FTF回流人员大多接受国际恐怖组织的指令，试图在中亚发动恐怖袭击。但是，他们的野心并不仅限于此。2015年1月26日，"伊斯兰国"宣布在阿富汗和巴基斯坦建立"呼罗珊省"分支（ISIL - Khorasan，ISIL - K），这将对中亚地区安全构成重大威胁。有研究表明，因为大力推动"伊斯兰国"向阿富汗扩张的人正是从塔吉克斯坦叛逃出去、现为"伊斯兰国"中亚特遣队的指挥官哈里莫夫（有消息显示，此人已被击毙）。在建立"呼罗珊"分支过程中，中亚外国恐怖主义作战人员特遣队寻求在阿富汗创建基地，以便利用中亚可能出现的动荡形势重返当地。④

---

① 孙力、吴宏伟主编：《中亚国家发展报告（2015）》，社会科学文献出版社2015年版，第153页。
② 张宁、马文玲：《IS在中国西部周边的发展态势》，《俄罗斯学刊》2016年第1期。
③ 这次袭击发生在伊斯兰教斋月的第一天，而此前"伊斯兰国"在网上发布过在斋月期间在全球进行恐怖活动的"斋月行动"，让恐怖人员去认领。而之后在斋月中孟加拉、沙特、法国、德国等地都发生了严重的暴恐事件。
④ 安理会：《分析支助和制裁监测组根据关于伊拉克和黎凡特伊斯兰国（"达伊沙"）、基地组织及关联个人和实体的第2253（2015）号决议提交的第十八次报告》，s/2016/629.（https://www.un.org/sc/ctc/wp - content/uploads/2016/09/MT - 18th - report.pdf）.

2. 南亚地区：巴基斯坦和阿富汗

有数据指出，参与"伊斯兰国"的巴基斯坦FTF①人数为500人以上，阿富汗人数不详。② 就巴基斯坦及南亚地区安全而言，最大的威胁并非来自于中东地区FTF的回流，而是巴境内组织及群体对"伊斯兰国""呼罗珊省"分支的支持。③ 2015年1月26日，"伊斯兰国"公开宣布，在阿富汗和巴基斯坦建立"呼罗珊省"分支（ISIL-Khorasan，ISIL-K），④ 同时任命一名前巴基斯坦"塔利班"指挥官哈菲兹·萨义德·汗（Hafez Saeed Khan）为首领。这一分支的建立使饱受极端—恐怖势力肆虐的阿富汗和巴基斯坦的安全形势雪上加霜。

自分支建立后，"伊斯兰国"继续在阿富汗和巴基斯坦建立联系和同情者网络，这些同情者以其名义发动袭击。虽然在各方挤压之下"伊斯兰国"在这些地区的存在转入地下，但仍很活跃。"伊斯兰国"阿富汗分支已证明自己有能力控制有限的地盘并在其核心领地以外的主要城市进行恐怖袭击。他们在喀布尔使用简易爆炸装置袭击了一个什叶派清真寺，在贾拉拉巴德对巴基斯坦领事馆进行了一次复杂的自杀式袭击，⑤ 还在巴基斯坦境内的边界地区进行过

---

① 2015年3月，阿富汗安全部队估计在阿富汗仍活跃有大约6500名外国恐怖主义战队人员，其中大多数人与巴基斯坦"塔利班"有关联，约150人与"东伊运"有关联。

② "Foreign Fighters: An Updated Assessment of the Flow of Foreign Fighters into Syria and Iraq," December 8, 2015, *The Soufan Group*. （http://soufangroup.com/wp-content/uploads/2015/12/TSG_ForeignFightersUpdate_FINAL3.pdf）.

③ 在巴基斯坦籍赴中东参战的FTF中，可分为两类，一类是个体自发性的行为，另一类则带有组织背景，有证据表明，部分前"巴塔"成员已奔赴叙利亚参与"伊斯兰国"，"基地"组织为了支援征服阵线亦从阿富汗抽调了部分主力前往中东。但是，考虑到"呼罗珊分支"的建立，它对地区安全与稳定的威胁更为直接，也可能成为FTF流动的新据点。

④ 例如，见"Islamic State Appoints Leaders of 'Khorasan Province,' Issues Veiled Threat to Afghan Taliban," *The Long War Journal*, January 27, 2015。呼罗珊（Khorasan）是一个历史名称，通常被理解为包含阿富汗、巴基斯坦及其邻近国家领土的区域。

⑤ 2016年1月13日，在两国活动的"伊斯兰国"团体"呼罗珊省"发表声明，声称对袭击巴基斯坦驻阿富汗贾拉拉巴德领事馆负责。

袭击。2016年7月23日，该分支在喀布尔发动了一次自杀式爆炸袭击，爆炸造成约80人死亡，231人受伤，这是自2001年来阿富汗死伤人数最多的炸弹袭击事件。

"伊斯兰国"阿富汗分支的一个重要资金来源是总部的支持，资金以经由第三国的汇款形式进行转移。这些资源足以让阿富汗分支在2015年第一季度收购楠格哈尔省四个区收获的大部分鸦片，估计价值数百万美元。该分支曾将价值数百万美元的罂粟作物烧毁，这表明，该恐怖团伙在阿富汗有充足的金融资产，目前不需要依靠毒品贸易为其在该国的行动筹资。在其固定调频电台于2016年2月被摧毁后，该分支为避免被发现而使用移动平台恢复了其"哈里发之声"广播。该团体能接入互联网，并继续频繁地制作高质量的宣传影片。

2015年，在阿富汗开展行动的国际反恐部队开始系统地以"呼罗珊"分支为目标。面对阿富汗国防和安全部队在国际军事空袭掩护下开展的行动以及塔利班的袭击，"呼罗珊"分支战术性地从主要定居区撤退到阿富汗—巴基斯坦边界沿线的边缘山区。2015年秋季，"呼罗珊"分支在楠格哈尔省估计有1400名至2000名作战人员。但到2016年第一季度，这支队伍估计只有不到1000名作战人员。至2016年6月，上述压力促使"伊斯兰国"呼罗珊分支在邻近的库纳尔省和努尔斯坦省建立了一个小规模的次要据点，以图安身并招募人员。

但是，"伊斯兰国"在南亚立足的基础和土壤仍然存在。目前在阿富汗20多个省份（全国共34个省）中仍有众多的"伊斯兰国"支持者。已加入"伊斯兰国"的前巴塔小派别位于霍斯特、库纳尔、楠格哈尔和帕克蒂亚省，它们在那里能够对巴基斯坦境内的目标进行跨边界袭击。在楠格哈尔省，"伊斯兰国"控制了5个地区，同时还得到恐怖团体"伊斯兰军""自由人党"和"塔里克吉达尔组织"等前巴基斯坦塔利班派别的支持。

第五章 "丝绸之路经济带"安全场域中外国恐怖主义作战人员威胁探析

自 2017 年以来,"伊斯兰国"连续在阿富汗发动了多起大规模的恐怖袭击。事实表明,该恐怖势力已成为影响阿富汗乃至地区安全与稳定的重要力量。这与"伊斯兰国"武装力量在中东受挫后向南亚地区整体转移的趋势是一致的。

"伊斯兰国"目前在阿富汗的人员构成主要包括来自巴焦尔族部落区、开伯尔族部落区、古勒姆族部落区和奥拉格宰族部落区的巴塔小派别、阿富汗塔利班前成员、"哈卡尼网络""乌伊运"和"安拉战士"(Jamaat Ansarullah)的一些前成员。大力推动"伊斯兰国"向阿富汗扩张的人是塔吉克斯坦驻叙利亚前军官、现为"伊斯兰国"中亚特遣队指挥官古尔穆罗德·哈利莫夫(Gulmurod Khalimov)。在建立呼罗珊分支过程中,中亚外国恐怖主义作战人员特遣队寻求在阿富汗创建一个基地,以便利用中亚可能出现的动荡形势重返当地。① 当然,考虑到该分支众多的前巴塔、"哈卡尼网络"成员,它也不会轻易放弃对巴基斯坦的渗透。此外,前首领哈菲兹·萨义德·汗领导的苏拉委员会由 12 人组成,其中巴基斯坦人 9 名,阿富汗人 2 名,还有 1 人来源不明。② 目前,虽然呼罗珊分支的活动主要集中在阿富汗,但是鉴于苏拉委员会的人员构成,其活动重心将逐渐向巴基斯坦转移。

整体而言,虽然在巴基斯坦及阿富汗遭受打击和挤压,但是"伊斯兰国"不会轻易放弃"呼罗珊"分支。当地错综复杂的武装派系斗争及治理失效导致的安全真空,也为"伊斯兰国"武装的转移和 FTF 的再次集结创造了可能性。以巴基斯坦为例,根据南亚恐

---

① 安理会:《分析支助和制裁监测组根据关于伊拉克和黎凡特伊斯兰国("达伊沙")、基地组织及关联个人和实体的第 2253(2015)号决议提交的第十八次报告》,s/2016/629. (https://www.un.org/sc/ctc/wp - content/uploads/2016/09/MT - 18th - report.pdf).

② "Pakistani Taliban Splinter Group Again Pledges Allegiance to Islamic State," *Long War Journal*, January 13, 2015. (www.longwarjournal.org/archives/2015/01/video_ pakistani_ tali_ 2.php).

怖主义门户网站（South Asia Terrorism Portal）的统计数据，2015年，巴基斯坦境内发生的与恐怖主义暴力相关的事件共造成3682人死亡，其中平民940人，安全部队人数339人。截至2016年9月4日，相关暴力事件已造成1337人死亡，其中平民449人。① 同时，当地恐怖组织的效忠或支持为"伊斯兰国"未来的扩张提供了条件。如在巴基斯坦塔利班及在阿富汗活跃的"乌伊运"就公开支持或效忠"伊斯兰国"。2014年12月16日，巴基斯坦塔利班袭击了白沙瓦陆军公立学校，致使141人遇害，"基地"组织和阿富汗塔利班谴责这一袭击，但"乌伊运"等则予以支持。此外，巴基斯坦与阿富汗国内相似的暴力极端主义和恐怖主义社会土壤以及两国间松散的边境管理，为"伊斯兰国"分支在两国的立足和蔓延提供了条件。2015年12月，旁遮普省司法部长正式承认，"伊斯兰国"已在旁遮普省活动。② 在联邦层面，巴基斯坦外交部长艾哈迈德·肖德里（Azaz Ahmad Chaudhry）承认，"伊斯兰国"对巴基斯坦已构成了严重威胁。③ 相关情报显示，"呼罗珊"分支苏拉委员会的成员奥马尔·曼索尔（Omar Mansoor），已经和巴基斯坦极端主义网络的中心——红色清真寺（Lal Masjid）进行了接洽。如果两者得以结盟，"伊斯兰国"将获得在巴渗透的各类资源和网络。④ 现实表明，随着该组织在南亚的立足乃至扩张，今后巴基斯坦的安全形势将面临更大的压力和挑战。

3. 俄罗斯北高加索地区

（1）规模。受战争、族群矛盾、极端主义等各方面因素的影响，俄罗斯公民参与中东战事的现象较为突出。据独联体国家反恐

---

① http：//www.satp.org/satporgtp/countries/pakistan/database/casualties.htm.
② *Frontier Post*, December 29, 2015.
③ *Dawn*, February 23, 2015.
④ "Pakistani Taliban Splinter Group Again Pledges Allegiance to Islamic State," *Long War Journal*, January 13, 2015 (www.longwarjournal.org/archives/2015/01/video_ pakistani_ tali_ 2.php).

中心主任估算，参与"伊斯兰国"的俄罗斯籍作战人员的数量甚至在5000人以上，① 主要来自达吉斯坦、车臣、卡巴尔达－巴尔卡里亚、印古什等北高加索区域。2016年5月，俄罗斯北高加索地区的代表在反恐委员会会议上表示，约3000名当地居民已离境奔赴"伊斯兰国"。

根据跨国活动动机和轨迹的差异，可将赴伊拉克和叙利亚的操俄语作战人员分作两拨。第一拨（2011—2013年）参战人员主要由在西欧的车臣人和北高加索反叛武装（如"高加索酋长国"）人员组成。前者主要是两次车臣战争的离散和外逃者。他们虽然也打算赴北高加索参与反叛武装，但是逐渐发现回返的风险要远高于赴叙利亚参战。后者赴中东的主要目的是寻求庇护和获取战斗经验，以便日后重回北高加索作战。第二拨（2014年以来）参战人员以达吉斯坦、车臣居民及莫斯科的中亚劳工为主，大部为理想型的萨拉菲主义者。他们视参与"伊斯兰国"为实践乌玛和"沙利亚法"的机会。与上一批参战人员不同，他们更多地受宗教意识形态所驱动，由于缺乏作战经验而造成了严重伤亡。

整体而言，俄罗斯籍FTF形成的原因主要有三：（1）北高加索地区原有的恐怖组织如"高加索酋长国"等被俄罗斯反恐力量击溃，转而向"伊斯兰国"寻求庇护。至2015年6月，大部分北高加索的恐怖组织均倒向并宣誓效忠"伊斯兰国"，随后被指定为"伊斯兰国"新的分支"高加索省"（Vilayat Kavkaz）。（2）车臣战争引发的恐怖分子离散和复仇。在参与"伊斯兰国"的车臣籍作战人员中，来自欧洲的车臣难民亦占了相当的比例，他们在思想上更为反俄和极端。（3）宗教极端主义的驱动。北高加索地区的萨拉菲主义者宣称，宗教是当地人参与中东暴力活动的核心因素。极端主义者不断向当地青年灌输：向"伊斯兰国"迁徙（hijjra）或为

---

① "До 5 тысяч россиян воюют на стороне 'Исламского государства'," *Kommersant*, June 17, 2015.

其而战是每个穆斯林的义务（fardh'ajn），放弃这一义务则是对安拉的背叛。同时，"伊斯兰国"也在利用创建"哈里发"和践行"沙利亚法"等内容持续在当地进行煽动和招募活动。①

除了参与"伊斯兰国"外，还有一部分车臣族恐怖分子加入了"征服阵线"乃至在该组织中居于高位。在叙利亚和伊拉克，北高加索籍作战人员一度成立了规模空前的作战团体"移民及帮手军"（Army of Immigrants and Helpers, JMA），后来因故解散。可是北高加索籍 FTF 团体的族群性和独立性仍然鲜明，他们大部分加入了由车臣人领导的相对独立的团体，如"高加索自由军"（Ajnad al - Kavkaz, AK）、"沙姆卫士"（Ansar al - Sham, AS）等。但是，他们在中东的短期存在，掩盖不了他们恢复攻击俄罗斯并在欧洲建立恐怖主义新网络的长期目标。

（2）回流的威胁。2015 年 9 月起俄罗斯军事介入叙利亚局势的一个重要原因来自北高加索 FTF 不断增加的威胁。为此，俄军早期空袭的目标也以操俄语 FTF 活跃的拉塔基亚、伊德利卜和阿勒颇等城市为主。俄罗斯这种先发制人的策略实质上也是一把"双刃剑"，在打击 FTF 的同时，必定引发"伊斯兰国"和"征服阵线"的报复（包括已经发生的俄罗斯客机被炸事件）。进一步而言，这无疑提升了当地北高加索籍 FTF 的地位，并客观增强了国际恐怖组织与北高加索当地恐怖武装之间的联系。

就俄罗斯籍 FTF 回流的现实威胁来说，第一波 FTF 从未否认自身回流并在北高加索作战的决心，而且他们已经与俄罗斯境内的恐怖组织建立了稳定的联系。随着"高加索酋长国"（Imarat Kavkaz）宣布效忠"伊斯兰国"并组建"高加索分支"，承载 FTF 回流的组织平台已搭建。至 2015 年 12 月，俄罗斯共拘捕并惩处了 150 多名

---

① "The North Caucasus Insurgency and Syria: An Exported Jihad?" March 16, 2016, ICG. (http://www.ecoi.net/file_upload/1226_1458642687_238 - the - north - caucasus - insurgency - and - syria - an - exported - jihad.pdf).

第五章 "丝绸之路经济带"安全场域中外国恐怖主义作战人员威胁探析

回流的作战人员,① 被俄特种部队击毙者亦不在少数。2016年5月对俄罗斯公共交通系统的袭击阴谋被挫败,其背后就与"伊斯兰国"及北高加索及中亚 FTF 有关联。② 同时,在暴力极端主义的鼓动下,第二波 FTF 最终会将俄罗斯视为下一个主要目标,无论是在叙利亚还是其他地区。

对于俄罗斯的安全及稳定而言,北高加索恐怖势力借 FTF 的回流而进行的组织重构和复苏,或许更值得警惕。自两次车臣战争结束以来,受伊斯兰极端主义的影响和刺激,北高加索分离主义的宗教色彩不断增强,其国际化进程也在加快。北高加索反叛武装的意识形态演进可划分为四个阶段:(1)2006年中期—2007年年底,可称为分离型圣战主义,目的是实现从俄罗斯联邦的分裂。其组织结构清晰,将俄罗斯视为侵略者、地方政权为通敌者。(2)随着所谓"高加索酋长国"的建立,宗教极端因素开始走向前台,俄罗斯和地方政权被描绘为异教徒和叛教者。在此过程中,虽然反叛势力仍以本地议程为主,但国际化的进程不断加速。(3)自2010年下半年起,反叛势力对国际事务的兴趣增大,"高加索酋长国"亦逐步成为"全球圣战"的组成部分。其攻击目标逐步由俄罗斯扩大为西方世界。(4)2013年下半年,自多库·乌马罗夫(Doku Umarov)死后,"高加索酋长国"迅速向"基地"组织靠拢。反叛势力中更为极端的人员,开始倒向"伊斯兰国"③。所以说,随着北高加索反叛势力国际化进程的推进,其发展必然更加受到国际恐怖主义走向的影响,特别是与"基地"组织和"伊斯兰国"的全

---

① "В РФ осуждены более 150 вернувшихся из Сирии боевиков," *Interfax*, December 2, 2015.

② 2016年5月6日,俄罗斯联邦安全总局在克拉斯诺亚尔斯克阻止了一起策划在公共交通工具上实施的恐怖袭击,破获了与国际恐怖分子有联系的中亚人团伙。

③ "Exporting Jihad: Foreign Fighters from the North Caucasus and Central Asia and the Civil War in Syria," September 23, 2015, *Chatham House*. (https://www.chathamhouse.org/sites/files/chathamhouse/events/special/Summary%20FSU%20fighters%20in%20Syria%2001102015%20JM.pdf).

球战略部署密切相关。

近年来，北高加索各共和国内的恐怖势力都处于不同程度的衰落态势，其中既有战略转型的因素，也与首领的死亡和恐怖分子的代际更替有关。鉴于当地各类恐怖团伙的高度分散性，FTF回流者不仅难以融入当地族群网络，也难以招募和培训新一代反叛分子。与叙利亚不同，北高加索共和国并不是治理失败之地，也不存在安全的庇护所。即使这些回流者可能从事"独狼"式恐怖活动，可是此类策略并非当地反叛势力的主流。鉴于"高加索酋长国"的衰落，许多当地恐怖团体转而效忠"伊斯兰国"。但是这种效忠能否扭转颓势是存在疑问的。虽然他们希望与"伊斯兰国"结盟以获取资金及培训方面的支援，但是后者只可能为其提供一个平台而已。虽然在北高加索建立了分支，但"伊斯兰国"在当地的活动仍侧重于宣传和招募，它对当地恐怖武装的支持力度非常有限。

这在另一个层面上成为回流 FTF 及其组织进行本土化重组的压力和驱动力。虽然情况并不乐观，如为了防范叙利亚回流者煽动冲突，"苏菲运动"已倒向俄罗斯政府并反对"高加索酋长国"及其他萨拉菲组织。但唯一的例外是达吉斯坦，当地的极端恐怖势力已完成了组织重构及对新一代"圣战"分子的整合。① 如果回流的北高加索恐怖组织与本土组织实现重组及合流，"伊斯兰国"必将重新评估自身在当地的战略部署，俄罗斯的安全也将面临更大挑战。

二 FTF 对"丝绸之路经济带"威胁评估

几年来发生的恐怖袭击，包括在巴黎和雅加达实施的恐怖袭

---

① "Exporting Jihad: Foreign Fighters from the North Caucasus and Central Asia and the Civil War in Syria," September 23, 2015, *Chatham House*. （https://www.chathamhouse.org/sites/files/chathamhouse/events/special/Summary%20FSU%20fighters%20in%20Syria%2001102015%20JM.pdf）.

击，反映了国际恐怖主义向在中东以外实施大规模行动的重大转变，同时自我激进化导致的"独狼"式恐怖袭击活动也可能增多。仅在2016年上半年，孟加拉国、比利时、埃及、法国、德国、印度尼西亚、黎巴嫩、巴基斯坦、俄罗斯、土耳其和美国都发生过由伊黎伊斯兰国实施、激发、或声称负责的恐怖袭击，造成500多人死亡、数百人受伤。①"丝绸之路经济带"建设处于当前国际恐怖主义扩散与威胁的重点区域，对其安全形势进行有效评估无疑是一项紧迫的任务。

1. 现实威胁的理论分析

上文选择了"丝绸之路经济带"建设中的三个重要区域：中亚、南亚及俄罗斯，具体分析了上述区域在FTF层面上的安全风险和潜在威胁。如前所述，当前FTF流动造成的安全风险主要由相互联系的三个因素推动的，即"伊斯兰国""征服阵线"等国际恐怖组织，本土恐怖组织及团体，外国恐怖主义作战人员。从上述三个因素的作用来看，这些区域存在着微妙的差异：在中亚地区，FTF规模性地回流对地区安全与稳定造成了诸多消极的冲击。他们可能充分利用当地日趋严重的宗教极端主义思想环境，勾结本地极端和恐怖团体，甚至成为"伊斯兰国"向中亚渗透的先锋。考虑到近期中亚经济和政治形势的不稳定性，FTF的威胁可能扩大。在南亚，由于巴基斯坦和阿富汗两国赴中东作战人数的规模较小，这一地区国际性的外来安全威胁主要来自"伊斯兰国""呼罗珊"分支的冲击。一方面，"伊斯兰国"的旗号和资金支持，可能继续吸引"巴塔""乌伊运"等本地恐怖势力的效忠；另一方面，在叙利亚和伊拉克被击垮的情况下，中东FTF可能利用本地区的安全真空而再次向南亚集结。在俄罗斯的北高加索地区，FTF数量众多，"伊斯兰

---

① "秘书长关于伊黎伊斯兰国（达伊沙）对国际和平与安全构成的威胁以及联合国为支持会员国抵御这一威胁所作广泛努力的报告"（http：//www.un.org/zh/documents/view_doc.asp? symbol = S/2016/501）。

国"亦在当地建立了分支,但本土性恐怖势力的潜在威胁更大。后者可能充分利用前面两个因素,结合本地议题重新发展壮大。

由此观之,在全球恐怖威胁形势持续变化,并日益分散化和扩散化的背景之下,需要对这一现象和趋势的脉络进行梳理和把握。考虑到东西方参与恐怖主义作战人员明显的地域性差异,西方社会个体性的参战及回流行为的规律,可能并不能全面反映这一现象背后重大的安全威胁。应从组织性的角度评估此类恐怖主义的国际化及威胁。也就是说,在"伊斯兰国""征服阵线"等恐怖势力全球扩散的过程中,本土组织和团伙是中介,FTF 成为潜在的载体。三者已在诸多地区构建了提供人员、资金、假证件、汽车、安全屋、武器和炸弹原料的支援网络,随时可展开蜂群式恐怖袭击。

"伊斯兰国"成员最近在国际上实施的袭击表明,恐怖团体目前正在进入一个新阶段,未来的风险可能会更经常地出现由高层统一指挥并精心筹划的针对国际民事目标的袭击。2015 年 11 月在巴黎实施的袭击事件,具有"基地"组织(包括"伊斯兰国")袭击的典型特征:长期准备、多个目标、有计划的数波攻击、并有在行动领导人指挥下,由叙利亚境内策划人员和法国境外协助人员牵头协调的实地多小组结构的参与。本土小组和往返伊拉克、叙利亚的恐怖分子的结合是一种新的复杂的挑战。2015 年 1 月以来收集的证据表明,"伊斯兰国"与其海外恐怖分子之间存在有效的行动联系。这些袭击还表明,存在下列方面的不同能力:寻找大型目标(包括餐馆、体育场馆、旅游基础设施和音乐厅);就躲闪式旅行办法提供咨询;组织后勤支援;提供通信、武器和爆炸物使用培训;远程管理潜在攻击者名册;调动全球同情者网络,为这类行动提供协助。①

---

① 《秘书长关于伊黎伊斯兰国(达伊沙)对国际和平与安全构成的威胁以及联合国为支持会员国抵御这一威胁所作广泛努力的报告》,s/2016/92(http://www.un.org/zh/documents/view_ doc.asp? symbol = S/2016/92)。

第五章 "丝绸之路经济带"安全场域中外国恐怖主义作战人员威胁探析

2016年6月28日夜间,在伊斯坦布尔阿塔图尔克机场发生三起爆炸事件。该起恐怖袭击导致44人死亡,其中19人为外国公民,另有239人受伤。土耳其总统埃尔多安表示,涉嫌参与恐袭的有俄罗斯达吉斯坦公民、吉尔吉斯斯坦和塔吉克斯坦公民,而组织这起恐袭的是"伊斯兰国"恐怖主义组织。来自俄罗斯车臣共和国的艾哈迈德·扎塔耶夫涉嫌指挥这起恐怖袭击。他曾在犯罪组织"高加索酋长国"领导人多库·乌马罗夫(Doku Umarov)手下效力,在后者死后投靠"伊斯兰国"并指挥一个负责筹备在俄罗斯和欧洲实施恐怖袭击的特别分队,其成员主要来自北高加索。① 此次袭击事件成为FTF背景下新型恐怖袭击的缩影。

2. 直接威胁:投资、重要运输点等

近两年来,已有一批"一带一路"重大项目取得突破和早期收获。目前,"一带一路"战略已经与俄欧亚经济联盟建设、中巴经济走廊、欧洲"容克投资计划"、越南"两廊一圈"等国家和地区的战略规划形成对接。构建了如中白工业园、莫斯科至北京全长770公里的高铁线、巴基斯坦卡洛特水电站等重大工程项目,而中塔公路二期、中亚天然气管道D线等项目正在加快推进。可以看到,重大项目是"丝绸之路经济带"推进的抓手和着力点。

重大项目的投资及建设有赖于安全稳定的经济和社会环境,而"一带""一路"两个方向都曾发生过针对中国目标的袭击,结合在西亚非洲地区中国企业曾遭受的恐怖袭击,这一波东来的国际恐怖浪潮可能对"一带一路"投资活动产生如下负面影响:一是增加安全成本,企业投资和运行中会考虑更多的安全因素。二是因恐怖袭击而暂时中断相关活动,延误企业经营,增加企业运行成本。三是大规模暴力活动对企业经营场所的直接冲击,在巴基斯坦和利比亚都发生过类似事件。四是企业人员的外出活动

---

① 《土耳其起诉17名伊斯坦布尔机场恐袭嫌疑人》,2016年7月6日,俄罗斯卫星网(http://sputniknews.cn/politics/20160706/1019971237.html)。

面临恐怖分子袭击、绑架的威胁增加。五是因偶然在恐怖袭击现场而被波及。①

在这个问题上，最直接的威胁可能来自境外"东突"势力的攻击。近年来，与"努斯拉阵线"结盟的"东突"组织"突厥斯坦伊斯兰党"开始采用"全球圣战主义"的论调对维吾尔议题进行宣传，并号召对中国的全球利益发动袭击。2015年7月，该组织对"索马里青年党"（al‐Shabaab）的袭击行动表示支持和赞扬。在该袭击事件中，"索马里青年党"的汽车炸弹对首都摩加迪沙的一个酒店发动袭击，邻近的中国使馆中1名外交官被炸死，3人受伤。虽然此次事件并非直接针对中国，但"突厥斯坦伊斯兰党"声称这是"对中国侵略新疆的回应"，并鼓励"索马里青年党"发动更多这种袭击。由于缺乏在国内发动袭击的机会，海外"东突"组织转而以中国在海外的经济利益为目标。2015年8月，"突厥斯坦伊斯兰党"在叙利亚的分支"黎凡特突厥斯坦伊斯兰党"（the Turkistan Islamic Party in the Levant，TIP‐L），发布了威胁视频。视频显示，"东突"分子对受雇于中国冶金集团的阿富汗安保人员发动了袭击。中国冶金集团在世界最大的未开发铜矿——阿富汗梅斯‐阿亚纳克（Mes Aynak）项目有30亿美元的投资。② 同时，该组织威胁将对中国的全球利益发动袭击。

在境外利益保护问题上，以巴基斯坦为例，随着中巴经济走廊建设的全面推进，两国加快了多项重大项目的合作建设。中巴经济合作项目除了瓜达尔港建设和中巴交通快线外，还有旁遮普省100兆瓦太阳能光伏发电项目、卡洛特水电站（位于旁遮普省）、卡西姆港燃煤电站、大沃5万千瓦风电、联合能源10万千瓦风电等一

---

① 张金平：《国际恐怖势力战略"东向"对"一带一路"的威胁》，载《中国周边安全形势评估（2016）》，第206页。

② Nodirbek Soliev, "Growing Uighur Militancy: Challenges for China," February 4, 2016, RSIS Commentary. (http://www.rsis.edu.sg/wp‐content/uploads/2016/02/CO16027.pdf）.

第五章 "丝绸之路经济带"安全场域中外国恐怖主义作战人员威胁探析

批项目。2016年4月,喀喇昆仑公路升级改造二期在巴基斯坦西北部开伯尔-普什图省曼塞赫拉地区正式开工。该公路全长120公里,资金约13亿美元。它是中巴经济走廊首个重点项目。

巴计划和发展部长阿赫桑·伊克巴尔·乔杜里曾指出:"在其他国际投资者因安全形势不愿到巴基斯坦投资时,中国在巴基斯坦投资建设电站,是对我们的巨大帮助。"从本质上来看,净外商直接投资额的减少直接受制于国内安全状况。巴哈瓦尔布尔伊斯兰大学学者那奇克·侯赛因(Nazik Hussain)对巴基斯坦2000—2013年的净外商直接投资额与恐怖主义袭击次数进行计量分析得出结论:每一年的净外商直接投资额与恐怖袭击次数成反相关。[1] 可以说,未来影响中巴经济走廊建设的两大因素是地区安全形势和巴基斯坦中央政府的控制力。

中国目前在巴基斯坦参与的项目超过200个,约1.4万名工程师和技术人员在巴工作。虽然巴政府为保障中国在巴工程人员安全而专门建立了一支10000人的安全部队(至2016年9月,巴方共派遣了14503名安保人员保卫中方人员),[2] 但中巴经济走廊沿线局部地区的安全形势仍不容乐观。据巴基斯坦和平研究院(Pak Institute of Peace Studies, PIPS)发布的年度安全报告,2015年巴基斯坦共发生恐怖袭击625次。从袭击组织分析,"巴塔"及其附属组织发动袭击359次,占总数的57%;另外,有宗教目的的恐怖袭击共58起。[3] 在本论题的两个要素中,"丝绸之路经济带"—中巴经济走廊、"伊斯兰国"—FTF,结合巴国内局势,需要重点关注

---

[1] Nazik Hussain, Muhammad Sajid, Rashid Khan Sajid and Shabana Khadim, "Relationship between Terrorism and Foreign Direct Investment FDI in Pakistan," *Research Journal of Finance Accounting*, Vol. 5, No. 17, 2014.

[2] 巴基斯坦国会提供的数据显示,在巴方目前派遣的14000多名安全人员中,有6364名在旁遮普省、3134名在俾路支省、2654名在信德省、1912名在开普尔-普赫图赫瓦省、439名在伊斯兰堡地区。

[3] 《巴基斯坦和平研究院年度安全报告》(http://pakpips.com/downloads/282.pdf)。

旁遮普和俾路支两个省区、"巴基斯坦塔利班"和"伊斯兰国""呼罗珊"分支两股恐怖势力。

其一，旁遮普省虽然局势相对稳定，但安全风险仍不容低估。2016年3月27日，旁遮普省会拉合尔发生严重恐怖袭击事件，"巴塔"组织发动的爆炸袭击造成至少72人死亡，340余人受伤。拉合尔是中资企业最为集中的地方，中巴经济走廊的安全形势堪忧。同时，俾路支省的局势对于中巴经济走廊的建设至为关键。① 瓜达尔港位于俾路支省，且中巴经济走廊东、中、西线都各有很长一段必须经过俾路支省。中巴经济走廊的成败很大程度上取决于俾路支地方势力的态度，以及巴中央政府维持俾路支——尤其瓜达尔周边地区稳定的能力。② 但是，俾路支省多年来深受恐怖主义肆虐的冲击。2015年以来，俾路支省的安全形势越发严峻。一方面，俾路支分裂主义势力正在发动越来越多的袭击活动，塔利班也在加紧对这一地区的渗透。2016年8月8日俾路支省奎达市市民医院发生爆炸，造成至少70人死亡，112人受伤，"伊斯兰国"和"巴塔"均宣布负责。

其二，"巴塔"和"伊斯兰国"的威胁。目前，中巴经济走廊的具体路线并未完全确定，其中重要的原因在于安全风险的问题，由此亦导致了巴国内的诸多纷争。中巴经济走廊路线避开巴部落地区并不能说明谢里夫政府不重视边远地区的经济发展，其根本原因是此前政府在该地区的反恐效果并不理想；加之，"巴塔"又与"伊斯兰国"恐怖主义组织靠拢，"巴塔"恐怖主义势力恐将对巴

---

① 俾路支省西邻伊朗，北接阿富汗，南濒阿拉伯海，内设瓜达尔港、瓜达尔国际机场、东湾快速路等大型基础设施项目，是中巴经济走廊西线的重要组成部分。由于分离主义势力与巴基斯坦中央政府围绕俾路支地区开发问题存在较深矛盾（在俾路支分离主义势力对中巴经济走廊的看法中，温和型政党支持中巴经济走廊，赞成俾路支省引入中国投资项目，但对巴基斯坦联邦政府在中巴经济走廊建设上的政策表示不满，而强硬政党和武装团体则反对中巴经济走廊），外资项目频频成为前者攻击的目标，造成包括中国在内的外国人员的重大伤亡。

② 刘宗义：《中巴经济走廊建设，进展与挑战》，《国际问题研究》2016年第3期。

政府和军队实施大规模报复和反扑。一旦中巴经济走廊穿越巴基斯坦部落地区，将面临无法控制的风险。① 由于在阿富汗遭受国际反恐部队、政府军及塔利班的打击和排挤，"伊斯兰国""呼罗珊"分支不排除向巴部落区转移的可能。在本地支持武装的"引荐"下，这种可能性大增。

路透社 2016 年 9 月 8 日报道，从 2014 年至 2016 年，已有 44 名巴基斯坦籍工人在走廊建设项目中被杀，另有超过 100 人受伤，他们中的大多数是在俾路支省的公路建设项目中遭到路边炸弹或来自建筑工地的袭击。② 对巴基斯坦重要城市发动袭击，也一直是"伊斯兰国"及其支持者的目标。2016 年 4 月和 9 月，巴基斯坦安全部队分别在卡拉奇和拉合尔破获了"伊斯兰国"的恐怖团伙，缴获大批武器弹药和爆炸装置。他们密谋在当地对领使馆、政府、商城及其他敏感目标发动大规模恐怖袭击。此外，2017 年巴基斯坦也发生了数起直接针对中国公民的恐怖事件，这表明中巴经济走廊建设的安全保障将是一项严峻挑战。

3. 间接威胁：煽动宗教极端主义

对于国际恐怖主义的扩散及 FTF 的流动而言，除了直接的安全威胁，它对"丝绸之路经济带"建设造成的潜在风险，是对暴力极端主义的传播和煽动，这将严重恶化当地的稳定与发展环境。

（1）"迁徙圣战"极端思想的扭曲。某种程度上，在 FTF 现象形成的过程中，宗教极端主义就是重要的驱动因素之一。具体言之，FTF 的全球性流动和组织性转移，和极端主义对"迁徙圣战"的歪曲和利用有关，使之成为自身扩张的工具。尽管"伊吉拉特"（迁徙）并未包含在伊斯兰教"五功"之内，但是从伊斯兰教经典

---

① 袁沙：《巴基斯坦国内恐怖主义势力的演变、特点及影响分析》，《南亚研究季刊》2016 年第 2 期。
② 《中巴经济走廊建筑工程 两年来44 工人遇袭身亡》，2016 年 9 月 9 日，《联合早报》（http://www.zaobao.com/news/world/story20160909 - 664199）。

当中的规定来看,对穆斯林而言它在很大程度上已经具有一种宗教义务的含义了。这不仅表现为在《古兰经》中"伊吉拉特"经常与信道并列出现,而且也被认为是成为更加纯粹的穆斯林的重要标志。① 例如,《古兰经》第八章:"信道而且迁居,并且为真主而奋斗的人和款留【使者】,赞助【正道】的人,这等人确是真实的信士。"(8:74)②"为真主之道而迁居,然后被杀害或病故者,真主必赏赐他们佳美的给养,真主确是最善于给养的。他必使他们进入他们所喜悦的地方,真主确是全知的。"(22:58,59)③当然,在现实上,极端主义已将"伊吉拉特"政治化和扭曲化,完全偏离了其原先的宗教寓意。

历史地看,"迁徙"使穆斯林摆脱了迫害,解救伊斯兰教于危难之时。更重要的是,先知此后所建立的"伊斯兰共同体",为后期伊斯兰教的传播与发展打下了至关重要的基础。"迁徙"也因此被高度政治化,被诸多伊斯兰极端主义理论家系统化、理论化,用作号召穆斯林迁徙远行、参与圣战的动员工具。来自约旦河西岸的拥有巴勒斯坦和约旦双重国籍的阿卜杜拉·阿扎姆(Abdallah Azzam)在迁徙圣战动员上起了重要作用。④ 阿扎姆将"吉哈德"分为四个阶段,即迁徙(alhijra)、备战(al-i'dad)、驻防(al-rabat)和战斗(alqital)。其中前三个阶段为准备阶段,也是进行最后战斗之前所必不可少的环节,而迁徙(al-hijra)在这三个准备阶段中又是最为重要的:它不单单为后面的战斗阶段源源不断地补充人员,而且"迁徙"本身也是对

---

① 杨博:《"伊吉拉特"与跨国恐怖主义——论宗教极端主义国际化的起源、发展及其动向》,《江南社会主义学院学报》2016年第1期。
② 《古兰经》,马坚译,中国社会科学出版社2012年版,第91页。
③ 同上书,第170页。
④ 杨博:《"伊吉拉特"与跨国恐怖主义——论宗教极端主义国际化的起源、发展及其动向》,《江南社会主义学院学报》2016年第1期。

"圣战者"的检验。① 但需要指出的是,"迁徙"本身是一个双向的概念。在极端主义者看来,有去无回的叫逃亡,没有返回,"迁徙"也就无法成立。因为先知"迁徙"的结果,是其于630年光复麦加进而实现伊斯兰教在半岛的传播。因此,在极端主义分子看来,"迁徙圣战"还需要他们回潮本土,继续圣战,将"主道"践行到世界的每一个角落。基于此,有学者认为,现代伊斯兰世界的战争必然会引起"圣战"者的流散,掀起国际恐怖主义的新浪潮。②

(2) 圣战萨拉菲主义的渗透。从思想源头来看,当前 FTF 的主要思想驱动因素为圣战萨拉菲主义。圣战萨拉菲主义属于萨拉菲主义的一个分支,在演进过程中不断极端化,至今已成为"伊斯兰国""基地"组织、"博科圣地"等恐怖组织的主要意识形态。研究指出,这一萨拉菲主义分支最主要的信条在于,任何不依据沙利亚法统治的政府都是非法的异教徒政权,应予以颠覆。③ 在此过程中,暴力"圣战"是最主要的手段。虽然从伊斯兰教法学派角度来说,"伊斯兰国"信奉的萨拉菲主义属于罕百里学派,而南亚、中亚地区则主要以哈乃斐学派为主,北高加索地区则存在多种教派竞争的情况,但是圣战萨拉菲主义均在这些地区迅速发展,并成为暴力极端主义的内在驱动力。例如,赛义德·布里亚茨基(Said Buryatsky)就是高加索地区有名的圣战派萨拉菲精神领袖。虽然他于 2010 年 3 月在印古什被俄罗斯安全部队击毙,但他的思想已在中亚地区被印成小册子广泛传播。

以中亚地区为例,受中东极端主义泛滥的影响,中亚的瓦哈比极端思想近年来发生了变化:由于萨拉菲极端思想的传播而具有更

---

① Brynjar Lia, "Doctrines for Jihadi Terrorist Training," *Terrorism and Political Violence*, Vol. 20, No. 20, 2008.
② 《圣战者回潮到底是怎么回事?》,2016 年 7 月 14 日,《中东研究通讯》(http://chuansong.me/n/435651051439)。
③ J. Stern, J. M. Berger, *ISIS: The State of Terror*, New York: HarperCollins, 2015, p. xi.

深的"理论性",并衍生出日益成为极端力量思想核心的"圣战"思想。极端分子认为参加"圣战"具有无上光荣,是穆斯林的奇遇,由此甚至形成了"圣战文化"。"圣战"思想已经被恐怖势力完全扭曲,成为一种新的思想主张,其内涵非常简单,适合在普通人群和受教育低的人群中传播,同时极具蛊惑力和感染力,令中亚成为向"伊斯兰国"等中东恐怖组织提供"圣战士"的输出地。①同时,圣战萨拉菲主义成为中亚与中东国际恐怖主义联系的纽带。2013年以来,相当部分的中亚圣战派萨拉菲组织开始向中东转移。如"哈里发战士"等组织就在叙利亚"努斯拉阵线"的庇护下活动。进一步而言,随着圣战萨拉菲主义的思想整合,中亚与南亚极端—恐怖主义"一体化"的可能性也在加大。来自中东的各类极端思想加速与中亚伊斯兰极端主义的对接,作为其载体的中亚极端组织在行动方式上也日益显露出中东恐怖组织的特点,自杀式袭击明显增多。如同苏联入侵阿富汗、塔利班执政时期吸引大量伊斯兰激进分子作为雇佣军一样,如果阿局势持续恶化,聚集在阿北部的中亚武装分子可能会以此为基地,甚至可能会在中南亚地区形成新的"圣战中心"。②

(3)政治伊斯兰对自由主义的挑战。从全球经济格局来看,无论是中亚、南亚,还是北高加索地区,大多处于边缘地带。研究指出,"一带一路"历史重担背后,是在殖民与自由主义全球化历史中,以贸易霸权为基础的差序格局。在这种秩序下,"自由贸易"被当作霸权的旗帜,以一种普遍主义的面貌,执行着一种事实上的不平等。这种格局所勾勒出的世界图景,是一种帝国式的。它具有高度集中的意志与权力的中心,以及广大的居于从属地位的边缘。③

---

① 苏畅:《中亚伊斯兰极端主义的由来及应对》,《现代国际关系》2016年第1期。
② 同上。
③ 殷之光:《"一带一路"的历史负担:反恐战争与"政治伊斯兰"困境》,《文化纵横》2015年第3期。

正是这种从属和边缘的地位，导致了"丝绸之路经济带"沿线地区长期以来发展的滞后。改变这一差序格局并扭转自身的依附身份，成为政治伊斯兰的主要议题。但同时，这种滞后导致的不满和愤懑也成为暴力极端主义滋生的土壤。

在"丝绸之路经济带"的建设过程中，如何避免卷入自由主义与政治伊斯兰的对抗，如何应对暴力极端主义对发展的排斥，是需要慎重考虑的命题。在维护"丝绸之路经济带"建设的安全问题上，既需要避免将一些问题安全化，也要防止将自身卷入不必要的安全风险之中。在处理"一带"问题时，我们深入了亚洲的内陆，并直接面对所谓"政治伊斯兰"的问题。在今天"反恐战争"的格局下，"政治伊斯兰"成为一种需要被治理的不安定因素。而"政治伊斯兰"本身，今天也迅速被暴力对抗行动占领。这种以伊斯兰宗教为调动手段的暴力，将自身包装在反殖民与反霸权的口号下。这更进一步契合了西方自19世纪以来对野蛮的东方形成的他者化想象。而伊斯兰的暴力，则更是以其反西方的诉求，构成了一种"自我确证的预言"。①

伊斯兰极端主义从其组织的建立、意识形态的传播到具体行动的开展，都为了实现它的终极目标。而这种终极目标的实现，一般需通过渐进式的方式逐步实现，也蕴含于极端主义意识形态的内核中。钱雪梅在研究政治伊斯兰的结构层次时，将其具体分类为个人、社会政治秩序和世界秩序三个层次。② 而这一对政治伊斯兰核心内核的层次划分也对应了政治伊斯兰对于通过渐进方式所追求目标的具体内容。这些不同层次的诉求在近代泛伊斯兰主义失败后新崛起的世界性政治伊斯兰组织中都普遍存在。例如，哈桑·班纳

---

① 殷之光：《"一带一路"的历史负担：反恐战争与"政治伊斯兰"困境》，《文化纵横》2015年第3期。
② 钱雪梅：《政治伊斯兰意识形态与伊斯兰教的政治化》，《西亚非洲》2009年第2期。

(Hassan al-Banna) 创立的穆斯林兄弟会 (the Muslim Brotherhood) 和塔基丁·纳布巴尼 (Taqideen al-Nabahani) 创立的伊斯兰解放党 (Hizb ut-Tahirir), 都确立了个人的回归、社会秩序的实现和世界秩序的实现这种目标实现模式。个人的回归即通过宣教和教育, 使失去信仰的穆斯林重新回归穆斯林的生活方式; 而通过个人的回归来达到社会的伊斯兰化, 从而有效地克服一系列诸如贫困、落后、社会不公等问题, 最终在一国之内建立起伊斯兰政府; 在一国建立起伊斯兰政府后, 将这种方式和意识形态向外输出, 最终团结全世界所有穆斯林建立起"乌玛"或伊斯兰国家。[①] 在目标的实现方式上, 极端主义组织都倾向于使用暴力和恐怖主义的方式, 但要实现的都是政治目的。所以, 伊斯兰极端主义组织的终极目标也是政治伊斯兰式的, 它们有着共同的意识形态内核。

从活跃在中亚地区的伊斯兰极端主义组织的宣传来看,"回归"和"仇恨"是其宣传的基本主体(在世界秩序导向上它是缺失的)。回归即试图通过在叙事上为重述中亚的伊斯兰历史, 以及中亚在伊斯兰历史中所发挥的重要作用, 强调帝国殖民对中亚伊斯兰的破坏, 最终号召中亚民众意识到自己穆斯林的身份(与中亚民众自身的认知偏差较大的另一种身份), 回归伊斯兰的生活方式; 仇恨, 是通过宣传中亚政权实施暴政, 在民众中散播政治怨恨, 从而在民众中激起对执政者的怨恨情绪。从强调"回归"和"仇恨"的宣传中, 不难发现"乌伊运"等中亚伊斯兰极端主义组织的最终目的是推翻所在国执政者, 在中亚建立"哈里发国"。可以看到, 殖民帝国特别是现政权是伊斯兰极端主义最为直接的敌人, 而"丝绸之路经济带"则是以官方合作为依托, 这在深层次上反映出两者的固有矛盾, 其风险亦在所难免。

[①] 关于"穆斯林兄弟会"和"伊斯兰解放党"的模式, 参见 Reza Pankhurs, *The Inevitable Caliphate: A History of the Struggle for Global Islamic Union, 1924 to the Present*, New York: Oxford University Press, 2013。

如果当地投资及社会环境严重恶化，甚至出现直接的反华、排华骚乱，我国将不得不启动撤侨应急机制，这必然对"丝绸之路经济带"建设造成重创。近年来相关案例不在少数，详见表5.2。

表5.2　　　　2006—2014 年 中国全球撤侨案例

国家	时间	事由	撤侨人数	方法
所罗门群岛	2006 年 4 月	反华骚乱	310	包机
东帝汶	2006 年 4 月	暴力骚乱	243	包机
黎巴嫩	2006 年 7 月	黎以战争冲突	167	公路
汤加	2006 年 11 月	首都爆发骚乱	193	包机
乍得	2008 年 1 月	内战	411	公路
泰国	2008 你 11 月	曼谷骚乱	3346	包机
海地	2010 年 1 月	地震	48	包机
吉尔吉斯斯坦	2010 年 6 月	奥什民族冲突	1321	包机
埃及	2011 年 1 月	阿拉伯之春	1800	包机
利比亚	2011 年 3 月	内战及骚乱	35860	海陆空
日本	2011 年 3 月	地震	9300	包机
中非共和国	2012 年 12 月	内战	300 以上	包机
叙利亚	2011 年 2 月 2013 年 9 月	内战	2000	包机、公路
越南	2014 年 5 月	反华骚乱	3553	包机、轮船

资料来源：Mathieu Duchatel, Oliver Braunel, and Zhou Hang, "Protecting China's Overseas Interest: The Slow Shift Away from Non–interference," June 2014, Stockholm International Peace Research Institute（http://books.sipri.org/files/PP/SIPRIPP41.pdf）.

2016 年 5 月，围绕《土地法》修正案产生的土地向外国出租问题，哈萨克斯坦就爆发了较大规模的抗议活动。少数抗议者甚至将矛头对准中国，担心中国在经济领域对当地"更严重的扩张行动"。虽然这并不直接涉及安全问题，但是要防止个别势力利用民族主义情绪进行煽动和渗透，这将直接危及我国在当地投资的安全及收益。在"丝绸之路经济带"沿线国家中，均不同程度地存在此类问题，值得关注和警惕。

第四节 "丝绸之路经济带"建设中 FTF 威胁的应对

应对 FTF 所构成的威胁需要全面应对恐怖主义蔓延的根本性条件，包括防止走向恐怖主义的激进化、制止招募活动、阻止 FTF 的旅行、断绝对 FTF 的财政支持、打击暴力极端主义、打击恐怖主义煽动行为、促进政治和宗教容忍、促进经济发展以及社会凝聚力和包容性、结束和化解武装冲突并帮助回返者重返社会及恢复正常生活。[①]

一 直接针对 FTF

1. 联合国"一揽子"方案

联合国安理会指出，应对外国恐怖主义作战人员挑战的三个基本要素是信息、制止举措和打击暴力极端主义。

首先，对于信息，挑战在于产出、利用和分享关于潜在和已知的外国恐怖主义作战人员的可供采取行动的信息。这包括能够帮助官员理解有关 FTF 的威胁和政策选项的旅客预报信息、国家警示清单材料、分析信息。对于国际联合应对 FTF 挑战而言，当前最重要的工作时要加强国际和国内的信息交流。当前，外国恐怖主义作战人员的流动和回返成为国家安全的一个威胁。阻拦行动往往要依靠详细的情报，而这种情报大多又要依靠其他国家或私营部门提供的

---

① 《受外国恐怖主义战斗人员影响的国家执行安全理事会第 2178（2014）号决议的情况》，s/2015/338.（http://www.un.org/zh/documents/view_doc.asp?symbol=S/2015/338）。

信息。迄今，只有不到 10% 的基本身份识别信息进入了全球多边系统；① 需要在国家法律、数据分享、隐私权和操作性制约因素许可的情况下提高上述比例。

其次，有效的制止举措取决于建立适当立法框架、制定国家战略和发展政府机构间迅速采取行动的能力。国内缺乏用于起诉外国恐怖主义作战人员的刑事法律，这依然是全球一大短板。很少国家已采用全面的刑事罪来起诉与外国恐怖主义作战人员有关的筹备或辅助行为。许多国家依靠现有立法来应对外国恐怖主义作战人员现象，但这种立法可能不足以防止外国恐怖主义作战人员旅行。

为应对外国恐怖主义作战人员的威胁，要求在国家和跨国层面采取着眼全局的办法，预防、发现并制止外国恐怖主义作战人员的流动。由于流动性是外国恐怖主义作战人员威胁的一个主要特点，有必要在跨国层面进行密切的执法合作。2015 年 7 月 27 日和 28 日与会员国和相关国际组织和区域组织在马德里举行的阻止外国恐怖主义作战人员流动问题特别会议。与会者交流了在阻止外国恐怖主义作战人员流动方面行之有效的惯例和做法，把重点放在：第一，发现、干预和防止煽动、招募外国恐怖主义作战人员并为其提供便利的行为；第二，防止外国恐怖主义作战人员出行；第三，刑事定罪、起诉（包括起诉回返者战略）、国际合作以及回返者改造和重返社会。②

再次，打击暴力极端主义是成功应对 FTF 威胁的核心所在。打击外国恐怖主义作战人员的最有效的办法是防止他们的激进化，阻止其被招募和旅行。在预防方面，包括对 FTF 身份及其激进化原因的全面分析。其中，在网络上识别、破坏或删除被用来煽动、招募和协助作战人员的网上资料显得尤为重要。③ 当然，遏制极端主义

---

① 目前尚没有中亚国家安装旅客信息预报系统，巴基斯坦亦没有。
② 《联合国安理会：阻止外国恐怖主义战斗人员流动问题特别会议》，s/2015/939. （http：//www.un.org/zh/documents/view_ doc.asp？symbol = S/2015/939）。
③ 《联合国安理会：关于外国恐怖主义战斗人员全球威胁的分析和建议》，s/2015/358. （http：//www.un.org/zh/documents/view_ doc.asp？symbol = S/2015/358）。

思想的传播、铲除其滋生的土壤是应对FTF的根本之策，下文将予以详述。

此外，制定有效地针对回返FTF的政策也是防范未来风险的重要保障。针对外国恐怖主义作战人员实行严苛的起诉政策和做法，对于实施旨在打击外国恐怖主义作战人员和暴力极端主义的全面战略可能会适得其反。相关国家应酌情考虑监禁以外的其他办法，并为回返者、囚犯和被拘留者提供转业援助，使他们有可能重新融入积极的工作和社会环境。这实质上涉及回返者起诉、改造和重返社会战略的难点，即如何在充分审查和评估回返者风险的基础上，有效维持威慑与改造之间的平衡。因此，回返者政策有三个重大主题：如何筛查回返者以充分评估风险、如何制定和实施去激进化政策为激进的回返者解毒，以及如何使回返者重新融入社会。

监狱特别重要，因为在没有适当和必要保障的情况下，监狱可能会提供一个安全的避风港，恐怖分子可在其中开展联络、比较和交流战术、招募新成员并灌输激进思想、甚至指挥致人死命的外部行动。此外，大多数被关押的极端分子最终会被释放。为了减少此类个人获释后回头实施恐怖主义的可能性，就必须帮助他们脱离暴力活动。监狱的环境可能会促进暴力极端主义，但也可以为防止激进化演变成暴力提供机会。[①]

2. 以上海合作组织的反恐职能应对FTF

在应对FTF对"丝绸之路经济带"建设的威胁问题上，必须利用和增强上海合作组织的安全职能，为经济带建设保驾护航。在前述中亚、南亚及俄罗斯三个区域中，相关国家都参与了上海合作组织，而实践表明，上海合作组织在维护地区安全与稳定中发挥了重要的作用。上海合作组织秘书长阿利莫夫透露，在（上海合作组

[①]《受外国恐怖主义战斗人员影响的国家执行安全理事会第2178（2014）号决议的情况（第三次报告）》，s/2015/975.（http://www.un.org/zh/documents/view_doc.asp?symbol=S/2015/975）。

织）地区反恐机构的协助下，仅在 2015 年，就有 150 余名国际恐怖组织成员被消灭，1000 多名恐怖分子的帮凶被逮捕，2000 多件武器和自制爆炸装置及 16 万多发弹药被查获。[①]

作为地区安全公共产品最主要的提供者，上海合作组织已经建立了相对完备的反恐机制和体系。一是签订了多种推进反恐合作的法律文件，其中最具代表性的就是 2001 年上海合作组织成立之时就签订的《打击恐怖主义、分裂主义和极端主义上海公约》。该公约不仅对"三股势力"作出了法律上的认定，还规定了成员国加强国内立法和协调反恐合作立场等内容，从而为反恐合作建立了法律基础。二是建立了地区反恐中心，从而完善了反恐合作的机制建设。三是进行反恐军演，有效地震慑了跨国恐怖组织和恐怖分子。

对于 FTF 及其回返的威胁，除了上述机制外上海合作组织在信息、立法及国际合作方面均有着坚实的基础。例如，上海合作组织成员国中共有 1246 人被列入上合组织地区反恐机构的参与武装冲突人员名单。目前，如何增强上海合作组织与独联体反恐中心及南亚国家的反恐合作，是应对 FTF 威胁、维护"丝绸之路经济带"安全的重要工作。如，上海合作组织与独联体反恐中心共享 FTF、支持组织及个人名单等信息，与南亚及域外相关国家合作打击 IS "呼罗珊"分支等问题，均可进一步加强。

二 间接应对极端主义的挑战

暴力极端主义有两大类促成因素："推动因素"，即有利于暴力极端主义的条件和出现暴力极端主义的体制原因，如社会经济机遇、边缘化和歧视等；"拉入因素"，即个人的动机和过程，其中

[①]《上合组织2015年协助消灭150余名恐怖分子》，2016年6月1日，人民网（http://world.people.com.cn/n1/2016/0601/c1002-28401056.html）。

教育的缺失、集体怨恨、对宗教的歪曲和利用等均是重要的原因。①要应对暴力极端主义的挑战，也必须从上述两个方面着手。

以中亚为例，该地区民众对政治和社会变革的渴望未能得到满足，"圣战主义"思想也因此获得了土壤。"伊斯兰国"的支持者中贫富各异、教育程度各异、年龄各异、男女皆有，但他们重要的共同点是对社会和政治环境的失望。乌兹别克斯坦问题尤为严重。虽然在这里"乌兹别克斯坦伊斯兰运动"或阿富汗"塔利班"早就存在，但那些原本并未考虑加入这些组织的人，却因深感压抑与被排挤而认同"伊斯兰国"是一个新颖的神命的政治秩序。②

在就业问题上，在苏联后期，在俄罗斯和中亚地区，因就业迁徙导致的人口流动是一个非常普遍的现象。据统计，共有250万（100万车臣和印古什人、100万达吉斯坦人、50万切尔克斯人和巴尔卡利亚人等）北高加索人外出务工。其中有20万达吉斯坦人、车臣人和印古什人赴西－西伯利亚的石油产区就业。由于迁移、族群封闭等因素，宗教成为寻求归属和认同的重要手段。在高加索的伊斯兰复兴中，极端主义亦乘虚而入。③ 对于吉尔吉斯、塔吉克和部分乌兹别克普通家庭来说，移民和外出打工已经成为了普遍的谋生方式，且目的地通常是俄罗斯。吉尔吉斯斯坦和塔吉克斯坦分别有大约三分之一或一半的 GDP 来自外出打工人员给家人的汇款。这种人口迁移曾是调节民众对政府不满的减压阀；但在俄罗斯经济滑坡并采取了减少入境移民的措施之后，许多中亚劳工 2015 年年未能或不再准备前往俄罗斯，而成为留守本国的失业人口。大量无

---

① 《联合国大会：防止暴力极端主义行动计划》，A/70/674.（http：//www.un.org/zh/documents/view_doc.asp? symbol = A/70/674）。

② "The North Caucasus Insurgency and Syria：An Exported Jihad?" March 16, 2016, *ICG*.（http：//www.ecoi.net/file_upload/1226_1458642687_238 - the - north - caucasus - insurgency - and - syria - an - exported - jihad.pdf）.

③ Denis Sokolov, "Russia's other Pipeline：Migration and Radicalization in the North Caucasus," August 15, 2016. The Wilson Center.

业年轻人（男性为主）带来的社会经济压力将对吉尔吉斯斯坦、塔吉克斯坦和乌兹别克斯坦的稳定产生严重影响。

由此，"一带一路"建设虽然不是以安全为导向的战略，但却面临不少较为复杂的"发展—安全相互联结"（development-security nexus）问题。发展通常是解决不安全根源的一种手段，但它在一定条件下也可能成为诱发和深化各类安全问题的因素；而安全方面的状况和相关保障举措如何，也将对实施经济社会发展项目具有重要影响。这一状况很可能在"一带一路"建设进程中出现，我们需要更好筹谋如何处理发展与安全之间的复杂互动关系。①

（1）以发展促反恐的理念。"一带一路"是一个经济联系和纽带，以项目示范带动对恐怖主义问题的治理，通过社会、经济发展成就消除包括"东突"分子在内的恐怖主义滋生、蔓延的社会经济环境。

（2）选择经济—社会—安全的最佳点设置"一带一路"项目点：选择反恐行动的战略支点；选择投资项目战略支点，把二者相互结合起来产生社会、经济发展与反恐斗争的多重综合效应。如在安全环境的边缘区，有效落实具体的"一带一路"项目，尽快带动当地经济发展，促进当地就业、公共条件等民生的改善，则能够产生较好的反恐社会效应。② 所以，要促进持久、包容和可持续经济增长，促进充分的生产性就业。

（3）以教育和就业为突破口，在"丝绸之路经济带"投资建设中完善企业社会责任机制。具体如与地方当局协作，在城市和农村创造社会和经济机会；投资提供相关教育机会，让人们掌握必要的技能来满足地方劳工市场的需求；为青年提供其他就业选择，具

---

① 赵明昊：《"一带一路"建设的安全保障问题刍议》，《国际论坛》2016年第2期。
② 张金平：《国际恐怖势力战略"东向"对"一带一路"的威胁》，载《中国周边安全形势评估（2016）——"一带一路"：战略对接与安全风险》，社会科学文献出版社2016年版，第208页。

体方法是培养创业文化，提供创业教育，帮助寻找就业机会和相匹配的工作，等等。

2016年9月22日，就中巴经济走廊下一阶段的建设任务，李克强在会见巴基斯坦总理谢里夫时指出，希望双方落实好走廊规划建设，加快瓜达尔港及配套设施建设，引导更多企业加入工业园，加强教育、医疗卫生、饮水等民生公益项目合作，让有关成果惠及巴基斯坦更广泛地区和人民。包容和普惠的建设思路，不仅对于中巴经济走廊还是"一带一路"战略来说，可能都是化解FTF等相关安全风险的钥匙。

第六章 反恐怖主义语境下东南亚国家去(反)激进化述评
——以新加坡、印度尼西亚、菲律宾为例①

随着"伊斯兰国"在全球范围内的崛起与壮大,它的渗透给东南亚安全形势带来了新的挑战与威胁。2014年6月29日,"伊斯兰国"领导人巴格达迪宣布建立"哈里发国",并号召全球穆斯林为之效命。之后,东南亚诸多极端组织纷纷宣布效忠或支持"伊斯兰国"。菲律宾的"阿布沙耶夫"组织与"邦萨摩洛伊斯兰自由战士"(Bangsamoro Islamic Freedom Fighters)明确宣称对"伊斯兰国"支持,印度尼西亚(以下简称印尼)的"印尼东帝汶自由战士"(Mujahideen Indonesia Timor)宣布向"伊斯兰国"效忠。②此外,马来西亚新近崛起的代号为BKAW、BAJ、ADI、DIMZIA等恐怖组织也纷纷向"伊斯兰国"示好,曾经参与策划巴厘岛爆炸案的"伊斯兰祈祷团"(Jemaah Islamiah,简称JI)精神领袖阿布·巴希尔更是在狱中宣布效忠"伊斯兰国"。随着"伊斯兰国"在全球宣传与招募

---

① 本章在作者指导下由靳晓哲撰写,在此表示衷心感谢。另,本章使用"激进化"一词与前述"极端化"并无根本性的差异,在某种意义上只是反映程度的差别,特别是是否鼓动暴力等。用"激进化"一词主要是针对"去激进化"而言的,目的在于在更广阔的范围内消除极端主义的思想基础和社会影响。

② Peter Chalk,"Black Flag Rising: ISIL in Southeast Asia and Australia," *Australia Strategy Policy Institute (ASPI)*, December 2015, p. 27.

日盛，东南亚正面临着伊斯兰极端组织复兴带来的新挑战。2016年1月14日，印尼首都雅加达发生了数起爆炸和枪击事件，造成了重大的人员伤亡。据悉，此次恐怖事件就是由回流的印尼籍"伊斯兰国"恐怖分子穆罕默德·巴伦·纳伊姆主导实施的，目的是为了与他人争夺成为"伊斯兰国"在东南亚筹建分支的领导地位。

本章认为，伴随着"伊斯兰国"的渗透，东南亚伊斯兰极端主义或恐怖主义出现了复兴，并进入了一个新的发展阶段。目前，东南亚发生的恐怖事件多与"伊斯兰国"相关，或是参与过"伊斯兰国"的回流人员主导的，或是宣布效忠与支持"伊斯兰国"的当地恐怖组织制造的。在此背景下，对恐怖组织或恐怖分子进行打击仅是治标之策，并不能从根本上限制其发展，维护东南亚地区安全需要更为治本的去（反）激进化措施，更需要各国之间的交流与合作。在东南亚伊斯兰激进化的整体背景之下，新加坡、印度尼西亚、菲律宾三国的去（反）激进化政策各有侧重，但均在不同程度上面临着困境。

第一节　激进化概念辨析

2004年马德里恐怖袭击与2005年伦敦地铁爆炸案后，"激进化"（radicalization）研究开始逐渐被引入到反恐领域的讨论之中。[①] 与此同时，"去激进化"（de‐radicalization）"反激进化"（counter‐radicalization）研究也逐步进入了各国的视野，部分国家甚至制定了以此为核心的政策或措施，以更好地预防、应对恐怖主义的威胁。尽管关于"激进化"的研究已经持续了较长时间，但学术界对相关概念的界定却难以达成一致，一些重要问题也尚未明晰。因此，在全文展开

[①] 沈晓晨、杨恕：《当代西方恐怖主义激进化研究主要路径述评》，《兰州大学学报》（社会科学版）2014年第3期。

第六章 反恐怖主义语境下东南亚国家去（反）激进化述评

叙述之前，有必要对相关概念及其相互之间的关系进行辨析。

首先是对"激进主义""激进化""反激进化""去激进化"概念的界定。"激进化"与"激进主义"（radicalism）联系密切，对"激进主义"概念的追溯有助于更好地理解"激进化""去激进化""反激进化"等概念。"激进主义"可以追溯至启蒙运动时期，最初是指提倡共和主义、理性主义，反对王权，为民主制度而斗争的一种激进改革思想，并没有革命的含义；19世纪末20世纪初，逐渐蜕化出了与之前相反的含义——革命、反民主、反自由等。时至今日，"激进主义"的含义基本固定，指对现存社会及其运作方式心怀不满，对社会制度等抱有否定态度，希望对社会进行变革或改变的思想或主张。基于此，"激进化"[①]主要是指在社会中追求或被接受得深远（far-reaching）变革的行动，实现这一主张的方式可能会也可能不会对民主社会形成威胁，实现目标的手段可能是暴力的，也可能是非暴力的，侧重于从思想到行动的过程。[②]与"激进化"相对，"去激进化"指否定激进主义世界观，并说服其放弃使用暴力来实现社会变革，承认社会的多样性、异质性的过程；"反激进化"指针对"激进化"的行动过程而进行干预，旨在阻止或终止其行动发生的过程。

其次是对"激进主义""激进化"与"去（反）激进化"三者关系的梳理。简言之，"激进主义"与"激进化"，一个是主张或思想，一个是从主张或思想到行动的过程；"去（反）激进化"则是针对"激进化"或干预、或阻止其行动发生的过程。"激进主

[①] 关于"激进化"的概念，目前的界定并不同意，不同学者基于不用时空、情境的界定有所不同。部分界定参见：Omar Ashour, *The De-Radicalisation of Jihadists: Transforming Armed Lslamist Movements*, London: Routledge, 2009, p. 125; Hoshua Sinai, Radicalisation into Extremism and Terrorism, *Intelligencer: Journal of U. S. Intelligence Studies*, Vol. 19, No. 2, 2012; Randy Borum, "Radicalization into Violent Extremism: A Review of Social Science Theories," *Journal of Strategic Security*, Vol. 4, No. 4, 2011.

[②] Angel Rabasa, *De-radicalizing Islamist Extremists*, Santa Monica: RAND Corporation, 2010, p. 1.

义"是"激进化"的根源,是"激进化"行为出现的根本;"激进化"是将"激进主义"内涵下主张或思想推向行动、付诸实践的过程。二者之间,一个是源、一个是行动。而当"激进化"行为产生之后,其社会影响日益突出,有时会威胁到人们的安全,甚至阻碍社会的发展。基于此,针对不同个体或群体的"激进化"行为,不同的国家或政府开始试图改变这种现状,制定与此相关的去(反)激进化政策,以终止或变更那些对社会有危害性的"激进化"行为。因此,当前的去(反)激进化往往是国家或政府所主导的。

再次是对"激进化""激进主义"与"恐怖主义"之间关系的辨析。关于恐怖主义,《简明大不列颠百科全书》认为,恐怖主义是"对各国政府、公众和个人使用令人莫测的暴力讹诈或威胁,以达到某种特定目的的政治手段;各种政治组织、民族团体、宗教狂热者和革命者、追求正义者以及军队和警察都可以利用恐怖主义"①。由此可见,恐怖主义是一种主张采用更为极端化手段,对非武装人员有组织的使用暴力,以实现其政治目标的策略或思想。而"激进主义"影响下的"激进化"行为或是一种有组织地争取某种诉求的行动,也可能是包含暴力性、威胁性、危害性的行为。基于此,"恐怖主义"与"激进主义""激进化"的关系,在一定程度上可以理解为:在"激进主义"的影响下,"激进化"行为中包含有组织地使用暴力、对非武装人员进行暴力威胁的行为可以被称为恐怖行为,即"恐怖主义"行为是"激进化"过程中的一种重要结果或方式(但不是全部)。正因如此,本书对去(反)激进化的讨论是在反恐怖主义的语境下进行的,而不是单纯的论述去(反)激进化问题。

---

① 王逸舟:《如何界定恐怖主义》,《现代国际关系》2001 年第 10 期。

第二节 东南亚伊斯兰激进化概述

东南亚穆斯林人口十分庞大（约2.2亿人），占整个东南亚总人口的40%以上，主要分布在马来西亚、印尼、新加坡、文莱、泰国南部和菲律宾南部等地。作为一种外来的宗教，伊斯兰教大约于13世纪传入东南亚、15世纪开始在海岛沿岸和半岛地区立足、17—18世纪在与基督教的竞争中传播到内陆，最终在东南亚扎根。① 在后来的发展进程中，东南亚的伊斯兰文化中融入了很多本土化的色彩，因此一般也认为东南亚的伊斯兰是相对温和的。然而，到18世纪末19世纪初，受中东原教旨主义瓦哈比派运动的影响，东南亚穆斯林中的激进主义逐渐显现，印尼的"帕达里派运动"便是其中代表：西苏门答腊的帕达里派对穆斯林通报发动"圣战"，试图强迫该地区其他穆斯林遵从他们对伊斯兰教的书面解释。② 这可能是东南亚最早的伊斯兰激进主义的表现，对之后东南亚的伊斯兰激进化有着重要影响。基于此，下文对东南亚伊斯兰激进化的概述主要从表现、特征、根源、程度四个方面展开。

一 东南亚伊斯兰激进化的表现

东南亚的伊斯兰激进化主要表现在两个方面：穆斯林争取权力或权利的运动、具有强危害性的极端化或恐怖化活动与组织的发展。一方面，东南亚伊斯兰的激进化体现在各国穆斯林争取权力或权利的运动上。在印尼，1945年宪法选择了世俗化的国家道路，否定了"雅加达宪章"这一旨在建立政教合一的宪法主张；但这种思潮并未根绝，而是伴随着印尼伊斯兰政党的涌现，有关"伊斯兰

---

① 范若兰：《移植与适应：13—18世纪东南亚伊斯兰社会的特征》，《南洋问题研究》2006年第3期。
② 秦承明：《当代东南亚恐怖主义的历史文化因素》，《法制与社会》2015年第7期。

信众必须遵守伊斯兰教教规"的主张不断涌现,其中以亚齐省的运动为盛。① 在马来西亚,自20世纪60年代起,各种类型的伊斯兰复兴运动不断出现,其中就包含较为保守的"澳尔根之家"(Darul Arqam)与较为激进的马来西亚伊斯兰党(Parti Islam Se - Malaysia);前者主张建立严格的以伊斯兰教为基础的个人和家庭生活、但反对暴力革命,后者是马来西亚第二大政党,目标是建立一个以伊斯兰教为基础的社会,在马来西亚成立伊斯兰国家。② 在菲律宾和泰国,伊斯兰的激进化主要体现在南部穆斯林聚集地区的分离运动上,争取经济等方面的权利,主张区域自治或独立。另一方面,东南亚伊斯兰激进化还体现在不断出现的带有极端化、恐怖化活动与组织的发展上。"9·11"事件之后,受国际恐怖主义的影响,东南亚极端主义势力开始频繁制造恐怖事件,造成了恐怖主义思潮在东南亚的蔓延。2002年至今,东南亚发生了多起恐怖袭击事件,遍及印尼、马来西亚、菲律宾等国;东南亚恐怖或激进组织的发展也十分迅速,如"伊斯兰祈祷团""阿布沙耶夫"组织、摩洛伊斯兰解放阵线、自由亚齐运动等不断壮大。

二 东南亚伊斯兰激进化的特征

其一,东南亚的伊斯兰激进化伴随着伊斯兰国家的宗教与世俗之争。从国家层面来看,马来西亚和印尼都选择了世俗化的国家发展道路,但其高比例的穆斯林人口又很难摆脱伊斯兰教对政治的影响,于是宗教与世俗之争便始终难以消除,且在伊斯兰的激进化进程中有突出体现。从民间层面看,东南亚的伊斯兰并非铁板一块,其信徒众多且多样,既有世俗的现代主义者、较为中间的包容主义

---

① [印尼]卓汉·伊尔维恩,杨启光译:《印尼伊斯兰运动辨析》,《东南亚研究》2002年第5期。

② 廖大珂、辉明:《论马来西亚伊斯兰复兴运动的组织》,《南洋问题研究》2012年第4期。

第六章 反恐怖主义语境下东南亚国家去(反)激进化述评

者,也有较为激进的复兴主义者、较为极端的恐怖主义者。随着全球化时代的到来,穆斯林在国家政治生活中的作用将日益突出,世俗与宗教之争也逐渐影响到了部分穆斯林的激进化主张和行为,他们呼吁建立"政教合一"的主张便是显著体现。其二,东南亚的穆斯林激进化的烈度并不高,较为极端的激进化派别只是少数。与中东的穆斯林相比,东南亚的穆斯林更为温和,其信仰与主张更多的是一种融合了当地文化特征的宗教产物,态度大都不激进、不极端。与中东的原教旨主义运动相比,东南亚伊斯兰的激进化烈度并不高。但是,这并不意味着东南亚的穆斯林群体中不存在激进化教徒。有些激进的穆斯林坚持认为"穆斯林的行为方式只能像其称之为'纯洁'和'质朴'的那样……将'圣战'理解为对抗其所认为的伊斯兰教和穆斯林的敌人",[1] 但这部分人并不占东南亚穆斯林的多数。

三 东南亚伊斯兰激进化的根源

伊斯兰激进主义能在东南亚"生根"并非是偶然的,而是有着特殊的历史根源与现实根源。从历史根源上看,东南亚漫长的殖民统治是造成东南亚伊斯兰激进主义形成的重要原因。从16世纪初到20世纪中叶,东南亚经历了漫长的殖民统治,西方殖民者在此推行分而治之的统治策略,这种统治策略为之后伊斯兰激进主义的发展埋下了"种子"。在东南亚的反殖民斗争中,由于西方殖民者排斥除基督教之外的其他宗教,所以,其他宗教势力展开了长期的反抗斗争,特别是伊斯兰教,这是伊斯兰激进主义产生、发展的源泉。[2] 从现实根源上看,长期落后的经济状况与错综复杂的民族、

---

[1] Azyumardi Azra, "Recent Developments of Indonesian Islam," *The Indonesian Quarterly*, Vol. 32, No. 1, 2004, 转引自陈衍德:《全球化格局中的东南亚穆斯林》,《当代亚太》2005年第3期。

[2] 喻常森、黄科:《试析东南亚地区恐怖主义的成因》,《东南亚》2006年第4期。

宗教矛盾也是东南亚伊斯兰社会激进化的重要成因。东南亚各国独立后，尽管部分国家的经济发展与工业化进程十分迅速，但整体来看，东南亚各国仍然较为贫困，即使是发展较为迅速的国家也存在地区发展不平衡的问题。经济的落后与贫困是社会动荡的根源，也是恐怖主义产生的重要现实因素。生活上的不满情绪易激发民众对政府的仇恨，造成社会或思想上的激进化、极端化，再加上部分激进穆斯林的蛊惑和灌输，带有恐怖主义倾向的社会思潮较易形成。此外，这些激进化社会思潮的出现也与东南亚错综复杂的民族、宗教矛盾相关。因为无论是民族不满情绪的产生，还是宗教原教旨主义的驱动，激进化社会思潮的触发往往与经济地位的丧失有着一定的关联，尽管这种关联并不必然。在东南亚各国的发展中，不同宗教、民族之间，有意无意会对所处的经济地位进行比较，处于不利地位的一方在比较中产生的不满情绪，往往会成为民族或宗教激进化的现实根源。

四　东南亚伊斯兰激进化的程度

从对东南亚伊斯兰激进化的表现、特征、根源的分析来看，东南亚伊斯兰激进化的程度并不深、未超出不可控的范围，但从现实状况看，这种伊斯兰激进化确实给东南亚地区的安全与稳定带来了威胁与挑战。东南亚的伊斯兰激进化是国际伊斯兰复兴运动影响下，一种融合了本土文化与伊斯兰文化的异化产物，同时又糅杂着民族、宗教、经济等因素。东南亚伊斯兰激进化有其特殊性：它既不同于中东激烈的宗教激进主义运动，又与欧洲等地的外来伊斯兰文化下的激进化有所区别。然而，伴随着这种伊斯兰激进化思潮的发展，东南亚的极端组织也不断发展，逐渐成为东南亚伊斯兰激进化中最具威胁性与影响力的一部分，这既与东南亚地区经济发展的失败、各国国内不同地区发展的不平衡相关，又与各国政府最初对这种现象的"忽视"相关。如"伊斯兰祈祷团"最初只是源于20世纪40年代印尼的激进伊斯兰/反殖民主义组织"伊斯兰之家"(Darul Islam),并同印尼革命军并肩反抗殖民统治,后来因各种因素才逐渐发展为恐怖组织。因此,东南亚的伊斯兰激进化并未超出不可控的范围,但一旦放任其自流,也可能会造成地区的不稳定。

综上所述,通过东南亚伊斯兰激进化表现、特征、根源、程度的分析,本书将东南亚伊斯兰激进化视为是伊斯兰异化的产物,同时又糅杂着民族、宗教、经济等因素;而且,在特定的历史与现实条件下,很难将东南亚地区的分离主义、恐怖主义、激进主义等完全剥离。因此,在下文的案例分析中,笔者将恐怖主义、分离主义等都视为宽泛意义上的激进主义,以便后文的去(反)激进化分析的展开。此外,还需说明的是,本书的激进化特指伊斯兰社会与思想的激进化,且下文的去(反)激进化也仅针对(疑似)恐怖分子等个体,而不针对伊斯兰社会。究其原因:一方面,这是由去(反)激进化的特点决定的,基于不同个体或群体激进化原因的差异,去(反)激进化只能各个击破,而不能一概而论;另一方面,这是由东南亚各国的现实状况决定的,目前带有恐怖主义色彩的激进化是东南亚各国最大的威胁,故各国制定的去(反)激进化项目也往往指向个体的(疑似)恐怖分子,而非伊斯兰社会。

第三节 东南亚国家去(反)激进化述评

在反恐成为全世界面临的重大非传统安全问题之后,很多国家都制定了不同规模的"去(反)激进化"项目。各国在制定去(反)激进化政策时,需结合本国的文化、习惯、传统、历史等因素,并不存在可复制的单一去(反)激进化模式,于是便产生了各具特色的去(反)激进化模式,如欧洲以英国为代表的"4P"工作、中东以沙特为代表的 PRAC 战略等。① 东南亚国家也不例外，各国去（反）激进化政策的制定情况并不相同。大致来看，缅甸、老挝、越南、柬埔寨等未制定成体系的去（反）激进化政策；而印尼、马来西亚、菲律宾、泰国等制定了相对具体的去（反）激进化政策。

尽管东南亚部分国家制定了相对系统的去（反）激进化项目，但由于国情、文化等的差异，不同项目又有不同特点：新加坡、马来西亚的去（反）激进化以政府为主导，结构化程度高、针对性强、资源充足，对被释放人员的监督机制较为完善；印度尼西亚的去（反）激进化的项目十分特殊，主要以有一定资历的警察与在押人员（Detainee）进行接触为主要方式，而且警察部门的主导性相对独立，来自其他部门的支持相对有限；泰国、菲律宾等国的去（反）激进化项目与其他国家有明显的不同，两国南部都存在不同规模的分离主义团体，且与恐怖组织往来密切，其政策的制定包含了浓重的反分离主义色彩。限于篇幅等原因，下文将主要对新加坡、印尼、菲律宾的去（反）激进化项目进行分析。此外，还需要说明的是：三国制定的去（反）激进化政策多以国内政策为主②，主要目标是对尚未加入或已经加入但被逮捕的恐怖分子进行康复（rehabilitate）帮助。

一 新加坡的"康复"（Rehabilitation）项目

2001 年 12 月，新加坡政府逮捕了 13 名"伊斯兰祈祷团"的

---

① "4P" 工作，即追捕（Pursue，追捕恐怖分子及其赞助者）、保护（Protect，保护英国公民和政府）、准备（Prepare，准备应对恐怖袭击）、预防（Prevent，预防恐怖主义产生前的激进化因素）；PRAC 战略，即预防、康复、善后关注（Prevention、Rehabilitation、After‐care）。参见 Angel Rabasa, Stacie L. Pettyiohn, Jeremy J. Ghez and Christopher Boucek, *Deradicalizing Islamist Extremists*, RAND: National Security Research Division, 2010。

② 世界范围内的去（反）激进化政策，大都以国内为主，基本未涉及国际合作的内容。然而，在"伊斯兰国"肆虐全球的背景下，去（反）激进化呼吁国际合作。这也是本书写作的初衷之一。

成员后，开始设立去（反）激进化项目。在多重权衡与考虑之下，新加坡政府认为：政府不能对在押人员进行终身监禁，基于此，制定了以"康复"为中心的项目，由民政部（the Ministry of Home Affairs）下属的内部安全部门（the Internal Security Department，ISD）主导。该项目的实施或执行分为不同的时期，一般每两年根据 ISD 制定的条款对在押人员进行评估，若评估结果显示其不再对国家构成安全威胁，则将其释放。但对于新加坡政府而言，释放并非最终目标。[①] 具体来看，该项目包括心里康复（Psychological Rehabilitation）、宗教康复（Religious Rehabilitation）、社会康复（Social Rehabilitation）三个部分。

1. **心理康复**

康复项目始于心理康复，而心理康复的实施则始于监狱。新加坡民政部约有 30 名心理学家，主要从事对在押人员的心理康复工作，但并不是所有人都直接与在押人员进行接触。首先心理学家会对在押人员的心理进行大致评估，判断其是否具备实施康复项目的前提。因为一些在押人员并不认同康复项目，认为"这是对伊斯兰教法的亵渎"，或者直接拒绝与心理学家交流。在确定在押人员可以进行心理康复辅导后，心理学家会与每位在押人员进行交流，但不会强制改变其价值观。在交流过程中，在押人员一般会经历几个情感变化的阶段，如否认、愤怒、接受等，这是帮助其建立一个正确认知的必经过程。在此过程中，在押人员会逐渐地自主产生否认激进组织的认知，或者对其恐怖行动产生怀疑等。最终，在押人员将经历心灵"净化"（catharsis）——价值观将被打破并重塑——的过程。

2. **宗教康复**

新加坡的宗教康复工作主要由宗教康复小组（the Religious Re-

[①] Angel Rabasa, Stacie L. Pettyjohn, Jeremy J. Ghez and Christopher Boucek, "*Deradicalizing Islamist Extremists*," RAND: National Security Research Division, 2010.

habilitation Group，RRG）负责实施，小组成员由获得了新加坡穆斯林社区权威认证的宗教教师和学者组成。RRG 的主要机构为专家组、秘书处，专家组由一些高级、受人尊敬的专家组成，秘书处主要负责处理日常的行政、研究与其他事务。RRG 有 38 位顾问负责在押人员的宗教咨询工作，大都有国内伊斯兰学校或国外伊斯兰机构的教育经历，如麦地那大学（Medina University）、马来西亚国际伊斯兰大学（the International Islamic University of Malaysia），他们制定了一系列的宗教咨询指南、指导方法，并设置了培训课程。基于长时间对"伊斯兰祈祷团"成员的观察，RRG 认为："伊斯兰祈祷团"在押人员的世界观具有扭曲、暴力、仇恨、排他等情感性特征。RRG 的宗教咨询试图以一种对伊斯兰更为包容的理解，打开在押人员的心扉，通过与在押人员及其家庭成员的交流，一些在押人员逐渐摒弃了激进组织灌输的错误观念，如穆斯林应参与到永久性的反对异教徒的圣战中、穆斯林必须厌恶或躲避非穆斯林等。[①]此外，RRG 还通过讲述《古兰经》《穆罕默德言行录》等经典、传统的伊斯兰故事，纠正在押人员的错误观念与理解。通过这种咨询式的交流，一些在押人员将逐渐建立"怨愤与暴力并不是伊斯兰教所支持的、穆斯林可以在世俗或多宗教世界中生活、通过合法的途径或方式也能解决冲突与矛盾"等认知。[②]

3. 社会康复

社会康复包括社区干预、家庭支持两个方面。社区干预是指政府依靠穆斯林社区指导、确保穆斯林教徒对宗教产生正确的认识，以创造一种遏制恐怖主义生存的国内环境。由新加坡政府与伊斯兰教教师协会（Pergas）进行合作，在穆斯林社区开展了去（反）激

[①] Kumar Ramakrishna, "A Holistic Critique of Singapore's Counter-Ideological Program," *CTC Sentinel*, Vol. 2, No. 2, 2009.

[②] William J. Dobson, "The Best Guide for Gitmo? Look to Singapore," May 17, 2009, Washington Post.

第六章 反恐怖主义语境下东南亚国家去（反）激进化述评

进化项目。2003年，新加坡伊斯兰教教师协会组织了一次旨在挑战激进伊斯兰思想的"乌理玛"（Ulema）会议，出版了《新加坡穆斯林社区中的温和伊斯兰思想》（*Moderation in Islam in the Context of Muslim Community in Singapore*）一书，提出了拒绝圣战争论等观点。通过这些对话，新加坡政府寻求建立一种温和的穆斯林社区模式，以冲淡国内的伊斯兰激进主义环境。此外，家庭支持也是社会康复的重要内容，由善后服务小组（the Aftercare Services Group, ACG）主导。通过对在押人员的家庭提供现实支持和情感支持，缓解在押人员家庭的怨愤情绪，预防对政府产生负面情感。在一些案例中，家庭支持可以促使在押人员更好地配合政府的康复项目，为在押人员或其家庭提供必要的教育、就业技能等支持，以使在押人员被释放之后能更好地融入社会，或打消家庭成员的怨愤情绪，避免激进观念向下一代的蔓延。有时政府还会特意针对前激进分子（ex-radicals）进行有效的工作安排，以使他们在被释放后能尽快融入社会。新加坡法律和内政事务部前部长何炳基曾指出，"我们不能只依赖警察和安全服务来保证我们的长期安全，打击激进思想最终取决于整个社会的共同努力。恐怖主义的发展可能导致日益严重的两极分化。公众应该在最大程度上为改善这种状况采取积极的措施，消除误解，在社会内部搭建桥梁和平息误会"。[1]

对于在押人员的释放，康复项目中并没有规定单一的标准，而是根据宗教咨询者、监狱看守人、心理学家、案件负责人等的评估进行综合评定，最终由民政部与内阁作出决定。此外，康复项目中还包含了一种限制性释放，即被释放人员定期向警察报告其工作或个人状况的变更等，并在晚七点至早七点实行宵禁。项目实施至

---

[1] Ho Peng Kee, Speech at ASEAN Regional Forum Inter-Sessional Meeting on Counter-Terrorism and Trans-National Crime, May 3, 2007, Ministry of Home Affairs. （https://www.mha.gov.sg/Newsroom/speeches/Pages/The-ASEAN-Regional-Forum-ARF-Inter-Sessional-Meeting-ISM-on-CounterTerrorism-and-TransNational-Crime-CTTC-at-Manda.aspx）.

今，新加坡在押的60名"伊斯兰祈祷团"成员中，已有40人被释放，仅有1人被重新逮捕，复发率较低。因此，从新加坡去（反）激进化项目的基本情况看，康复项目是新加坡去（反）激进化过程中的一种较为理想的模式。然而，作为一个世俗国家，该项目也面临一些挑战，如政府政策的指向性（在穆斯林社区开展前瞻性工作等）易导致对穆斯林群体的偏见、一些穆斯林作为外来群体的报复性心理等。

二 "印尼路径"

与新加坡的康复项目相比，印尼去（反）激进化项目在结构化程度、针对性、资源动员等方面相对较差，但也有自己的特点与优势（为方便论述，称其为"印尼路径"）：项目政策的制定与执行主要由代号为"特遣部队88"（Detachment 88）的印尼特种反恐警察负责。印尼的去（反）激进化路径主要着眼于两个层面：发展反恐网络的情报、促使在押人员回归社会。项目的主要目标并不是寻求改变恐怖分子的心理模式，而是获取恐怖分子的网络情报，以阻止或打破恐怖袭击。印尼国家反恐机构（National Counterterrorism Agency）负责人安赛德·墨佰（Ansyaad Mbai）就认为，"2005年以来，印尼反恐工作取得的相对成功，主要归因于特遣部队88对恐怖分子网络广泛、深入的了解"。而且，印尼去（反）激进化措施主要不是依赖主流宗教人员的劝说，而是依靠警察与前武装分子的说教。因此，"印尼路径"的实施主要依赖于两种方式：文化审讯方法（The Cultural Interrogation Method）、前武装分子的角色（The Role of Ex‑Militants）。

1. 文化审讯

文化审讯要求审讯者沉浸于在押人员的文化之中，用他们的语言与他们进行交流，以理解他们的希望与恐惧。很多恐怖分子被捕之后，往往采取沉默的方式，很少有人愿意开口交谈，而且在他们

第六章 反恐怖主义语境下东南亚国家去（反）激进化述评 ◆◆◆

心里，与政府相关的人都是敌人。他们一般只与自己信任的人交流，甚至很多声望颇高的宗教学者都难以获得其信任，因为他们认为印尼伊斯兰教法的制定是失败的。基于此，印尼项目中很少使用正式的神学对话方式（Theological Dialogue Model），而是通过警察等与在押人员发展"私人关系"。这就要求印尼警察以一种更人性的方式开展审讯工作，以获取在押人员的信任。一位前巴厘岛爆炸案特遣部队的官员（一位虔诚的穆斯林）苏里亚·达尔玛（Surya Dharma）表示，"他有帮助在押人员认识正确伊斯兰教的宗教义务"。[1] 除了宗教劝说之外，印尼项目中也有世俗的部分：重新建立在押人员与家庭之间的联系，使其意识到作为丈夫或者父亲的责任。正如达尔玛所言，"'伊斯兰祈祷团'成员自认为继承了'希吉拉'（hijra，译为迁徙）的实践——他们抛弃家庭、财富加入圣战行列；而我们的哲学就是将这些在押人员从'希吉拉'重新拉回到家庭"。在这个过程中，印尼警察发挥了重要的作用。在押人员与警察之间更像是一种合作关系，大致分为四个层次，由低到高依次是：接受帮助、提供信息、秘密合作、公开合作。这种关系大多都停留在秘密合作的层次，很难达到公开合作的层面。这也带来了一种负面影响：尽管目前对在押人员进行了成功的"脱离接触"，但由于其身份并未被公开，因此很难保障其是否会再次激进化。

2. 前武装分子的角色

印尼项目另一个特殊之处在于前武装分子在去（反）激进化过程中扮演了特殊角色。在去（反）激进化过程中，警方一般会给予较高等级或资历的前武装分子以应有的尊重，以获得其信任。之后，利用这些值得信任的恐怖组织"内部人员"，影响更多的激进

---

[1] Di Martin, "Bali Bomber Now Campaigns to Stop Terrorism," September 20, 2007, Australian Broadcasting Corporation News. (http://www.abc.net.au/news/2007-09-20/bali-bomber-now-campaigns-to-stop-terrorism/676116).

分子。其中,纳西尔·阿巴斯①(Nasir Abas)就是印尼去(反)激进化项目中的著名案例,现在他已经被联合国从恐怖分子的名单中去除。

2003年4月,阿巴斯在雅加达附近被捕。据他回忆:被捕后,印尼警方并没有对他采取过分的行为,而是给予了他相应的尊重;此外,他的第一个看守人是一位基督徒,从未对他使用过侮辱性的语言,且在条件允许的情况下会为他松开手铐。在这种人性化的接触过程中,阿巴斯决定与警方合作。阿巴斯对在押人员进行说教的方法一般分几个步骤:首先,告知在押人员他们与常人并无区别,且其保卫伊斯兰的行为也无错,但这种行为不能害怕公开,不能伤害无辜;其次,告知在押人员不能将警察视为异教徒,因为一些警察也是穆斯林,且先知有言:不能视其兄弟为异教徒;再次,告知在押人员在与警察进行沟通时,不能视其为敌人,因为他们只是做了份内的工作;最后,如果在押人员以建立伊斯兰国家的目标对进行其反问时,阿巴斯通常以在阿富汗的经历为例:苏联撤出后,尽管阿富汗建立了纯粹的伊斯兰国家,但很快又陷入混乱,因此,建立伊斯兰国家并不是解决国家问题的最终途径。② 目前,阿巴斯接触过的在押人员已经超过了150人,其中大部分接受了其建议,开

---

① 在"伊斯兰祈祷团"正式成立之前,年轻的阿巴斯就加入了该组织的前身,并前往阿富汗参见抗苏战争。在此过程中,他在阿富汗、巴基斯坦都接受过相关的军事训练。1992年苏联控制下的阿富汗纳吉布拉政权倒台后,阿巴斯由于不愿参与穆斯林之间的斗争,遂返回马来西亚。1994年,新建立的"伊斯兰祈祷团"招募阿巴斯并派遣他前往棉兰老岛(Mindanao),成为"摩洛伊斯兰解放阵线"(Moro Islamic Liberation Front, MILF)训练营的顾问。1996年他回到马来西亚,被"伊斯兰祈祷团"任命为东马来西亚塞班(Sabah)地区领导人,主要负责印尼、马来西亚、菲律宾之间人员的交流。2001年,阿巴斯又被任命为"曼蒂基三号"(Mantiqi III)的领导人,负责菲律宾、东马来西亚、苏拉威西地区的活动。尽管阿巴斯是"伊斯兰祈祷团"组织重要高级成员,但在一些问题上却与"伊斯兰祈祷团"主要领袖之间存在矛盾,如他并不同意2000年圣诞夜的爆炸行动,并认为这是违背伊斯兰教法的行为等。

② 此案例参见 Angel Rabasa, Stacie L. Pettyiohn, Jeremy J. Ghez and Christopher Boucek, "*Deradicalizing Islamist Extremists,*" RAND: National Security Research Division, 2010.

始与警察合作,但很多合作是秘密进行的。

根据特种反恐警察"特遣部队88"负责人的叙述,在押的恐怖分子中已有一半以上向警察公开表达了忏悔,并提供了有关极端网络的信息等,这表明"印尼路径"在一定层面上是有效的。但"印尼路径"也面临很多批评:第一,项目中有不少再犯案例,且间隔时间短。如阿卜杜拉·索纳塔(Abdullah Sonata)因良好表现于2009年被释放,2010年因涉嫌雅加达恐怖袭击被再次逮捕等。第二,一些前武装分子并非真正的去(反)激进化,因为他们并非提倡温和思想,只是由于他们反对伤及无辜或不加区分的平民伤害。[1] 如阿巴斯也承认,实际上从JI组织脱离的想法发生在被捕之前,与警察的接触只是起到了加速作用。第三,缺乏对被释放人员的后续监督。印尼项目主要由警察部门主导,缺乏来自其他部门的配合,力量有限,导致了对释放人员的监督不够,易出现被释放人员的再激进化。

三 "不太成功"的菲律宾

菲律宾总人口的80%以上是天主教徒,穆斯林只占约5%,集中于菲律宾南部地区。1946年,菲律宾在美国的帮助下独立,南部的穆斯林地区也随之归入了菲律宾。然而,由于宗教身份的差异,长期以来南部穆斯林很难获得与北部天主教徒平等的地位,经济、政治等方面处于被压制状态。20世纪70年代后,菲政府在南部推行同化政策,试图同化南部的穆斯林,并大举用兵,甚至展开杀戮。这种强制同化的方式激起了摩洛人的反抗,南方穆斯林组成了"摩洛民族解放阵线"(Moro National Liberation Front),并要求独立。尽管菲政府与"摩洛民族解放阵线"进行了多次谈判、和谈,但双方始终未能达成一致。正如有些学者所言,"摩洛战争留

---

[1] Kristen E. Schulze, "Indonesia's Approach to Jihadist Deradicalization," *CTC Sentinel*, Vol. 1, No. 8, 2008.

下的最重要的遗产是南北不同宗教群体的相互敌视,以及南部各部族间不断增强的宗教同一感"。这不仅未能消除激进主义威胁,反而激化了宗教矛盾,"为日后的分离主义运动埋下了伏笔"。①"9·11"事件之后,菲律宾政府在美国的援助下,以反恐名义加强了对南部地区的打击,但历史已经证明:武力并不是和解的最佳途径。总体来说,菲政府的去(反)激进化政策有其自身的特点:反分离色彩浓厚、武装部队主导。

1. 反分离色彩浓厚

与其他东南亚国家不同,菲律宾面临恐怖主义与分离主义的双重风险,且二者相互交织,难以完全分开。1954 年,菲律宾政府成立了专门讨论摩洛问题的委员会。根据调查,该委员会认为"摩洛问题的症结在于这个国家的穆斯林没有对国家的归属感"②。不久之后,菲又成立了"国家整合委员会",并在 1957 年颁布了 1888 号法令,主要目标是"以更快、更全面地方式实现非基督教徒的菲律宾人及弱势文化群体在经济、社会、意识形态、政治方面的进步,以使这些群体真正、全面、永久地融入国家政治生活之中"③。由于政府长期忽视棉兰老地区穆斯林的诉求,甚至对当地民众的诉求进行武力压制,导致该地区成为了菲贫困率最高、人权状况最差的地区。④ 1972 年"摩洛民族解放阵线"创立后,迅速得到了当地穆斯林的支持,成为菲律宾最大的反政府武装。1978 年,"摩洛伊斯兰解放阵线"从"摩洛民族解放阵线"中分离。以"摩

---

① 陈衍德:《对抗、适应与融合——东南亚的民族主义与族际关系》,岳麓书社 2004 年版,第 121 页。
② Cesar Adib Majul, *The Contemporary Muslim Movement in the Philippines*, Berkeley: Mizan Press, 1985, p. 32.
③ Peter G. Gowing, *Muslim Filipinos—Heritage and Horizon*, Quezon City: New Day Publishers, 1979, p. 208.
④ Amina Rasul, "Erosion of Pluralism in Democratic Philippines," A Common Word. (http://www.acommonword.com/forum-on-islam-and-pluralism-in-south-east-asia/).

洛伊斯兰解放阵线"为代表,菲政府在与其进行博弈的过程夹杂着反分离色彩。在拉莫斯总统任内,"摩洛伊斯兰解放阵线"与政府进行了六轮谈判,但并无实质进展;埃斯特拉达(Joseph Ejercito Estrada)总统任内,尽管双方达成了《关于推动棉兰老地区和平进程协议》,但协议并未被执行,冲突仍时有发生;2001年,双方签署了《的黎波里和平协议》《马来西亚停火协议》以及《和平协议》,南部穆斯林自治区初步完成了改造,但双方的矛盾并未完全化解;2010年,"摩洛伊斯兰解放阵线"新任首席谈判代表伊克巴尔宣称,将努力争取在南部棉兰老地区建立一个"亚国家",并以此与菲政府达成了一致;2012年4月,"摩洛伊斯兰解放阵线"宣布菲政府同意在棉兰老地区建立"亚国家"。在马来西亚政府的斡旋之下,双方已于2014年年底完成了解除武装的第一阶段程序。

2. 武装部队主导

与印尼的反恐工作由警察部门主导有所不同,菲律宾的反恐工作传统上是武装部队(the Armed Forces of the Philippines,AFP)所主导的。AFP在打击恐怖组织的过程中有其优势,如组织严密、命令明确、支持力度强等,短期内能对恐怖组织实体造成较大的伤害,如2003年在对菲律宾极端组织"阿布沙耶夫"组织和"伊斯兰祈祷团"组织的双重领导人祖基菲里(Zulkifli bin Hir)的逮捕中,AFP就发挥了重要作用。[①] 然而,长期来看,AFP的反恐效果并不好。由于与当地民众在情感上并不亲近,长期的反恐工作易使其陷入困境,难以对恐怖组织形成致命打击。此外,"9·11"事件之后,基于"阿布沙耶夫"组织与"基地"组织的密切联系,美国开始对菲律宾的反恐工作提供军事援助。据统计,2002—2013

---

① Scott N. Mckay and David A. Webb, "Comparing Counterterrorism in Indonesia and The Philippines," February 27, 2015, Combating Terrorism Center at West Point. (https://www.ctc.usma.edu/posts/comparing-counterterrorism-in-indonesia-and-the-philippines).

年，美国向菲律宾提供的反恐军事援助达4.41亿美元，但援助内容很少包括直接的军事训练、培训等。因此，尽管AFP资金充足且有菲政府的直接支持，但其几十年的反恐效果并不突出。据统计，2002年与2013年相比，菲律宾的每年发生恐怖袭击的次数增加了13倍（从48起到652起）。① 近年来，菲律宾甚至爆发了严重的恐怖武装占据城市的事件。

由此来看，尽管历时很长、投入巨大，但菲律宾的反恐怖主义激进化政策却难称得上成功。也许正如塞缪尔·亨廷顿（Samuel P. Huntington）所言，"当属于某种文明的一个大集团企图把这个国家作为其政治工具，使它的语言、宗教和象征成为这个国家的象征时，这种分裂及随之而来的紧张常常会有所发展"②。也有学者认为，"菲律宾存在着两个文化上被割裂的社会，他们存在于同一个国家的穹顶之下，却隶属于不同信仰的文化圈"③。可能正是意识到了这一点，2010年后，菲律宾政府逐渐改变了单纯依靠AFP的策略，在反恐角色上增加了警察部门参与的比重，但这种转变进程十分缓慢。目前，菲律宾政府已经意识到解决南部问题需要增加更多的去（反）激进化政策，如坚持"不挑战穆斯林身份"原则、建立伊斯兰教组织—菲律宾国家乌理玛会议（National Ulama Conference of the Philippines，NUCP）—以凝聚穆斯林的向心力、增加不同信仰（天主教组织与伊斯兰组织）之间的对话等。④ 此外，菲政府还增加了借助家庭、朋友等亲情网络对恐怖组织进行"软化瓦解"的内容，加强对穆斯林（尤其是年轻穆斯林）的引导、教育等。

---

① 数据来源 National Consortium for the Study of Terrorism and Responses to Terrorism (START)，http://www.start.umd.edu/.
② ［美］塞缪尔·亨廷顿：《文明的冲突与世界秩序的重建》，周琪译，新华出版社2002年版，第144页。
③ Jan Stark, "Muslims in the Philippines," *Journal of Muslim Minority Affairs*, Vol. 23, No. 1, 2003.
④ 尽管此项工作在20世纪90年代已经开展，但菲政府始终未认识到其重要性。近些年，此项工作逐步得到了菲政府的重视。

第四节 案例比较与去（反）激进化困境

虽然上述三国的去（反）激进化政策都取得了一定的成效，但整体而言，政策效果均存在不同程度的局限。对此进行总结和反思，是应对新时期激进化和暴力极端主义挑战的重要工作。

一 评估标准

就世界范围而言，去（反）激进化项目具有很强的异质性，不同国家情况不尽相同，制定的项目也存在实质性区别。而且，去（反）激进化项目中仍有一些关键性的问题尚未得到解决。例如，如何评判去激进化项目中某项政策的效果？评判项目成效是否应该依照其促使参与者脱离激进组织或者激进分子被释放为标准，抑或是还有什么其他标准？以改造伊斯兰激进分子为目标的项目，是否应该具有一些特殊的内容或特征？不同的去激进化项目有什么优劣之分？等等。在这些问题尚未解决的前提下，尽管有些国家宣称自己的项目是卓有成效的，但从学理层面看，这种成效或成功的经验都是尚未成熟的，并不具有普适性。

尽管如此，单就项目成功与否的最低标准看，评判一个项目是否有效，主要取决于参与项目的大多数成员是否完全脱离了激进组织。换句话说，就是前武装分子不再参与激进组织的暴力活动或不再支持或加入激进组织了。各国项目在实施的过程中，不可避免地会遇到很多的难题或障碍，但只要项目中针对的大多数对象能够从行为上脱离激进组织，这个项目即可以被视为成功。此外，去（反）激进化项目是否取得成效的另一个标志在于，是否在较大程度上削弱了激进思想，改变了激进组织中核心成员的观念，且获取了重要的情报，并最终说服了其中的重要成员参与到了去（反）激进化的活动中。

总体而言，上文去（反）激进化项目的评估标准都是从项目的整体效果而言的，但是这种评估很难进行操作。因为从理想的模式看，真正成功的项目应该能在行为上促使前激进者脱离激进组织，而且思想上能够限制或缓解暴力倾向，或减弱其暴力思想，但这种理想的评估标准，很难进行实际测量。基于此，笔者认为，从各国项目的内容是否全面的角度进行判断，是宏观衡量一国项目是否有效的重要方面。

二 案例比较

就个体而言，激进化的过程本质上是对激进组织的认同过程，这种认同主要包括三个方面：情感性（Affective）、实用性（Pragmatic）以及意识形态性（Ideological）。情感性认同指激进组织内各成员之间或成员与激进组织之间的情感联系。实用性认同涉及的是一种实际利益的衡量或影响利益衡量的因素，比如奖惩措施等。意识形态性认同是一种为激进活动进行辩称的话语，是激进组织对成员的一种精神维系或暗示，即他们必须忍耐现在的困难以实现最终的目标。这三个方面的认同是激进组织维系与成员关系的重要方面，也是激进组织能够对其成员产生影响的关键。与此相对，去（反）激进化项目的目标应该致力于打破激进分子与激进组织之间的情感性、实用性与意识形态性认同。然而，由于不同个体的激进化方式或路径有所不同，其对激进组织的认同也有所侧重。这就要求各国在制定去激进化项目时需要进行不同的考虑，以覆盖不同的激进化认同。因此，从这个视角来看，能否在这三个方面对激进分子进行转变或改造，是对去（反）激进化项目进行评估的重要组成部分。

此外，评估去（反）激进化项目是否成功还应进行后续的追踪与观察。尽管有些激进化个体通过了去激进化项目的检验，但仍难以确定被释放人员内心的真实想法，因为每个被逮捕的激进分子都

第六章 反恐怖主义语境下东南亚国家去（反）激进化述评

有重获自由的内心渴望，而这种对自由地渴望会驱动其在短时期内掩盖内心的冲动，促使其与政府合作。而一旦被释放，这些人员的复发率很高，对社会与政府的仇恨也将加剧。因此，去（反）激进化项目中是否包含后续措施也十分重要。一方面，后续的追踪与观察能为被释放人员提供物质上力所能及的帮助，以满足其基本的生活需要，为被释放人员提供对话、交流的机会（如新加坡），使其顺利融入社会；另一方面，后续的追踪与观察还利于对其行踪进行把握，一旦出现再次激进化的倾向，能及时做出应对。

基于此，下文将从四个方面对东南亚国家的去（反）激进化项目进行大致评估（见表6.1）。然而，需要强调的是，上文提到的四项内容并不是评估去（反）激进化项目的全部内容，而是笔者为了方便对案例进行比较而设定的，以更加直观地反映东南亚各国去（反）激进化项目的情况。

表6.1 新加坡、印度尼西亚、菲律宾去（反）激进化项目比较

对比措施	新加坡	印度尼西亚	菲律宾
情感性措施	√	√	√
实用性措施	√	√	×
意识形态性措施	√	√	√
后续措施	√	×	×

表格来源：作者自制。

从比较结果来看，相对于菲律宾，新加坡与印度尼西亚的去（反）激进化项目更为全面，也更有成效。表格只是粗略地反映了各国的情况，具体来看：新加坡的去（反）激进化项目中包含：对在押人员及其家庭提供心理咨询等情感性内容，对在押人员进行教育、技能培训、帮助其获取工作等实用性内容，与在押人员进行宗教对话等意识形态性内容，还有后续的监察和宗教咨询等工作；印

度尼西亚的去（反）激进化项目中包含：文化审讯、家庭访问等情感性内容，对激进分子及其家庭提供资助等实用性内容，与前武装人员进行对话、交流等意识形态性内容；菲律宾的去（反）激进化项目中包含：借助亲友对穆斯林进行引导等情感性内容，建立不同宗教的对话、交流等意识形态性内容。因此，以此为标准，对东南亚国家的去（反）激进化项目评估的效果是：新加坡效果 > 印度尼西亚效果 > 菲律宾效果。

三 去（反）激进化困境

随着"基地"组织、"伊斯兰国"等恐怖主义的兴起，全世界正面临着恐怖主义激进化的新一轮考验。但直至今日，去（反）激进化并未引起国际社会的重视，这就造成了激进化及相关理论发展不成熟或缺失的现状。而且，就去（反）激进化项目的评估而言，也存在难以对各国措施进行有效评估的困境，因为很多政府会出于各种原因对其正在实施的项目进行信息保护。由于缺乏足够的数据，研究者很难建立起普遍性的评估框架，严重制约了相关领域的进步与发展。

1. 脱离接触还是改造思想？

去（反）激进化政策目标究竟是脱离接触还是改造思想？有学者认为：对于伊斯兰激进主义与恐怖主义，应该超越以往的安全和情报措施，采取更为积极、主动的措施，预防易受到激进思想影响的群体免受激进思想的影响。这是通常意义上的去（反）激进化项目，其目标是脱离接触或对激进武装人员的去激进化。但也有学者认为：去激进化可能并不是一个切合实际的目标，针对恐怖分子康复项目的目标应该是脱离接触。[①] 此外，还有一种情况：如果激进分子接受改造是出于工具理性的原因，那么一旦情况变化了，他们

---

① John Horgan, "Individual Disengagement: A Psychological Analysis," in TBjϕrgo and J Horgan, eds., *Leaving terrorism behind: Individual and collective disengagement*, Oxon and New York: Routledge, 2009, pp. 17 - 29.

第六章 反恐怖主义语境下东南亚国家去(反)激进化述评

可能会重新拿起武器。那么,项目实施的根本目的为何,似乎很难确定。事实上,对伊斯兰激进分子实施去(反)激进化项目是很困难的,因为他们的错误思想往往来源于拥有强大力量的宗教。这就造成了去(反)激进化的另一层困境——两难。

2. 两难?

在去(反)激进化项目中,不同的学者对于去激进化的认知存在较大的差异。有些学者认为,神学对话模式是无效的,通过改造激进思想来实现其行为的转变,是难以实现的,[①]因为很多个体是出于工具理性的计算而加入激进组织的;只有当激进分子尊重神职人员或对神职人员的权威产生了顺服心理时,神学对话的措施才是有效的,这种尊重或顺服可能来源于神职人员的神学训练、经历或者个人的宗教贡献。[②]但也有学者指出,神学对话模式并不一定适用所有的激进分子,甚至认为可能是项目中的神学对话模式最终导致了激进观念的进一步传播。因为有些国家存在大量的穆斯林群体,一旦神学对话方式被认为是对宗教神圣的挑衅,反而会激起穆斯林的不满,导致事倍功半的效果。这就造成了政策制定上的"两难"。此外,在去(反)激进化的改造对象上——在押人员——也存在两难的困境:第一,很多国家不愿意去关押那些尚未确定是否是激进分子的人员,因为在很多情况下,国家缺少足够的指证证据,这就造成对疑似分子是否纳入去激进化对象的两难;第二,很多国家都承认,监狱其实是激进化的保温箱,[③]这是监狱管理方面的去(反)激进化两难。

[①] John Horgan and Kurt Braddock, "Rehabilitating the Terrorists? Challenges in Assessing the Effectiveness of De-Radicalization Programs," *Terrorism and Political Violence*, Vol. 22, No. 2, 2010.

[②] Anna Halafoff, David Wright-Neville, "A Missing Peace? The Role of Religious Actors in Countering Terrorism," *Studies in Conflict and Terrorism*, Vol. 22, No. 11, 2009.

[③] Greg Hannah, Lindsay Clutterbuck and Jennifer Rubin, *Radicalization or Rehabilitation: Understanding the Challenge the Extremist and Radicalized Prisoners*, RAND, 2008.

结语：去（反）激进化呼吁国际合作

尽管东南亚各国早已制定了相关的去（反）激进化措施，且有些国家也取得了一定的成效，但总体来看，东南亚国家的去（反）激进化工作仍然处于单打独斗的状态。随着伊斯兰国在全球的宣传与招募攻势的加强，东南亚诸多极端组织纷纷宣称效忠或支持，这对东南亚国家的去（反）激进化工作带来了新的挑战：一方面，各国普遍存在前往叙利亚或伊拉克参与圣战的人员，而且这一数字正在逐渐攀升；另一方面，随着伊斯兰国在中东的做大做强，很多参与过中东圣战的相关人员开始回流，回到母国制造新一轮的恐怖袭击事件。此外，在伊斯兰国的影响下，东南亚的极端组织开始出现了联合行动的趋势，未来并不排除各极端组织之间联合行动、制造更大规模的恐怖袭击的可能。

在伊斯兰国不断肆虐的今天，恐怖势力始终得不到重创或消灭的根源，可能并不在于恐怖主义或极端势力的强大，而在于国际社会难以在反恐或去（反）激进化合作中形成合力。因此，去（反）激进化呼吁国际合作，更重要的是将国际反恐合作落到实处。

参考文献

一 中文译著作

（一）中文译著

［美］阿卜杜拉·艾赫迈德·安那伊姆：《伊斯兰和世俗国家》，吕耀军等译，中国社会科学出版社2015年版。

［美］爱德华·W. 萨义德：《东方学》，王宇根译，生活·读书·新知三联书店1999年版。

［英］安东尼·吉登斯：《现代性与自我认同：现代晚期的自我与社会》，赵旭东、方文译，生活·读书·新知三联书店1998年版。

［美］玛丽莲·布鲁尔：《我们、你们、他们：群际关系心理学揭秘》，李卫华译，机械工业出版社2016年版。

［新西兰］尼古拉斯·塔林主编：《剑桥东南亚史》，贺圣达译，云南人民出版社2003年版。

［美］塞缪尔·亨廷顿：《文明的冲突与世界秩序的重建》，周琪译，新华出版社2002年版。

［德］乌尔里希·贝克、尤尔根·哈贝马斯：《全球化与政治》，王学东、柴方国等译，中央编译出版社2000年版。

［美］西德尼·塔罗：《运动中的力量：社会运动与斗争政治》，吴庆宏译，译林出版社2005年版。

（二）中文著作

曹卫东主编：《中国"一带一路"投资安全报告（2015–2016）》，社会科学文献出版社 2016 年版。

陈衍德：《对抗、适应与融合——东南亚的民族主义与族际关系》，岳麓书社 2004 年版。

丁俊：《伊斯兰文明的反思与重构：当代伊斯兰中间主义思潮研究》，中国社会科学出版社 2016 年版。

范若兰：《伊斯兰教与东南亚现代化进程》，中国社会科学出版社 2009 年版。

金宜久主编、吴云贵副主编：《当代宗教与极端主义》，中国社会科学出版社 2008 年版。

柯林斯、刘冉：《暴力：一种微观社会学理论》，北京大学出版社 2016 年版。

李群英：《全球化背景下的伊斯兰极端主义》，中国政法大学出版社 2007 年版。

刘中民：《民族与宗教的互动：阿拉伯民族主义与伊斯兰教关系研究》，时事出版社 2010 年版。

刘中民：《中东政治专题研究》，时事出版社 2013 年版。

孟樊：《后现代的认同政治》，台湾扬智文化事业股份有限公司 2001 年版。

田文林：《困顿与突围：中东政治的理论与现实》，社会科学文献出版社 2016 年版。

王义桅：《"一带一路"：机遇与挑战》，人民出版社 2015 年版。

吴云贵：《近当代伊斯兰宗教思想家评传》，中国社会科学出版社 2016 年版。

吴云贵：《追踪与溯源：当今世界伊斯兰教热点问题》，中国社会科学出版社 2013 年版。

张洁主编:《中国周边安全形势评估 (2016) ——"一带一路":战略对接与安全风险》,社会科学文献出版社 2016 年版

张全义:《从群体冲突到全球治理:认同的失范与重构》,中国社会科学出版社 2015 年版。

祝吉芳:《冲突、碰撞与趋同的中西文化》,北京大学出版社 2016 年版。

朱威烈:《中东反恐怖主义研究》,时事出版社 2010 年版。

二 英文著作

Al‑Azmeh, A., *The Emergence of Islam in Late Antiquity*, Cambridge: University Press, 2014.

Alexander, Yonah and Myers, Kenneth A., Eds., *Terrorism in Europe*, Abingdon: Routledge, 2015.

Andrea deGuttry, Francesca Capone, Christophe Paulussen, eds., *Foreign Fighters under International Law and Beyond*, Berlin: Springer, 2016.

Argomaniz, Javier; Bures, Oldrich; Kaunert, Christian, Eds., *EU Counter‑Terrorism and Intelligence: A Critical Assessment*, Abingdon: Routledge, 2016.

Argomaniz, Javier, *The EU and Counter‑Terrorism: Politics, Polity and Policies after 9/11*, Abingdon: Routledge, 2011.

Assaf Moghadam, *Nexus of Global Jihad: Understanding Cooperation Among Terrorist Actors*, New York, NY: Columbia University Press, 2017.

Baker, Abdul Haqq, *Extremists in our Midst: Confronting Terror*, Basingstoke: Palgrave Macmillan, 2011.

Bergkamp, Lucas et al, *Civil Liability in Europe for Terrorism‑Related Risk*, Cambridge: Cambridge University Press, 2015.

Brenner, William J., *Confounding Powers: Anarchy and International Society from the Assassins to Al Qaeda*, Cambridge: Cambridge University Press, 2016.

Brenda J. Lutz, James M. Lutz, *Globalization and the Economic Consequences of Terrorism*, London: Palgrave Macmillan, 2017.

Buesa, Mikel; Baumert, Thomas, Eds., *The Economic Repercussions of Terrorism*, Oxford: Oxford University Press, 2010.

Byman, Daniel, *Al Qaeda, the Islamic State, and the Global Jihadist Movement*, New York: Oxford University Press, 2015.

Celso, Anthony, *Al-Qaeda's Post-9/11 Devolution: The Failed Jihadist Struggle against the Near and Far Enemy*, New York: Bloomsbury Academic, 2014.

Charles R. Lister, *Al-Qaeda, the Islamic State and the Evolution of an Insurgency*, New York, NY: Oxford University Press, 2015.

Christopher S. Chivvis, *The French War on Al Qa'ida in Africa*, New York, NY: Cambridge University Press, 2016.

DeGraaf, Beatrice; Schmid, Alex P., *Terrorists on Trial: A Performative Perspective*, Leiden: Leiden University Press, 2016.

D. Malet, *Foreign Fighters: Transnational Identities in Foreign Conflicts*, Oxford: Oxford University Press, 2013.

Egerton, Frazer, *Jihad in the West: The Rise of Militant Salafism*, Cambridge: Cambridge University Press, 2011.

Fishman, Brian H., *The Master Plan: ISIS, Al-Qaeda, and the Jihadi Strategy for Final Victory*, New Haven: Yale University Press, 2016.

Foley, Frank, *Countering Terrorism in Britain and France: Institutions, Norms and the Shadow of the Past*, Cambridge: Cambridge University Press, 2013.

Gerges, Fawaz A., *ISIS: A History*, Princeton: Princeton University

Press, 2016.

Gerges, Fawaz A., *The Far Enemy: Why Jihad Went Global*, Cambridge: Cambridge University Press, 2009.

Graeme Wood, *The Way of the Strangers: Encounters with the Islamic State*, New York, NY: Random House, 2017.

Graham E. Fuller, *The Future of Political Islam*, New York: Palgrave Macmillan, 2004.

Griffin, Michael, *Islamic State: Rewriting History*, London: Pluto Press, 2016.

Guiora, Amos N., *Tolerating Intolerance: The Price of Protecting Extremism*, Oxford: Oxford University Press, 2014.

Hamid, Mustafa; Farrall, Leah, *The Arabs at War in Afghanistan*, London: Hurst, 2015.

Hein G. Kiessling, *Faith Unity Discipline: The ISI of Pakistan*, New York, NY: Oxford University Press, 2016

Hew Strachan, *The Direction of War*, Cambridge: Cambridge University Press, 2013.

Hoffman, Bruce; Reinares, Fernando, Eds., *The Evolution of the Global Terrorist Threat: From 9/11 to Osama bin Laden's Death*, New York, NY: Columbia University Press, 2014.

Hussein Solomon, *Terrorism and Counter-Terrorism in Africa: Fighting Insurgency from Al Shabaab, Ansar Dine and Boko Haram*, New York, NY: Palgrave Macmillan, 2015.

Inge, Anabel, *The Making of a Salafi Muslim Woman: Paths to Conversion*, Oxford: Oxford University Press, 2017.

James J. Hentz; Hussein Solomon, eds., *Understanding Boko Haram: Terrorism and Insurgency in Africa*, New York, NY: Routledge, 2017.

Jean-PierreFiliu, *From Deep State to Islamic State: The Arab Counter-*

Revolution and Its Jihadi Legacy, New York, NY: Oxford University Press, 2015.

Jeffery Kaplan, *Terrorist Groups and the New Tribalism: Terrorism's Fifth Wave*, London: Routledge, 2010.

Jessica Stern, *Terror in the Name of God: Why Religious Militants Kill*, New York, NY: Harper Collins, 2003.

Lister, Charles R., *The Syrian Jihad: Al – Qaeda, the Islamic State and the Evolution of an Insurgency*, London: Hurst, 2015.

Lynch, Orla; Argomaniz, Javier, Eds., *Victims of Terrorism: A Comparative and Interdisciplinary Study*, Abingdon: Routledge, 2015.

Mark S. Hamm; Ramon Spaaij, *The Age of Lone Wolf Terrorism*, New York, NY: Columbia University Press, 2017.

Mendelsohn, Barak, *The al – Qaeda Franchise: The Expansion of al – Qaeda and its Consequences*, Oxford: Oxford University Press, 2016.

Michael Ryan, *Decoding Al Qaeda's Strategy: The Deep Battle Against America*, New York, NY: Columbia University Press, 2013.

Moghadam, Assaf, *Nexus of Global Jihad: Understanding Cooperation among Terrorist Actors*, New York, NY: Columbia University Press, 2017.

Mullins, Sam, "Home – Grown" *Jihad: Understanding Islamist Terrorism in the US and UK*, London: Imperial College Press, 2016.

Nance, Malcolm; Sampson, Chris, *Hacking ISIS: How to Destroy the Cyber Jihad*, New York, NY: Skyhorse Publishing, 2017.

Olsson, Peter A., *The Making of a Homegrown Terrorist: Brainwashing Rebels in Search of a Cause*, Santa Barbara: Praeger, 2014.

Osman, Tarek, *Islamism: A History of Political Islam from the Fall of the Ottoman Empire to the Rise of ISIS*, New Haven: Yale University Press, 2017.

PhilGursky, *Western Foreign Fighters: The Threat to Homeland and In-*

ternational Security, Lanham, MD: Rowman & Littlefield, 2017.

Pisoiu, Daniela, Ed., *Arguing Counterterrorism: New Perspectives*, Abingdon: Routledge, 2014.

Pope, Hugh, *Dining with al-Qaeda: Three Decades Exploring the many Worlds of the Middle East*, New York, NY: Thomas Dunne Books, 2010.

Rabasa, Angel, Benard, Cheryl, *Eurojihad: Patterns of Islamist Radicalization and Terrorism in Europe*, New York, NY: Cambridge University Press, 2015.

Rajan, V. G. Julie, *Al Qaeda's Global Crisis: The Islamic State, takfir, and the Genocide of Muslims*, Abingdon: Routledge, 2015.

Ratelle, Jean-Francois; Broers, Laurence, Eds., *Networked Insurgencies and Foreign Fighters in Eurasia*, Abingdon: Routledge, 2015.

Richard English, Ed., *Illusions of Terrorism and Counter-Terrorism*, New York, NY: Oxford University Press, 2015.

Richard English, *Does Terrorism Work? A History*, New York, NY: Oxford University Press, 2016.

RobertManne, *The Mind of the Islamic State: ISIS and the Ideology of the Caliphate*, Amherst, NY: Prometheus Books, 2017.

Roy, Olivier, *Jihad and Death: The Global Appeal of Islamic State*, London: Hurst, 2017.

Rudolph Peters, *Jihad in Classical and Modern Islam: A Reader*, New Jersey: Markus Wiener Publishers, 1996.

Salazar, Philippe-Joseph, *Words Are Weapons: Inside ISIS's Rhetoric of Terror*, New Haven: Yale University Press, 2017.

Sarah V. Marsden, *Reintegrating Extremists: Deradicalisation and Desistance*, London: Palgrave Macmillan, 2017.

Shahzad, Syed Saleem, *Inside Al-Qaeda and the Taliban: Beyond 9/*

11, London: Pluto Press, 2011.

Seth G. Jones, *Waging Insurgent Warfare: Lessons From the Vietcong to the Islamic State*, New York, NY: Oxford University Press, 2017.

Speckhard, Anne; Shaikh, Mubin, *Undercover Jihadi: Inside the Toronto 18: Al Qaeda Inspired, Homegrown Terrorism in the West*, McLean: Advances Press, 2014.

Staffell, Simon; Awan, Akil N., Eds., *Jihadism Transformed: Al–Qaeda and Islamic State's Global Battle of Ideas*, London: Hurst, 2016.

ThomasHegghammer, *Jihadi Culture: The Art and Social Practices of Militant Islamists*, New York, NY: Cambridge University Press, 2017.

Turner, John A., *Religious Ideology and the Roots of the Global Jihad: Salafi Jihadism and International Order*, Basingstoke: Palgrave Macmillan, 2014.

Wasserstein, David J., *Black Banners of ISIS: The Roots of the New Caliphate*, New Haven: Yale University Press, 2017.

Wright, Lawrence, *The Terror Years: From al–Qaeda to the Islamic State*, New York, NY: Alfred A. Knopf, 2016.

Zehr, Nahed Artoul, *The War against al–Qaeda: Religion, Policy, and Counter–Narratives*, Washington, DC: Georgetown University Press, 2017.